简简单单教语文

JIANJIANDANDAN JIAO YUWEN

钱娟 著

语文出版社
·北京·

图书在版编目（CIP）数据

简简单单教语文 / 钱娟著. -- 北京 ：语文出版社，
2019.9
ISBN 978-7-5187-0893-2

Ⅰ. ①简… Ⅱ. ①钱… Ⅲ. ①小学语文课－教学研究
Ⅳ. ①G623.202

中国版本图书馆CIP数据核字(2019)第168942号

责任编辑　王　晶
装帧设计　孙丽飞
出　　版　语文出版社
地　　址　北京市东城区朝阳门内南小街51号　100010
电子信箱　ywcbsywp@163.com
排　　版　北京科教创新书刊社有限公司
印刷装订　北京市大天乐投资管理有限公司
发　　行　语文出版社　新华书店经销
规　　格　787mm×1092mm
开　　本　1/16
印　　张　24.5
字　　数　294千字
版　　次　2019年9月第1版
印　　次　2019年9月第1次印刷
印　　数　1-1,000
定　　价　52.00元

010-65253954（咨询）010-65251033（购书）010-65250075（印装质量）

序

简简单单教语文

——代序

吴忠豪

我是在2012年上海师范大学“国培计划”语文骨干教师培训班里认识钱娟老师的。记得那次培训设计了与名师“同课异构”的活动，推选培训学员与受邀的特级教师薛法根同台上课，钱娟就是培训班推荐的优秀学员代表。那次上课，钱娟和全体学员一起备课、磨课，倾其所能，尽情发挥，她的文本解读、教学内容选择和教学环节设计都表现了她对语文课程的深刻认识和主张；她出彩的课堂教学和课后说课，很好地体现出那次培训的主题，实现了“从‘教课文’向‘教语文’的美丽转身”，给学员和导师们留下了深刻印象。

后来，我在一些语文学科研讨活动中又多次与她相遇。她有时是示范课的执教者，有时充当课堂教学的点评人。2016年，在一次教研活动中，她得知我也来参会，诚心诚意地来电邀请我听她上《姥姥的剪纸》一课。课后，我肯定了这堂课的优点，也实事求是地指出其不足之处，并提出了修改建议。回去后，她重新设计这堂课，又上了一次。事后她告诉我，修改课堂设计后，这堂课上得更加轻松，效果好多了。她将前后两次课堂实录整理成文字，还认真写了课后反思，一起发给我。我将这次磨课过程整理成文，收入了高等教育出版社出版的《吴忠豪与小学语文名师磨课》一书。

最近，我欣喜地收到她发来的《简简单单教语文》书稿，并受托写序。

这本书收集了她的十四个课堂教学实录和近年来撰写的有关语文教学的小论文，是她多年语文教学实践探索及理论研究的成果。她提出的语文教学改革的主张，符合语文课程的性质特点和小学生语文学习的规律，值得广大语文教师借鉴。我根据自己的阅读体会，对钱娟老师的语文教学主张作以下概括。

第一，小学生学习语文，重在积累，重在实践。《义务教育语文课程标准（2011 年版）》指出："语文课程是实践性课程，应着重培养学生的语文实践能力，而培养这种能力的主要途径也应是语文实践。语文课程是学生学习运用祖国语言文字的课程，学习资源和实践机会无处不在，无时不有。因而，应该让学生多读多写，日积月累，在大量的语文实践中体会、把握运用语文的规律。"学生的语文能力，无论是听说能力还是读写能力，都不是通过听讲获得的，而是在听说读写的实践当中获得的，或者说是习得的。新中国成立七十年来，我们的语文课一直强调以学生为主体，以学生为本，教师要"精讲多练"，要"加强语言文字的训练"，其实目标就是一个，语文课要把时间还给学生，进行学习语文的实践活动。我在很多公开场合都说过，学生的实践比方法规律学习更重要。小学生正处于阅读经验、写作经验的积累阶段，在这一阶段，最重要的是通过实践来积累经验，当学生的实践经验积累到一定程度，教师再去指导方法规律，效果会更好。

细读钱娟老师的课堂教学案例，我们发现她就是按照儿童学习语言的规律指导的。在教学过程中，她重视朗读，重视背诵，重视语言的积累；在这个基础上，再适当地进行一些方法规律的指导，强化语文课的实践活动。以这样的教学思想指导课堂教学，语文课才能上得有效，语文教学改革的路才能走得更正。

第二，阅读教学要扎扎实实抓语言文字训练。钱老师深谙语文教学之道，又深受贾志敏老师语文教学思想的影响。她设计的语文课，不是聚焦于课文思想内容的深度挖掘和分析，而是围绕学习语言文字运用，正确把握语文课程的性质特点，选择合适的教学内容，对学生进行扎扎实实的语文训练，培养学生的语文基本功。

教学《狐假虎威》这一课时，她借助课文最后一个自然段的“其实他受骗了。原来，狐狸是借着老虎的威风把百兽吓跑了”这句话，设计了三个层次的表达练习。从分开说一句话，到连起来说一段话，各个层次环环相扣，清晰有梯度地展现出学生表达能力进步的轨迹。

看看她的教学设计：

1. 借助上文，了解“受骗”。

第一层语言训练：借助最后两个自然段的内容，引导学生说清楚老虎如何受骗。

师：可老虎不知道自己受骗了。小朋友，赶紧告诉老虎，为什么说他受骗了？请用这样的句式说：其实你受骗了，原来……

出示：其实你受骗了。原来，________________。

第二层语言训练：读第四自然段，借助课文内容说清受骗的地方。

师：其实，老虎受骗还不止这一处呢，一开始它就被狐狸的话给吓蒙了。

出示：其实你受骗了。原来，________________。

第三层语言训练：

师：刚刚我们是一句一句地告诉老虎的，现在能不能将两个内容连起来，告诉老虎在哪受骗？请你再用这个句式。

出示：其实你受骗了，原来，________________。

三个层次的表达练习，需要学生构建语言，从说一句话到说几句话。从教学实录看，学生的语言训练很扎实——正着说、反着说、用自己的话说。用多种方式构建话语，既能帮助学生理解课文内容，也有效地训练了学生的语言表达能力。

贾志敏老师曾说过语言学习的“三部曲”是：入乎其内，化乎其中，迁移运用。摆脱烦琐的文章内容分析，直接切入学生的语言表达，让学生从小用规范的语言表达，养成良好的语言表达习惯，是小学语文教学的重要任务。语文课就应该让学生学习语言文字的运用，在表达实践中学习语文知识，领会阅读方法、写作方法，通过实践提高语言表达能力。大家一定要记住语文课程的一个基本原理：教语文不是教课文，而是用课文引导学生学习语言文字的运用，习得听说读写的技能。

第三，习作指导应先实践，再指导。许多语文教师教作文时，把重点放在指导“写什么”上，似乎学生明白这次作文的写作内容，指导任务就算完成了。其实，小学生学写作文需要解决两个问题：第一是如何搜寻材料，第二是如何运用语言文字表达思想情感。小学作文指导的重点应该放在如何正确地运用语言文字表达思想上，以培养学生熟练的书面表达技能。

教师指导学生写作，习惯做法是先指导方法，然后让学生动笔实践。教师指导在先，学生动笔在后。我一直提倡作文课应该动笔实践在先，教师在学生的实践基础上进行指导。学生有过一次动笔实践的体会，对如何写这篇作文有了比较感性的认识，再听教师指导写作方法，会有更加深刻的认识。因此，习作指导课上，教师最好设计两次动笔写作环节：在学生第一次动笔写作后，针对写作中的问题加以点评指导；点评后再适时安排学生动笔修改，这时学生对如何写好这篇作文有了新的认识体会，教学就会获得最大的效益。

钱娟老师指导学生写《童年的那些事》时，就是按照“先实践，再指导”的顺序设计习作过程的。这次习作教学的重点是把过程写清楚，写具体，写出真实感受。钱娟老师在交流写作材料、出示习作范文以后，先让学生自己动笔写作。从学生当场写出的习作看，他们对如何写出自己的“真实感受”把握不好。钱娟老师没有直接教授习作知识，而是出示一篇修改过的学生习作，这样学生就发现，随着事情的发生发展，文中作者的心情是不断变化的，用“心理有波折”这一招，容易写出自己的“真实感受”。然后，钱娟老师引导学生动笔修改。因为学生已经有一次写作实践经验，因此对如何“写出真实感受”就有了更真切的感受，在修改过程中目标更加明确，比较容易写出自己的真情实感。

第四，以“板块式”结构组织课堂教学。钱娟老师善于学习，博采众长，借鉴了薛法根的“组块教学”理念，聚焦教学核心目标，以“板块式”结构重组课堂教学过程，使语文课变得更加简洁清晰。

所谓“板块教学”，就是将一堂课的教学过程设计成几个板块，每一个板块聚焦一项目标展开教学。比如《小猴子下山》这堂课的设计，第一板块是“猜谜导入，学习字词”；第二板块是“朗读课文，读通读顺”；第三板块是“串联讲述，创编故事”。一堂课三个板块，每一个板块瞄准一个目标设计教学，“教什么”非常清楚，可以极大提高教师的目标意识和课堂教学的有效性，避免了教师什么都要教，结果什么都没教好的尴尬。

我们看这一课第三板块“串联讲述，创编故事”的指导。钱娟老师先让学生说清小猴子下山到了哪些地方，再指导学生分别说清楚小猴子在每个地方看到了什么，板书“又大又多的玉米”“又大又红的桃子”“又大又圆的西瓜”“蹦蹦跳跳的兔子”，然后引导学生将这些短语串联起来，看图讲述小猴子下山的故事。这样聚焦一个目标开展多层次、立体式的教学活动，钱娟老师通过示范，引导学生一步一步讲故事，将这一板块的教学目标真正落到实处。

“板块教学”是相对常态的“直线型”课堂教学设计而言。“直线型”教学设计就是围绕课文思想内容，先是初步理解，然后逐段分析，最后总结提升。在“直线型”教学过程中，语文知识和方法是在解读文本过程中随机插入的，往往是蜻蜓点水，浅尝辄止，因而所教的语文知识或方法往往呈碎片化状态，很难按照语文知识或方法本身的教学规律展开教学。以板块结构设计课堂教学，最大好处是使复杂的语文教学设计变得相对简单。只要准确把握好一堂课的主要教学目标，然后围绕这些教学目标一项一项设计，一般来说一项目标设计一个板块，这样教师对每个板块所要教学的内容一目了然，更加容易把握，大大简化了教学设计，降低了语文教学的复杂程度。

钱娟老师的这本著作分为三个部分。第一部分是“语文教学进行时——我的课堂教学实录”，收集了多篇教学实录，有阅读教学，也有作文教学，呈现的是一节节以“关注学生语言实践，提升语文核心素养”为指导思想的真实而又朴实的语文课例，为提高小学语文课堂教学效率提供了鲜活的课堂实例。第二部分“ 语文教学小浪花——我的语文教学观点”和第三部分“语文教学小角落——我的语文教学感悟”，是钱娟老师近年来写的一篇篇教学小论文和随笔，记录了钱老师在语文教学改革实践中的思考和体会，充满了一线教师的实践智慧。相信你如果仔细阅读，一定会得到很多收获，并从中受益。

祝愿钱娟老师在小学语文教学改革的路上，越走越远。

序 二

那一泓山间的清泉

——钱娟印象

钱梦龙

也许是因为“五百年前同一家”吧，初识钱娟，便有一种“自己人”的亲切感。随着交往日深，对钱娟的印象也愈来愈鲜活而生动。她的为人也好，教学也好，就像一泓山间的清泉，朴实得没有任何矫饰，清澈得不含一点杂质，啜一口，清淡中带一点沁心的甘甜……

一颦一笑见真心

她，出生于教师世家，受过良好的教育，爱读书，也爱思考，从小受妈妈的影响，会弹钢琴、吉他，也会吹几曲葫芦丝，跳几支舞蹈。尤其在教学方面，总有一些不同于流俗的见解与做法。她曾这样介绍自己：“我可是一个有爱心的人哦，因为我叫‘钱娟’。钱娟，捐钱，把钱都捐了，这样的人非常有爱心哦！”诙谐中不失真诚。

她是一个有魅力、充满活力的老师，见人总是笑眯眯的，脸上是那种发自内心的笑容。一声亲切的问候，一个甜甜的微笑，一下子就拉近了师生间的距离。孩子们都愿意围在她身旁，模仿她说话、唱歌、写字……邀请她踢毽子、跳皮筋、跳房子……校园里经常回荡着这群师生甜蜜的笑声。说来奇怪，她带的每一届学生都是她的小粉丝，如果你问学生最喜欢哪位老师，他们肯定异口同声地说："钱老师！"她是孩子们心中的"知心姐姐"，孩子们如果有什么小心结解不开，一定会向她求助。她身上就是有种特殊的魅力，能紧紧地吸引孩子们。

教师节，是钱娟感到最幸福、笑得最灿烂的一天，因为已毕业的孩子们只要有时间，一定会到学校来看望她，送来一份份祝福。教师节里，十平方米的小小办公室被一束束鲜花、一张张笑脸充溢着，孩子们的这份热情、感恩，浸润了钱娟的心。这是为师者最欣慰的时刻啊！谁说花香无痕？此时的钱娟已感到香溢心田！好老师的优秀，无须用一张张纸质奖状去证明——在学生的心灵里留下的美好印迹才是最好的"奖状"。

她是一个心地善良又极易动情的人。班上有个小男孩情绪低落，上课老走神，学习成绩明显下降。钱娟课后找他谈心，问及他的父母时，孩子突然不说话了，一个二年级孩子不会掩饰内心的痛苦，眼泪唰唰地往下流。钱娟边帮他擦眼泪边劝慰："不要难过，有老师这个好朋友在，什么困难都不怕，我会尽力帮你的。"孩子拉着钱老师的衣襟，大哭起来："老师，你帮我把妈妈找回来吧！妈妈不要我了！她和爸爸离婚了！"已为人母的她，柔软的内心被刺痛，不禁也泪流满面。接下来的日子里，她承担起"老师妈妈"的角色。生活中，对他嘘寒问暖，为他做好吃的，买新衣服、新文具，给予他妈妈般的关爱；学习上，为他另开小灶，稍有进步就热情鼓励，给予他一次次展示自我的机会。渐渐地，小男孩终于走出父母离异的阴影，回到了玩伴中间，脸上又有了灿烂的笑容。

她还是一个脾气极好、真心待人的朋友。与她交谈，你会感到一种与老朋友聊天的轻松和惬意，没有任何负担，因为她心怀坦荡，胸无城府，性格开朗，没有什么小心眼，不会让人感到不快。平时，再困难、再闹心的事也不会使她烦恼，她最爱说的一句话是："什么事都有解决的办法。"学校曾有一个女教师与男友吵架，闹到几乎分手的地步。钱娟知道他俩其实感情很好，只是由于两方家长的无端干涉，导致误会越来越深。于是她两边做工作，尽力调解，一次次为双方创造互相解释、沟通的机会，最后他俩冰释前嫌，重归于好。

一枝一叶总关情

从师范院校毕业的钱娟，有幸被分配到一所文化底蕴深厚、人文气息浓郁的学校。这所学校十一年未进年轻教师，老校长对她说："希望你的到来能给学校带来活力和生机。"学校安排她任教几个班的音乐课。那一年，她无忧无虑，带着孩子们走进艺术的世界，识谱、唱歌、跳舞、欣赏名曲……编排的舞蹈多次获得市级一等奖。她认为自己找到了事业的航标，梦想从此可以自由翱翔。

1997 年，一个偶然的机会，她参加了全国小学语文阅读教学大奖赛的观摩活动。正是这一次，她接触到了没有参与过的语文课堂，感叹着参赛者们深厚的文化底蕴、扎实的教学基本功、丰富的人文情怀……她确定，语文才是她魂牵梦萦的学科，才是她想要追求的幸福舞台。比赛结束后，她下定了决心：要做一名语文教师。

这次偶然的机缘，改变了她的人生轨迹。

"凡是特级教师的课，我都尽量去听，去研究；凡是特级教师的论著，我都力争读熟。一定要把学习到的这些教育精髓、教育经典化成自己的精神财富，用到自己的课堂上！"钱娟暗暗立下了誓愿。

2009 年，钱娟有幸成为贾志敏老师的学生。一次，贾老师听了她的课后，问："你的课堂是为谁存在的？""当然是为了学生，这还用说！"钱娟自信满满地说。"不！你的课堂实际上是为你自己存在的！这节课上我看到的是你在不停地卖弄教学技巧，用华而不实的语言充塞整个教学过程，这是教学中最忌讳的。"一句话如晴天霹雳，把钱娟从自满的"巅峰"打落到失败的"冰窖"。贾志敏老师微笑着安慰她、开导她，从导语说起，每一个教学环节都不放过，耐心地指出不足，并对某些教学环节的处理方法提出建议。一个多小时的点评，恰似醍醐灌顶，给她的头脑注入了新鲜的思想血液，让她明白了教材的解读要贴近学生的最近发展区，课堂要关注学生的学习，因为学生才是学习的主体，才是课堂的中心。

如今，听过钱娟语文课的人，都会有种感觉，她的课堂充满浓浓的语文味、人情味，质朴本真，不造作、不矫情，宛如清水芙蕖，透着一种不假雕饰的自然之美。

“课品即人品”，这句话一点儿都没错。生活中，她真诚对待身边每一个人；课堂上，她尊重每一个学生，衷心地赏识他们的优点，奖励他们一点一滴的成功和进步。她的心里永远装着学生，她的一切教学设计都是为了唤醒学生的自主意识；在她的课堂里，学生永远是学习的主人，老师永远是学生学习的好伙伴！她认真倾听学生的每一次发言，耐心地帮助他们释疑、解惑，用她的行动诠释着什么叫“循循善诱”，什么叫“导而弗牵”。她主动退出“主演”的角色，从舞台中心走向幕后，成为一个组织者、指导者，只在学生疑惑处稍加点拨、引导，让学生亲历听、说、读、写的语言实践过程。她倾听学生们的心声，这样更能激发、培养学生对语言文字的探究精神和喜爱之情，使“教学”真正回归到“教学生学”的本义——这是颇得海德格尔所主张的“让学”的真髓的。

一心一境不旁骛

“一心一境”是钱娟的“QQ”签名，她解释道：“吃饭时好好吃饭，睡觉时好好睡觉，工作时好好工作，生活时好好生活。”我很赞同她的话。“专”，词典释义为“集中在一件事上”，钱娟之所以教学有成，原因正在于她的“一心一境”，专心致志，心无旁骛。这是一种自在，也是一种人生智慧。

在学生眼中，钱娟是优秀的老师，有很多“秘密武器”，着实让每一个孩子着迷。她的学生喜爱并敢于展示自己，口语表达与作文水平极高。秘密何在？在于她让班级的每一面墙都“说话”。死的墙壁“活”了，成为学生自由发表作品的园地，学生可以“跟帖”，可以“点赞”，可以“拍砖”，每月根据积分评出各类奖项。琳琅满目的《班级小报》《个人专辑》激发了每一个学生的写作欲望，整个教室成了一个五彩纷呈的写作“大观园”、热气腾腾的学习“大舞台”。 她全力以赴、专心致志地做好这一件事，终于把它做得有声有色，使之成为语文教学不可或缺的一个组成部分。

在家长心中，她是个有魄力的老师。当今教育“安全第一”，学校开展课外实践活动谨小慎微，生怕学生在活动中出点什么“事故”。可是她坚信“学生需要自由活动的时间，就像健康需要空气一样”（苏霍姆林斯基语）。她认定了这是一个正确的方向。她带学生到田间地头，亲身体验插秧、收谷；带着学生到凤凰山去采风，感受家乡芍药花的美丽；带着学生到非物质文化遗产园参观，感悟深厚的人文内涵……在她的带领下，学生的精神面貌、学习状态渐渐发生了变化：他们越来越喜欢摄取课外知识，思维更活跃，爱与人交往，班级荣誉感很强。

在同事眼中，她是个真诚的引路人。她一心一意做好“引路”这件事，为此，她总是以身作则，站在教学第一线，积极参与教研活动，和老师们一起阅读、上课、评课。每一次听课后，她会把自己的意见和感受以书面形式送给执教老师，这比口头评课更规范、郑重，对于执教老师也更有启发性。老师们都说：“钱娟老师评课有水平，善于发现教学过程中的亮点，敏锐地指出存在的问题，又能准确地剖析教学的盲点，我们受益不浅。”正是一次次激励与引领，让学校青年教师成长得很快。每当老师们感谢她时，她总会开玩笑地说：“我只是一根马鞭，在后面象征性地‘扬鞭’罢了，不管有没有我，你们这些‘千里马’都能奋蹄飞奔。”

钱娟是幸福的，因为她拥有阳光的心态，她善用微笑、尊重、宽容，让教育、教学的每一个细节都阳光起来，让每一个被教育的孩子心里洒满阳光。她又是有智慧的，紧紧抓住了“语文”这条主线，致力于培养学生理解和运用祖国语言文字的能力，使语文教学闪耀着返璞归真的智慧之光。

钱娟——这一泓山间的“清泉”，必将不断吸取天地之精气、山川之灵秀，变得越来越清澈，越来越纯净……

目录
MULU

一、语文教学进行时——我的课堂教学实录

二、语文教学小浪花——我的语文教学观点

三、语文教学小角落——我的语文教学感悟

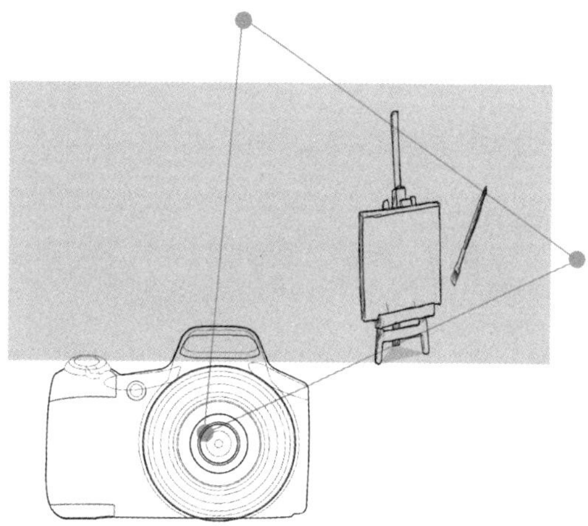

一、语文教学进行时

——我的课堂教学实录

遵循文体特点　发展言语智能

——《小猴子下山》第一课时教学实录及评析

板块一　猜谜导入，学习字词

师：小朋友们，请你们猜个谜语。请听：一物像人又像狗，爬竿上树是能手，擅长模仿人动作，家里没有山中有。

生：猴子。

师：对，就是小猴子。（板书：小猴子）“猴”是反犬旁，表示与动物有关，右边像小时候的“候”，但少一竖。请你读。

生：小猴子。

师：轻声“子”读得好。

（生齐读）

师：你见过小猴子吗？说说你的印象。

生：小猴子像人一样，很聪明。

生：小猴子手脚都很灵活，能捧着桃子吃。

生：小猴子很调皮，跳来跳去。

生：它的屁股是红色的。（生笑）

师：这节课，我们就学习一篇与它有关的童话故事，课题是——小猴子下山。（板书：下山）

（师指名读，生齐读）

【“小猴子”的教学做到字不离词，词不离句，大体分为三个层次。

第一，学生在猜谜语中学习“猴子”，先学习字音，教师强调轻声。学习字形时，教师注重帮助学生建立“类”的概念，说明反犬旁的字与动物有关。第二，学习词义。教师调动学生的知识经验，理解词语意思。第三，回到课题中，进入课文所描述的情境。】

师：课前小朋友都预习了，现在请大家放声读一读课文，注意读准字音，读通句子。

（生自由读）

师：读好的小朋友坐端正，对老师微笑。

（生陆续坐好，微笑）

师：小朋友刚刚读得可认真了，特别是这几个小朋友，他们最先读好，坐得也特别端正。请看这几个字，你一定能读好。

（“PPT”出示：扛、扔、捧、摘、抱、掰、蹦、追）

（师指名读，生开火车读）

【指导要点：“扛、扔、捧、蹦”都是后鼻音，“摘、追”是翘舌音。】

师：这些字都表示动作。哪些字与手有关？请你找出来。

生：扛、扔、捧、摘、抱。

师：都是左右结构，是什么旁？

生：提手旁。

师：确实与手有关。还有吗？仔细看哦！

生：老师，还有“掰”，这里有两个“手”。

师：观察很仔细。这个字是左中右结构，如何识记它？

生：手、分、手，就是“掰”。

生：分开双手，掰一掰。

师：好有趣的识记方法。（用实物演示）瞧，老师把粉笔——掰断，把大蒜——掰开，把铁丝——掰弯。跟我读——掰断、掰开、掰弯。

生：掰断、掰开、掰弯。

师：伸出双手，让我们一起用手来做做这些动作。请听好——摘、扛、捧、抱、扔、掰。

（师说一个字，生做出相应的动作。课堂气氛特别活跃，每个学生都活动起来。）

师：还有“蹦、追”，这两个字与什么有关？

生：与脚有关。

生：要用脚去做这些动作。

师：对，那就请你蹦到我这里来。

（生蹦到老师身边）

师：好，接着，请你追着我。

（师生做着“追”的动作）

师：足字旁、走之底的字还有哪些？

生：踢、跳、跑，这、进、还、远、近、迷。

师：与脚、与走有关的字真多呀！请看两个足字旁的字——蹦、跳。再看——蹦蹦跳跳。

（生读）

师：这是蹦跳（跳了一下）。谁来“蹦蹦跳跳”？

（一生上台跳来跳去）

师：这两个字的意思可不一样啊。再读。

（生读）

师：这是“AABB”式叠词，你也来说说这样的词吧！

生：高高兴兴、快快乐乐、明明白白、平平安安。

师：积累的叠词真不少。

【这一环节属于集中识字，遵循汉字构字规律，教得生动有趣。

课文共有八个生字，其中六个与手有关，两个与脚有关。教师运用归类识字的方法，以类相聚，循其特点，“以一带十”，提升了学习效率。教师通过实物演示、识字游戏等方式，既帮助学生准确区分不同动词的意思，又使学生感受到识字的乐趣。】

板块二 朗读课文，读通读顺

师：生字词学得不错，接下来咱们读读这个长句子，谁能读好它？

（“PPT”出示以下句子）

他看见玉米结得又大又多，非常高兴，就掰了一个，扛着往前走。

（一生读，读得一字一顿）

师：你看，读书可不能一字一顿地读，要连贯，像说话一样。

（另一生读）

师：这个同学读得就很好，遇到逗号，稍作停顿。试着一起读读这句话。

（生齐读）

师：齐读要读整齐，再来一遍。

（生再读）

师：读好了这一句，相信以下几句你都能读好。

（“PPT”出示以下句子）

（1）他看见满树的桃子又大又红，非常高兴，就扔了玉米，去摘桃子。

（2）他看见满地的西瓜又大又圆，非常高兴，就扔了桃子，去摘西瓜。

（3）他看见一只小兔子蹦蹦跳跳的，真可爱，就扔了西瓜，去追小兔子。

（师指名读，生齐读）

师：这篇课文共五个自然段，也有五幅相对应的图，请五个同学读，其他同学认真倾听，如果他读错了，我们要帮着纠正。

【指导要点：声音响亮，读准字音，读通句子。】

生：（读）第18课，小猴子下山。有一天，小猴子下山来，走到一块玉米地里。他看见玉米结得又大又多，非常高兴，就掰了一个，扛着往前走。

师：这个小朋友真会读书，看到逗号就稍作停顿，看到句号，停顿就稍长点。这是“又大又多”的玉米呀，小猴子多高兴啊！来，谁能读出小猴子的高兴？

生：（读）他看见玉米结得又大又多，非常高兴，就掰了一个，扛着往前走。（读出很高兴的语气，表情也很到位）

师：会读书的孩子，表情都会来帮他的忙。

（生依次读课文第二、三自然段，其他学生纠正）

生：他看见一只小兔子蹦蹦跳跳的，真可爱，就扔了西瓜，去追小兔子。

师：小猴子的表现真不像话，要好好批评一下它。

（生读最后一个自然段）

师：你真会读书，我都听出了伤心失望，再加入表情会更好。愿意再试试吗？

（生再读，读得很好）

师：这五个同学中，你（向读最后一个自然段的学生）读得最好！邀请你来，和我一起为大家朗读。

（师生各选择一个自然段朗读）

师： 你读得比我好，大家把掌声送给他。（鼓掌）

【这一板块目标很清晰，朗读指导要求很具体，教师不随意拔高要求。指导过程中，教师善于创设情境，将朗读指导、读懂意思与表演展示自然融合。】

板块三　串联讲述，创编故事

师： 现在，让我们一起跟随小猴子下山吧！他走到了哪些地方呢？（板书：走）

生： 玉米地。

师： 把话说完整。

生： 小猴子走到玉米地。

师： （板书：玉米地）还有哪里？

生： 小猴子走到桃树底下，走到西瓜地。

（师板书：桃树底下、西瓜地）

生： 小猴子往回走，跑进树林里。

师： 小猴子跑进树林里了？

生： （笑）说错了，小猴子往回走。

（师板书：往回走）

师： 谁来将这一组词和短语串联起来，说说小猴子走到了哪些地方？

生： 小猴子走到玉米地，小猴子走到桃树底下……

师： 前面已经说了“小猴子”，后面就不用说了，直接说“桃树底下”。

生：小猴子走到玉米地、桃树底下、西瓜地，往回走。

师：不错，很聪明。在“往回走”前加个“又”，再说说。

生：小猴子走到玉米地、桃树底下、西瓜地，又往回走。

师：小猴子来到这些地方，看到了什么？记住，把话说完整。（板书：看）

生：小猴子来到玉米地，看到玉米结得又大又多。

（师板书：又大又多的玉米）

生：小猴子来到桃树底下，看见满树的桃子又大又红。

（师板书：又大又红的桃子）

生：小猴子来到瓜地里，看见满地的西瓜又大又圆。往回走时，看见一只小兔子蹦蹦跳跳，真可爱。

（师板书：又大又圆的西瓜、蹦蹦跳跳的兔子）

师：真厉害，一下说了两句话。看着黑板，一起读读这些短语。

（生齐读）

师：“蹦蹦跳跳”换成“又……又……”，怎么说？

生：又蹦又跳。

师：你还能说什么事物“又……又……”？

生：月亮又圆又亮。苹果又大又红。爸爸又胖又壮。

【这里的词语训练很巧妙。教师先把文中的蹦蹦跳跳换成“又……又……”，再延伸到生活当中。】

师：说得完全正确！谁能将这些短语串联起来（指着黑板），说说小猴子来到哪里，看到了什么？

（生连在一起说）

【教师没有局限于单个句子的表达，而是有层次、有辅助地不断提升，将相同的内容连成一段话。这是为后面讲故事作铺垫。】

师：小猴子又是怎么做的呢？（板书：做）请看第一自然段，我们一起找找表示小猴子动作的词。（在展示台上圈画动词“掰、扛、走”）请你也学着老师的样儿，圈画出第二、三、四自然段中表示小猴子动作的词。

（学生圈画，教师巡视）

师：画好了，就给老师一个微笑。谁先来说？

（学生按自然段汇报动词“扛、扔、摘”“捧、扔、摘”“抱、扔、追”，教师在黑板上贴动词卡片，一个自然段的词贴成一列）

【教一年级就有意识地指导学生在书中圈圈画画，这样的教学行为值得提倡。动词的圈画，既是对动词的辨别与认识，也是有效地提取课文中的信息。】

师：请你们竖着读这些词，发现了什么？

生：竖着的一串词就是一个自然段的故事。

师：是的，四个自然段对应着四幅图画。（贴图）请听我讲第一个小故事：有一天，小猴子走到一块玉米地里，他看见玉米长得又大又多，非常高兴，就掰了一个，扛着往前走。（指着板书）你能像我这样，接着说吗？

（生说）

师：故事的结局——（板书：空着手回家去）空着手，就是——

生：手上什么都没有。

师：手上没有玉米，没有桃子，没有西瓜，没有兔子，这就是——“空着手”。谁能看着词串，完整地把故事说一遍？

（生说故事，师生评议）

师：你愿意做这只小猴子吗？

生：不愿意。

师：如果这只小猴子来到咱们教室，你想对他说些什么呢？

生：小猴子呀，你不能看到一个扔一个，最后你什么也得不到。

生：小猴子，你真笨，为什么要扔掉手中的东西，一起拿回家不好吗？

生：小猴子，你可以边走边吃桃子呀，为什么把它扔掉呢？

师：这是在帮小猴子想办法呢！你有劝他的话吗？

生：不能看到什么东西都想要，要知足！

师：你都看到故事的本质了，厉害！

生：做事情要一心一意，不能三心二意。

师：我们可不能像他这样。

【童话虽然是幻想出来的，但也是植根于现实的，折射出孩子的生活或社会现实。学生通过阅读童话，能形成是非善恶的判断力。道理不是生硬地讲解出来的，而是通过引导的形式，让学生说出来，学生的话正是故事蕴含的道理。】

师：听你们这么一说，老师也相信小猴子一定会改变的。在接下来的创编故事环节中，小猴子的表现一定会如你们所愿。

（“PPT”出示以下句子）

有一天，小猴子再次下山。他走到____________，看见________，__________________。

他又走到______，看见_______，___________________。

生：有一天，小猴子再次下山。他走到玉米地，看见玉米又大又多，非常高兴，掰了一个，扛着往回走。他又走到桃树底下，看见桃子又大又红，非常高兴，他想，现在我要把玉米扛回家，明天再过来摘桃子。

师：这猴子可不一般，一点都不贪心，这个办法好！

生：有一天，小猴子再次下山。他走到苹果园，看见苹果又大又红，口水都流了下来，摘了一个，边走边吃。他又走到香蕉树下，看见香蕉又大又黄，非常高兴，就爬到树上，摘下一串，扛着往前走。

师：很有新意，故事说得清楚完整。在你们的故事里，小猴子变得越来越聪明，不会空着手回家啦！那咱们就来写写“空”。（出示田字格里的“空”）最难写的是——

生：穴宝盖。

师：写好穴宝盖，第二笔“点”不能写成竖，第三笔“横钩”的钩不宜写得太大。咱们一起写一写。

（师范写，生描红、仿写，师表扬、展示）

师：今天的课就上到这里，下课！

【这篇课文前四个自然段，都是按“走到……看见……做了……”的线索组成，每一自然段的结构都可以模仿、迁移。这样的构段形式，比较适合练习讲故事，而讲故事恰恰是促进低年级学生语言发展的重要手段。指导过程中，教师先借助“词串”，让学生将“词串”之间的逻辑关系表达出来；接着，又借助图画及关键词，帮助学生理清故事线索；最后，遵循童话文体特征，根据学情，创设交际情境，让学生展开想象：小猴子再次下山时，会怎样做呢？在自由表达中，学生的想象力得以充分释放。】

板书设计

小猴子下山

	（图）	（图）	（图）	（图）
走	玉米地	桃树底下	西瓜地	往回走
看	又大又多的玉米	又大又红的桃子	又大又圆的西瓜	蹦蹦跳跳的兔子
做	掰 扛 走	扛 扔 摘	捧 扔 摘	抱 扔 追

空着手回家去

总评

故事，就是这样说

童话是小学阶段篇目较多的一种文体，作品中生动形象、充满个性的人物，离奇古怪的情节，备受小学生喜爱。《小猴子下山》就是一篇图文结合的拟人体童话。故事构思非常巧妙，语言浅显、生动、有趣。

钱老师执教的第一课时，主要落脚点在学习生字词、朗读课文、理清脉络后借助板书讲述故事。《义务教育语文课程标准（2011年版）》（以下简称“课标”）对第一学段的阅读理解有如下要求：“结合上下文和生活实际了解课文中词句的意思，在阅读中积累词语。”“阅读浅近的童话、寓言、故事，向往美好的情境，关心自然和生命，对感兴趣的人物和事件有自己的感受和想法，并乐于与人交流。”细读钱老师的课例，你会发现，她选择的教学内容与课标高度吻合。这应该就是教学的价值所在。

低年级的童话语言最具形象性，常以“反复”成文。在以往的教学中，我们读过不少，比如《小壁虎借尾巴》《小蝌蚪找妈妈》《棉花姑娘》。每一部分的结构相同，理清脉络后，学生便于讲述。这篇课文也如此，前四个自然段，都是按“走到……看见……做了……”的线索组成。这种反复的语言形式最符合此年龄段孩子的认知特点。

课标指出：“语文课程是一门学习语言文字运用的综合性、实践性课程。”这一节课，钱老师引领学生发现文本特有的语言表达形式，为学生搭建实践的平台。教学内容与课堂板书一一对应。横着看，每一行是小猴子走到的地方、看到的事物、做的一系列动作，这些词语分类呈现，概括性很强；竖着看，每一列巧妙对应着一个段落内容，这其实是在提示学生“每一列里都有一个故事”。这一切安排“别有用心”，为下一步讲好故事做准备。当然，一年级学生虽有一定的语言表达基础，但要讲这么多内容，还是有一定难度的。钱老师在此设计了几个学习坡度，不断搭建扶手，让训练更有层次。比如，当学生一一找出小猴子到了什么地方时，钱老师并未问下一个问题，而是让学生将这一组地点连起来说一说。学生找出小猴子看到什么后，钱老师又设计了这样的说话训练：“谁能将这些短语串联起来，说说小猴子来到哪里，看到了什么？”这是将两次说话内容结合在一起，有了前一次的说话训练，这一次的说话训练已没有太大难度。

小学生的思维发展是感性的，应按照学生思维发展的特点，在他们全面感知课文内容后，再进行思维的拓展训练。钱老师的教学正遵循了这样的规律，先对照板书绘声绘色地示范讲故事，让学生听，再让学生借着“词串”讲述故事内容，最后模仿课文的语言、结构创造性地续编。归纳起来，整个语言实践的过程为“一听、二讲、三编”。

大家是否记得，莫言在瑞典文学院发表过题为《讲故事的人》的演讲？从他的讲述中，我们知道他的成长离不开小时候“听故事、讲故事、编故事”的生活。钱老师的教学也正是这样的过程，是不是可以说，钱老师正在用课堂教学培养一个个会讲故事的人呢？关于如何教会学生讲故事，钱老师为我们作出了示范。

上海市闵行区教育学院小学语文教研员 景洪春（特级教师）

课文（统编版一年级下册）

小猴子下山

有一天，小猴子下山来，走到一块玉米地里。他看见玉米结得又大又多，非常高兴，就掰了一个，扛着往前走。

小猴子扛着玉米，走到一棵桃树底下。他看见满树的桃子又大又红，非常高兴，就扔了玉米，去摘桃子。

小猴子捧着几个桃子，走到一片瓜地里。他看见满地的西瓜又大又圆，非常高兴，就扔了桃子，去摘西瓜。

小猴子抱着一个大西瓜往回走。走着走着，他看见一只小兔子蹦蹦跳跳的，真可爱，就扔了西瓜，去追小兔子。

小兔子跑进树林里，不见了。小猴子只好空着手回家去。

简约不简单

——《一封信》第一课时教学实录及评析

板块一 归类识字

（一）学习生字，导入课题

师： 21世纪，科学技术大踏步发展，人们的生活也发生了翻天覆地的变化。爸爸有手机，妈妈有手机，连小朋友也有手机了，有事发个短信、微信就解决了。你看，爸爸发来短信说："今晚不回家吃饭，你们先吃吧。"妈妈发来微信："在家好好写作业，千万别偷看电视。"你瞧，多方便呀！可过去没手机，要传递信息就要靠写信。（板书：信）左边是单人旁，右边是"言"。人说的话写在纸上，就是"信"。

（生齐读"信"）

师： 写信需要信纸、信封和邮票。（出示实物）将要说的话写在信纸上，放进信封里，写上寄信人、收信人，以及地址、邮编，再贴上邮票，就可以寄信了。今天咱们学的这篇课文就与信有关，题目是《一封信》。请小朋友们拿出小黑板、小粉笔和老师一起写写"封"，左边上下两个土，上面的"土"横变长提，下面的"土"横变短提，右边是"寸"。

（生写）

师： 谁来读课题？

（多生读）

师：“封”是后鼻音，读得真准确。“一封”是个数量词，“封”是量词，你来读。

（生读）

师：加上“第6课”（板书：6），一起读。

（生齐读，师强调不拖音）

（二）归类出示，形成组块

师：像这样的数量词，课文中还有一些，请看——（“PPT”出示：一沓纸、一团纸、一束鲜花、一支圆珠笔）

（生多种方式读字音：借助拼音读、去掉拼音读、四个数量词连着读）

师：（展示实物）这是一沓纸，这是——

生：一团纸。

师：还可以说“一什么纸”？

生：一张纸、一面纸、一堆纸、一吨纸。

师：除了一束鲜花，还可以说“一什么鲜花”？

生：一朵鲜花、一枝鲜花、一盆鲜花。

师：量词积累得真不少。齐读四个数量词。

（生齐读）

师：这一组短语，开火车读。（“PPT”出示：削土豆、刮胡子、修台灯、揉纸团）

（生借助拼音开火车读，去掉拼音开火车读）

师：“削、刮”是左右结构，立刀旁，与什么有关？（“PPT”出示篆体“削”“刮”）这是篆体的“削”和“刮”，右半边就是一把“刀”。这样一边表形一边表声的字叫作——

生：形声字。

（生齐读）

师：你发现这一组短语有什么共同的地方？

生：第一个字都是动词，第二个词是表示事物的名词。

师：真厉害，都知道动词、名词啦！像这样的短语，咱们可以一边做动作一边读，不信试试。

（师生边做动作边读）

师：好玩吗？你还能说出类似的短语吗？

生：踢毽子、打篮球、做游戏、拉二胡……

师：小朋友们的积累真丰富。这几个词很简单。（“PPT”出示：朝向、胡子、肩膀、星期）

（生读）

师：“朝”是多音字，还有个读音是——

生：朝阳的朝。

师：还可以组什么词？

生：朝霞、朝三暮四。

师：这个成语都知道，学识真广。这四个词去掉拼音，还会读吗？

（生齐读）

师：四个生字跳出来了，一起读。（“PPT”出示：朝、胡、肩、期）

（生齐读）

师：发现了吗？这几个字里都有什么字？

生：月。

师：字典老师告诉我们，含有月字旁的字一般有两种意思。一种是表示身体的一部分，与肉有关，也称肉字旁。在这里是哪两个字？

生：胡、肩。

师：还有一种是与时间有关，是哪两个字呢？

生：朝、期。

师：汉字里的学问可真多。让我们一起记住，与身体有关的字是——胡、肩，与时间有关的字是——朝、期。

【这个板块的教学内容是“归类识字”。这个环节的设计，首先妙在“归类”：第一类，数量词；第二类，动宾结构短语；第三类，偏旁为“月”的生字。对于这三类生字词和短语，钱老师又采用了不同的教学策略：教学数量词时，让学生换用不同的量词；教学动宾结构短语时，除了让学生加上动作朗读，还让学生说说同一类型的短语；教学偏旁为“月”的生字时，则通过告知学生字典中的义项，让学生懂得含有月字旁的字或与身体有关，或与时间有关。在这个板块，钱老师时时引导学生“发现”：把一组动宾结构的词语放在一起呈现，让学生发现这组短语第一个字都是动词；通过篆体字的呈现，让学生发现“刮”和“削”与刀有关……学生不断地发现，不断地收获发现的喜悦。这不仅可以提高学生识字的兴趣，还可以培养学生自主学习生字的能力，提高识字的效率。】

板块二　正确读文

师：把这些字词放到课文中去，你还能读得准确吗？

（十四个学生依次读。老师指导：“重”“结”另一个音的读法与可以组成的词；读“希比希又蹦又跳”，用声音传达出“高兴”；用高兴的语气读提到看电影的部分；读书要关注标点。老师表扬读得好的学生。）

师：这两个小朋友读得最好，奖励他们为我们读书。

（一生读第一至第三自然段，另一生读第四至第六自然段）

师：他们读得这么好，我们要向他们学习。接下来的部分，我们合作读，你们读人物的语言，我读作者的叙述。

（师生合作读第七至第十四自然段）

师：我们读得一次比一次有进步，把掌声奖励给自己。

【这个板块的教学内容是“正确读文”。本课多音字较多，钱老师重在指导读准多音字的字音。在指导有感情地朗读时，钱老师指导学生关注动作和标点，让学生发现作者表现快乐心情的“秘密”。】

板块三　理解实践

师：读课题。

生：一封信。

师：课文中谁给谁写了一封信？

生：露西给爸爸写了一封信。

师：是吗？

生：不是，是露西和妈妈给爸爸写了一封信。

师：真聪明，老师再送你一个词“一起”，再说。

生：露西和妈妈一起给爸爸写了一封信。

师：小朋友们一起说。

生：露西和妈妈一起给爸爸写了一封信。

师：说得真好。再读课题。

（生齐读）

师：课文里真的只有一封信吗？

生：两封。

师：怎么会有两封呢？

生：第一封信，露西觉得自己写得不好，就和妈妈一起写了第二封信。

师：说得多清楚，多有条理啊！掌声！

师：第一封信在第几自然段？

生：第三自然段。

师：钱老师以信的格式出示这一段的内容，请你们一起读。在读之前，想象咱们就是露西，写这封信时，心里可是——

生：不开心。

师：体会心情，咱们一起读。

（生齐读，感情很到位）

师：这三个小朋友读这封信时，眉头都皱起来了。会读书的孩子，表情都在说话呢！

师：第二封信的内容，在哪些自然段里呢？

生：第七到第十四自然段。

师：这一封信里，露西又写了什么呢？我们一起来看。“露西边说边写：‘亲爱的爸爸……’”在信纸上写下的是“亲爱的爸爸”。小朋友也像我这样，拿出笔来，画出露西写的话。这里穿插着与妈妈的对话，一定要正确分辨。

（生读书画线）

生：亲爱的爸爸，我们过得挺好。太阳闪闪发光。阳光下，我们的希比希又蹦又跳。

师：完全正确！请接着说。

生：请爸爸告诉我们，螺丝刀放在哪儿了。

师：这句话好几个小朋友都漏画了，补上去。注意这里的“爸爸”，应该换什么人称？

（生沉默）

师：这是妈妈对露西说的，让露西问爸爸螺丝刀放在哪儿？现在，露西写信时，直接对爸爸说，还用“爸爸”这个称呼吗？

生：应该用“您”。

师：因为要与后面相对应，我们就用“你”。在非常亲密、相互熟悉的关系中，即使对长辈，有时候也可以用“你”。请小朋友在“爸爸”上写上大大的“你”。

（生写）

生：请你告诉我们，螺丝刀放在哪儿了。这样，我们就能自己修台灯了。还有，下个星期天我们去看电影。啊，太好啦！

师：请你稍等。（对另一个学生）你为什么没画最后这句呢？

生：这是露西听到妈妈的话后兴奋的表现，不用画。

师：说得很正确。画了线的小朋友赶紧擦去。也请你重说。

生：还有，下个星期天我们去看电影。爸爸，我们天天想你。

师：请一个小朋友对照着画线的部分，为大家读读这封信。

（生读）

师：读得准确流利，真好。接下来，咱们想象自己就是露西，和妈妈一起写这封信时，心情特别——

生：开心。

生：要带着开心的情绪读。

师：好，就按你说的，咱们一起读。

（生齐读，脸上带着笑容，读得很投入）

师：看看，露西在信的结尾还画了一大束鲜花呢！比较露西前后写的两封信，你更喜欢哪一封信？为什么？

生：我更喜欢第二封，因为第二封信上画了一束鲜花，爸爸肯定喜欢。

师：鲜花能给人带来好心情。

生：我也喜欢第二封，因为第二封信里说她们会一起去看电影，还有希比希很高兴。

师：快乐一定会传递出去的。

生：我更喜欢第二封，这封信里充满了暖暖的爱意。

师：你说得太好了！

生：我两封信都喜欢。因为第一封写出了她的真实想法，爸爸不在家，她不开心。第二封信写出了她和妈妈生活得很快乐。

师：你们赞同她的想法吗？

生: 如果第一封信寄给爸爸了，爸爸看到了会很着急，一定会辞职，回来看自己的女儿。

师：此处该有掌声！你说出了我们的心声！

（生鼓掌）

师：是啊，爸爸会多担心多着急啊，工作时也不会安心的，你愿意这样吗？你更喜欢哪一封？

生：不愿意，我也更喜欢第二封。

师：你也是个贴心的“小棉袄”，敢于表达自己的想法，很不错。

师：露西前后写了两封信，第一封信处处都能感觉到她不开心。可和妈妈一起写的第二封信，字里行间都让人感受到幸福、快乐，相信爸爸收到信，一定也会很开心。（板书：不开心、开心）

【这个板块的教学内容是“理解实践”，齐读课题后，钱老师提出问题：谁给谁写了一封信？学生没有给出正确答案，老师并没有直接否定，而是通过追问，让学生找到正确的答案。因为文中先后出现了两封信，所以钱老师在教学中采用“由扶到放”的方式，先将第一封信的内容以信的格式呈现，再让学生在第七至第十四自然段中，画出露西在信中写的内容。第七自然段的内容，钱老师亲自示范如何画线，接下来的段落，则由学生自己画线。对于低年级的孩子来说，这样的示范很有必要。最后环节是比较前后两封信，让学生说说更喜欢哪封信。当学生说出两封信都喜欢，第一封信表达了露西真实的想法，第二封信写出了和妈妈生活的快乐时，可谓言之有理，教师无须刻意纠正，而应该尊重儿童真实的阅读感受。】

板块四　指导书写

师：原来，用笔写下的一个个不同的文字能传达出不一样的情感。咱们来写写“笔”与“写”。（“PPT”出示田字格中的“笔”“写”）仔细观察，写好这两个字需要注意哪个笔画？

生：“笔”的竖弯钩不能写直了，要弯一点。

师：就是要写得圆一些。

生：“笔”下面的“毛”，两横要向上斜一些。

师：我猜你的字一定写得很美观，连这儿都注意到了，好！

生：“写”的竖折折钩一定要写好。

师：这是主笔，一定要写正。

师：（范写，边写边讲解）拿出你的小黑板、小粉笔，咱们一起写。

“笔”，竹字头要扁一些，“毛”的两横向上斜，这样才好看，竖弯钩要圆一些。“写”的秃宝盖，第二笔是横钩，竖折折钩要正，折钩往里收一收。请小朋友先描红，再写一个。

（生写，师提醒学生注意书写姿势。师生共同点评，发现优点与不足。）

师：发现了自己的不足，又欣赏了小伙伴的优点，相信再写一个，会写得更好。

（生写，师巡视，为写得好的字画五角星）

师：请得到五角星的小朋友站起来，这些都是咱们班的小小书法家，向你们学习。（鼓掌）今天我们一起学习的课文是——

生：一封信。

师：钱老师也给你们写了一封信，请你来读。老师给你东西，如何接？（生稍弯腰，双手接过信）多有礼貌啊！

生：（读）亲爱的小朋友们，今天，我给你们上课，非常高兴。你们聪明能干，是山西小朋友的骄傲。我特别喜欢你们。希望下次还能和你们一起快乐学习。钱娟老师，9 月 23 日。

师：告诉大家，信的结尾我画了什么？

生：一颗爱心、一张笑脸。

师：这颗爱心表示我喜欢你们，笑脸说明和你们在一起学习很快乐。这封信送给你们。我还将写了我的地址的信封送给你们，希望能收到你们的回信。

【这个环节的教学内容是“指导书写”。识字写字，是低年级语文课的教学重点。钱老师很重视书写的指导，如导入新课时，钱老师就指导学生书写“封”。在这个板块，钱老师则着重指导学生写好“笔”的主笔——竖弯钩，以及“写”的主笔——竖折折钩。“画山者必有主峰，为诸峰所拱向；作字者必有主笔，为余笔所拱向。主笔有差，则余笔皆败，故善书者必争此一笔”。从这段文字便可知写好主笔的重要性，钱老师可谓深谙其道。】

板书设计

一封信

不开心　　开心　　笔　写

总评

一路走来，一路风景

学习了钱娟老师《一封信》的课堂实录，受益良多！

钱老师共设计了四个板块：识字、朗读、理解、写字。每个板块都有明确的教学目标，没有琐碎的提问，没有花哨的表演，没有枝枝蔓蔓的环节。钱老师的课堂，呈现出一种简约之美。

钱老师的课堂，简约不简单。这种不简单，首先体现在教学内容的选择上。薛法根老师曾说过“三个不教”：学生已懂的不教，学生能自己学懂的不教，教了学生也不懂的暂时不教。显然，钱老师在选择教学内容时，是遵循了这“三不教”原则的。如让学生画出第二封信的内容时，钱老师着重指导学生将露西与妈妈对话中的“请爸爸告诉我们”中的“爸爸”改为“你”。这显然是一个学习难点，钱老师很准确地把握了这一难点，并将此难点巧妙化解。

钱老师的课堂不简单，还体现在她的教学贴近儿童。她能让儿童时时在发现中感受到学习的快乐：“归类识字”时发现古人造字的规律，“正确读文”时发现作者表现人物心情的“秘密”，“理解实践”时发现两封信的不同之处，“指导写字”时发现同伴书写的优点……

在四十分钟的课堂上，钱老师带着孩子们完成了一次“发现之旅”，一路走来，一路风景！

江苏省无锡市锡山实验小学　顾文艳（特级教师）

扎实又活泼的语文课

钱娟老师执教的二年级上学期《一封信》这堂课，很好地凸显了低年级语文教学的重点，教学设计可圈可点，是一节扎实又不失活泼的语文课。

字词教学设计精心。字词教学是低年级语文教学的主要学习内容。识字量增加后，学生们容易读错或用错形近字、同音字，生字记得快，忘得也快。这就需要我们多下功夫，力求用形式活泼、方法多样的字词教学给学生留下深刻的第一印象，提高教学的有效性。针对本课生字较为分散的特点，钱老师采取了集中识字的方式。她颇具匠心地将本课要求掌握的生字有意识地进行了归类，形成组块，如数量词归为一类，从课题的“一封信”引出文中的“一沓纸、一团纸、一束鲜花、一支圆珠笔”，在读准字音的基础上，通过出示实物，帮助学生理解词义，进而拓展积累其他量词；动宾短语归为一类，结合课文内容出示“削土豆、刮胡子、修台灯、揉纸团”等短语，将读准字音、识记形声字字形有机结合，同时引导学生发现这组短语在结构上的规律，通过做动作进行积累和拓展，激发学生兴趣，让他们边学边玩；月字旁的生字归为一类，出示生字“朝、胡、肩、期”，告诉学生“月字旁的字一般有两种意思”。掌握这个识字规律，对于学生今后的学习大有益处。钱老师精心设计的这几组字词教学，不仅涵盖了生字的音、形、义，还特别关注了字词的运用，这是我们进行字词教学的最终目的。

朗读指导形式多样。朗读是语文教学最基本、最重要的方法，它对于语言的积累和发展、语感的形成所产生的作用，是其他任何方法都无法替代的。因此，低年级阅读教学一定要保证学生有充分的朗读课文的时间。在这节课上，钱老师运用了“个别朗读、配动作朗读、师生合作朗读、依次读、齐读”等多种形式引导学生朗读课文。这一课的读充分体现了三个特点。一是读有要求，钱老师引导学生有意识、有目的地读。如初读课文时，钱老师对学生的要求是把课文读正确，读准字音，不加字不漏字。二是读有层次，从初读到精读，层次分明。初读时做到字字入目，精读时则做到声声入情。如朗读第二封信的内容时，抓住其中的“开心”，引导学生体会人物心情，把感情读到位，并配以丰富的表情。三是读有方法。钱老师看似不经意地提醒学生关注标点符号，读出不同的语气。有效的朗读指导使学生在读通、读熟课文的基础上，读得有滋有味，促进语言能力的充分发展。

此外，钱娟老师的这堂低年级语文课中渗透着的阅读方法指导也给人留下了深刻的印象。第一，关注阅读的整体感。钱老师从课题“一封信”切入，设计了这样一个关键的问题：课文里真的只有一封信吗？这个问题不仅激发了学生探究的欲望，还引导他们联系上下文初步感知课文内容，使学生将目光聚焦到两封信的内容上，准确地找到两封信对应的段落，展开下面的学习。这样着眼于整体、立足于全局的设计，能够有效地提高学生的阅读能力。第二，边动笔墨边读书。读书是一个过程，只有边读边思，边读边写，才真正地构成了阅读。钱老师把“动笔墨”的过程落实到“画出露西第二封信里的话”这个环节中。信的内容穿插在露西和妈妈的对话里，要准确地画出并连贯地读出完整的信，对于二年级的学生来说有一定的难度。在这个过程中，钱老师引导学生关注人称的变化（将妈妈口中的“爸爸”换成“你”），区分露西的表现和信的内容……通过思考、讨论、圈画的过程，一方面引导学生深入学文，同时也渗透了阅读习惯的培养。

总的来说，钱老师执教的这堂课，牢牢把握住了教材编写者的意图，从学生的年龄特点出发，通过巧妙的设计，将小学低年级阶段语文学习的重要内容——字词的识写、朗读的训练、习惯的养成、内容的理解有机地整合在一起，互为作用，形成了教学整体，值得大家借鉴。

上海市第一师范附属小学　谭姗姗（特级教师）

课文（统编版二年级上册）

一封信

爸爸出国了，要过半年才能回来。今天，露西想给爸爸写一封信。

妈妈还在厂里，露西早早回到家。她打开空调，又洗了一些土豆，削好后放在锅里。她朝窗外望了一眼。好了，她想，现在可以开始写信了。她拿出一沓纸，一支圆珠笔。

“亲爱的爸爸，”露西写道，“你不在，我们很不开心。以前每天早上你一边刮胡子，一边逗我玩。还有，家里的台灯坏了，我们修不好。从早到晚，家里总是很冷清。”

这时，妈妈回来了。她拍拍露西的肩膀，问:“是在给爸爸写信吗？”

“是的。可是我写得不好。”露西说着，把纸揉成一团。

“那我们一起重新写吧！”说着，妈妈在她身旁坐下来。

露西边说边写：“亲爱的爸爸……”

“我们过得挺好。”妈妈接着露西的话说。

露西写完这一句，想到了小狗希比希，写道：“太阳闪闪发光。阳光下，我们的希比希又蹦又跳。”

妈妈说：“请爸爸告诉我们，螺丝刀放在哪儿了。”

露西笑了，她记下妈妈的话，接着写道：“这样，我们就能自己修台灯了。”

“还有，下个星期天我们去看电影。”妈妈说。

“啊，太好啦！”露西叫了起来。

“爸爸，我们天天想你。”露西在信的结尾，画了一大束鲜花。

让言语实践代替理解感悟

——《狐假虎威》第一课时教学实录及评析

板块一 归类识字，形成组块

（一）猜谜导入

师：我给大家带来了两个谜语，请听好！“像猫不是猫，山中称大王。”

生：老虎！

师：对，就是凶猛的老虎大王。再听：“尖尖耳朵细细腿，生性狡猾多猜疑。”

生：狐狸。

师：不错，就是狡猾的狐狸。今天咱们学的这篇课文讲的就是它们俩之间的故事，题目是——狐假虎威。小朋友可以看老师写课题，也可以跟着老师一起写课题。（板书：狐假虎威）

（生读课题）

师：加上“21”，怎么读？

生：21，狐假虎威。

师：这里可不读“21”，读“第21课”，你来试试。

（生读，拖音）

师：不拖音，像我这样读——第21课，狐假虎威。

（生读得准确）

师：很好，有进步。

（生齐读）

【猜谜语，学生喜欢，充满情趣；朗读课题，要求严格，不仅要读对，同时还不能拿腔拿调。这是培养良好习惯。好习惯的培养从小学低年级抓起，从每堂课抓起，至关重要。】

（二）归类识字

第一组

师：课题中有两种动物，它们是——

生：老虎和狐狸。

师：课文中还有一些动物呢，咱们把它们请出来。开火车读。

（“PPT”出示：狐狸、兔子、老虎、小鹿、野猪）

生：狐狸、兔子。

师：轻声读得真准确，再读。

（生开火车读）

师：咱们一起读。

（生齐读）

师：这些动物统称为——野兽，在课文中还称作——百兽。

第二组

师：再来看一组与“一”有关的词语，谁能借助拼音读好它们？

（“PPT”出示：一愣 lèng、走一趟 tàng、骨碌碌一转 zhuàn）

（生依次读）

师：“转”是个多音字，它还读——

生：zhuǎn。

师：给它组个词。

生： 转身。

生： 转弯。

师： 真好！去掉拼音，你们还会读吗？

（多生读）

师： “愣”字，左右结构，什么旁？与什么有关？

生： 竖心旁，与心有关。

生： 与心里的想法有关。

师： 心里一吃惊，表情就“一愣”，一起读。

生： 一愣。

师： 猜猜走一趟的“趟”与什么有关？

生： 与走路有关。

师： 来，请你跟我走一趟，我再跟你走一趟。（请学生离开座位，在台上一来一回地走）“趟”与——

生： 行走有关。

师： 小朋友，来，眼珠子活动一下——骨碌碌一转。

（生做动作）

师： 小朋友，再来做一个“转身”的动作。

（生做动作）

师： 这几个小朋友做得真好！咱们将每个词再读两遍。

（生齐读）

第三组

师： 这一组都是四字词语，你还会读吗？（“PPT”出示：神气活现、摇头摆尾、半信半疑、东张西望、大摇大摆、信以为真）

（生齐读，开火车读）

师： 通过预习，你能找出哪些词语是写狐狸的，哪些是写老虎的吗？

（一生答，其他学生补充或修改，“PPT”出示答案）

师：请看分类正确的两组词。“神气活现”，该是什么样啊？小朋友，做一做这个样子。

（生做出神气的样子）

师：你瞧，他多神气啊！嗯，你更神气！男生请“神气活现”地站起来。

（男生站起，表情很神气）

师：太好了，就这样，男生一起读一读写狐狸的词语，开始——

（男生读“神气活现、摇头摆尾、大摇大摆”）

师：读了故事，我们知道，老虎开始是“半信半疑”，后来是“信以为真”，这两个词语的意思不一样。那你知道它们的意思是什么吗？

生：半信半疑，就是一半儿相信，一半儿怀疑。

师：我送你一个词——有点，你再试试。

生：就是有点儿相信，有点儿怀疑。

师：完全正确！那“信以为真”呢？

生：就是完全相信。

生：相信它是真的。

师：你瞧，理解了字面意思，也就理解了词语的意思。女生，咱们一起读读写老虎的词语吧！

（女生读“半信半疑、东张西望、信以为真”）

【字词教学扎扎实实，读准字音，理解字义，一丝不苟。教师教得认真，学生学得到位。尤其欣赏钱老师采取“归类识字”的形式，生字新词“抱团”出现，利于识记、理解，提升了学习效率。理解字义抓重点、难点，方法也多样：有的抓住字的形旁（如“愣”），有的借助动作演示（如“走一趟”），有的放进语境（如“半信半疑、信以为真”），使得“字词学习”这一环节也像磁铁一样，牢牢地吸引了学生。】

（三）汉字游戏

师：同学们读词语读得可真不错，真的认识这课中的生字吗？接下来呀，咱们来玩一个汉字小游戏。拿出你桌面上的卡片，上面都是生字的一些部件，赶紧摆一摆，看你能摆出哪些汉字？摆好后与同桌一起检查一下，看看你们摆的是不是一样的？

（生边思考边摆，有的同桌之间摆得不一样）

师：不一样，没关系，想想谁摆错了？

（生继续摆部件，师巡视指点）

师：摆好的小朋友，赶紧给这些汉字组词。

（生自由组词）

师：你愿意给哪个汉字组词呢？请你举起它的部件。

（生举起生字的部件）

师：哇，这么多小朋友啊！请听——口字旁的嗓，嗓子的嗓。来，我们依次往下说。

生：走之底的违，违抗的违。

生：提手旁的扯，拉扯的扯。

生：示字旁的神，神仙的神。

生：反犬旁的猪，野猪的猪。

师：真好，同桌之间互相说一说。

（生举着卡片，组着词语）

师：说好的小朋友对我微笑。接下来，交给大家一个特别重要的任务，赶紧将字卡收起来，看谁又快又安静？

（生静静地收字卡）

师：这个同学收得既快又好，还用坐姿告诉我，他已经完成了！好的，大家都完成了。

【这个环节通过动手摆一摆，强化部件与偏旁的联系，提升生字识记的效果，让学生在轻松有趣的活动中学有所得。】

（四）书写生字

师：真不能小瞧你们啊，认得这么多字，会组这么多词！有个生字朋友也想与你们交朋友了。看——（出示字卡）哎呀，它好像有点问题，你发现了吗？

（生沉默）

师：没发现也没有关系。请看，课文中正确的“食”是怎样的？对比一下，你一定有所发现。

生：“食”下面的良，捺应该变成点。

师：对，这就是我们今天要学习的一个新的写字规则，跟我读——“一字无二捺”。第二个捺要变成长点。请你举起小黑板，拿起小粉笔，和我一起写一写“食”。（边范写边讲解）撇的起笔处在左上半格的竖中线旁，第一个捺要写舒展，“良”的第一点在竖中线上，这个字才能写得端端正正。注意，第二个捺有变化，变成点。请你在生字中找到“食”，先描红，再仿写一个。注意写字姿势，头正肩平足安！

（生仿写，练写）

师：写好的小朋友别着急，对照着范字，看看你的第二捺有没有写成点。写错了赶紧改过来，写对的同学再写一个。

（师巡视，画五角星）

师：（展示学生作品）请看这个小朋友的“食”，写得多漂亮啊！还有很多小朋友也像她一样。获得五角星的小朋友，请站起来。这些小朋友写得不仅工整，而且很美观，是咱们班的小小书法家，掌声送给他们。下课后欣赏他们的作品吧！

【这么多生字，只教学生写“食”，既因为这字不易写好，又因为这字可以带动相关知识的学习：一字无二捺。教师引导学生在观察比较中发现汉字的这一规律，培养学生的观察能力，并对学生写的字即时反馈，表扬先进，激励全体。】

板块二　朗读课文，理解课题

（一）指导朗读

师：生字写得漂亮，相信课文一定也能读得漂亮。全文一共有九个自然段，请九个小朋友为大家读一读。其他小朋友，拿起书本，认真倾听。

生：在茂密的森林里……

师：读第一自然段的小朋友，一定要读课题。

生：第二十一课，狐假虎威。在茂密的森林里……（读第一自然段）

师：这里面有几个动词，你读得真准确。

（生读第二自然段）

师：扯着嗓子，该是怎样的？

生：把声音拉得长长的。

师：你试试。

生：你敢吃我？（拉长声音）

师：声音拉长、变大，就显得胆子特别大。还有谁试试？

生：你敢吃我？

师：这会儿，底气更足了。

（生读第三自然段）

师：听出了吃惊。

（生读第四自然段）

师：狐狸的胆子真是越来越大了，竟敢恐吓起老虎来了！谁能读出这样的语气？

（生读）

师：注意到感叹号，就能读出狐狸的胆子越来越大。老虎此时的反应是怎样的呢？

（生读第五自然段）

（生读第六自然段，昂起头，表情特别得意，声调上扬，读得很好）

师：听出来了，多神气啊！会读书的孩子，表情都会说话呢！

（生读第七自然段）

师：你瞧，这个同学真会读书，竟然将狐狸和老虎不一样的表现，通过自己的表情、声音呈现出来。奖励你为大家再读一遍。

（生再读，其他学生鼓掌）

（生读第八自然段）

师：虽然你的声音很轻，但读到"呀，一只大老虎！"时，显得特别吃惊。这个词还读得特别好，请你带读！（出示词卡：纳闷）

生：纳闷。

生：（齐）纳闷。

师：老师再送给你们一个词——闷闷不乐。

（生齐读）

师：它还有一个读音。

生：闷热。

师：再送一个四字词语——闷声闷气。

（生读词）

师：故事的结局如何？

（生读第九自然段）

师：大家读得都不错，给你们大大的赞。（竖起大拇指）

【请九个小朋友读课文，每人各读一个自然段。学生读错了就纠正，读好了就表扬。请留心钱老师的评价，她的表扬很有味道，也富有变化，或肯定语气语调，或点拨内容感受，每一处看似随意，其实别具匠心。整个环节，多数学生在“听”，通过“听”来学习。】

（二）理解课题

师：我们读的课文是——

生：狐假虎威。

师：课文里有一句话说的就是这个成语的意思，请你把它画下来。

（生画句子）

师：请你说，“狐假虎威”意思是——

生：“狐假虎威”的意思是，狐狸是借着老虎的威风把百兽吓跑的。

（“PPT”出示：“狐狸是借着老虎的威风把百兽吓跑的。”多生读。）

师：谁能不看书，也不看大屏幕来说？

（生说得很流利）

师：你真会学习，理解了就能记住。

（生闭着眼睛说）

师：我可以证实这个同学没有偷看，说得很正确。你们能根据句子的意思，找一找哪个字是“假”的意思吗?

生：假就是借。

师：对了，就是“借”的意思。小朋友，将“假、借”圈起来。

（生圈画）

师：“狐假虎威”就是——

生：（齐）狐狸是借着老虎的威风把百兽吓跑的。

【引导学生抓住总结句，初步理解“狐假虎威”，又借助这句话来读懂“假”义，一举两得，举重若轻。】

板块三　了解“受骗”，迁移运用

（一）了解“受骗”，练习说话

师：百兽真的是被老虎吓走的吗?

生：是的。

师：我不相信，你们赶紧到课文里找出证据来说服我。

（生边读边想边圈画）

师：小朋友的学习习惯真好，边读边画。请你来。

生：“呀，一只大老虎！大大小小的野兽吓得撒腿就跑。”

师：仅仅这一句我还不能相信，只有把话说清楚，我才能信服。

生：课文的第八自然段：“森林里的野猪啦，小鹿啦，兔子啦，看见狐狸大摇大摆地走过来，跟往常很不一样，都很纳闷。再往狐狸身后一看，呀，一只大老虎！大大小小的野兽吓得撒腿就跑。”

师：这个小朋友真会回答问题，他先告诉我们句子在哪个自然段，然后再读。是啊，动物们看到狐狸时表现得特别吃惊，这是——（出示词卡：纳闷）

生：纳闷。

师：看到老虎之后——

生：吓得撒腿就跑！

师：看来，真的是——

生：狐假虎威！

师：但老虎知道吗？

生：不知道。

师：其实他受骗了，一起读——（出示词卡：受骗）

生：受骗。

师：小朋友，赶紧告诉老虎，他怎样受骗了？请你用这样的句式：其实你受骗了，原来……（“PPT”出示：其实你受骗了，原来，_________。）

生：其实你受骗了，原来，狐狸是借着老虎的威风把动物们吓跑的。

师：你是对老虎直接说的，要将“老虎”换成“你”。

生：其实你受骗了，原来，狐狸是借着你的威风把动物们吓跑的。

生：其实你受骗了，原来，狐狸是借着你的威风把那些百兽吓得撒腿就跑的。

师：对的。

生：其实你受骗了，原来，狐狸是借着你的威风吓跑百兽的。

师：这样说也完全正确。其实，写老虎受骗的还不止这一处呢。它曾被狐狸的话给吓蒙过，赶紧找一找，是哪句话？

生：在课文的第四自然段。“老天爷派我来管你们百兽，你吃了我，就是违抗了老天爷的命令。”

师：你不仅说得对，还读得特别响亮。是啊，老虎又一次受骗了，请你用上这样的句式，告诉老虎他怎样受骗了。（“PPT”出示：其实你受骗了，原来，________________。）

生：其实你受骗了，原来，狐狸并不是老天爷派来的，它是来吓唬你的。

生：其实你受骗了，原来，狐狸假装它是老天爷派来管你们的。

师：话说得多清楚啊，还可以怎么说？

生：其实你受骗了，原来，狐狸是吓唬你的，老天爷没有派它来管百兽。

生：其实你受骗了，原来，狐狸根本不是老天爷派来的，它怕你吃它，故意这么吓唬你。

生：其实你受骗了，原来，你并没有违抗老天爷的命令，狐狸也不是老天爷派来的。

师：小朋友真会说话！（竖起大拇指）你瞧，同样一个意思，小朋友可以用不同的说法说清楚。刚刚我们是一句一句告诉它的，现在咱们能不能将两个内容连起来，告诉老虎他怎样受骗了呢？请你还用刚才的句式。

生：其实你受骗了，原来，狐狸并不是老天爷派来的，它是借着你的威风把百兽吓跑的。

师：两个方面的内容连在一起，说得很清楚。

生：其实你受骗了，原来，狐狸是借着你的威风吓跑了百兽，它根本不是老天爷派来管你们百兽的。

师：两个内容倒过来说，一样能说明白。再想想，还可以怎么说？

生：其实你受骗了，原来，它说的都是谎话，老天爷没有派它来管你们，百兽们是看见你来了，才撒腿就跑的。

师：这个小朋友能用自己的话把受骗的事情说得这么清楚，咱们应该向她学习，掌声送给她！（师生鼓掌）听你们这么一说，老虎一定知道自己受骗了！（出示词卡：受骗）

【这里的教学很精彩。钱老师抓住核心问题“百兽真的是被老虎吓走的吗？”引导学生认真读书、深入思考、充分表达。学生交流读书所得，发表理解感悟时，钱老师又巧妙设计句式，先引导学生说对、说清楚，进而引导学生把“两个方面的内容连在一起”说完整，继而又表扬学生可以“倒过来说”，总之，“变着戏法”让学生多说。此时，语言表达与理解感悟合二为一，真正化“理解感悟”为“言语实践”，使课堂充满了浓浓的语文味。】

（二）联系生活，迁移运用

师：你瞧，老虎原先不知道，现在知道了，咱们能用“原来”这个词连接，用来说清事情的真相。其实，生活中，我们经常用“原来”这个词，说明事情的真相。不信，你听——今天天气非常闷热，原来是要下雨了。你再听——小明闷闷不乐地走在路上，原来他刚刚被妈妈狠狠地批评了一顿。（生笑）我用“原来”说出了两个真相，你也能这样说吗？（“PPT”出示：________，原来，____________。）

生：小红闷闷不乐地走在路上，原来，她考试只考了 70 分。

师：把“考试”去掉，再说说看。

生：小红闷闷不乐地走在路上，原来她只考了 70 分。

师：这样语句更简洁了。

生：小狗不停地狂叫，原来是要地震了。

师：啊，小狗就是信号员。

生：大雁排成一队，原来是要下雨了。

师：大雁排队往南飞，可不是下雨的预告。

生：哦，对了，我说错了。应该是，大雁排队往南飞，原来天气要变冷了。

师：偶尔犯糊涂是允许的。（笑）

生：燕子在房檐下低飞，原来是要下雨了。

生：一群小蚂蚁忙着搬家，原来是要下雨了。

师：这几个同学都是从天气方面说的，有没有其他话题？

生：我妈妈……

师：当然是“你妈妈”了，把“我”去掉。

生：妈妈不允许我开窗子，是因为她怕小壁虎爬进家里。

师：这里“原来”和“因为”的意思确实差不多，但我们要用“原来”。我不提示，你想想该怎么说。

生：妈妈不让我开窗子，原来是怕小壁虎爬进屋子里，然后爬到她的枕头下。她躺在枕头上，小壁虎一叫，就会吓到她，她就不敢睡觉了。

师：原来这后面还有一出惊险剧啊！（笑）

生：我家的小狗汪汪直叫，原来是给隔壁的大狗咬了一口。

师：原来发生了“血案”。

生：妈妈今天打扮得特别漂亮，原来是要去和老同学吃饭。

师：你说出了妈妈的秘密啦！（笑）

生：爸爸偷偷地躲进卫生间，原来是去抽烟了。

生：老师今天布置了很多作业，原来她要出差了。

师：出差与布置作业有什么关系呢？

生：老师出差了就好几天不能布置作业，因此就布置很多作业。

师：哦，明白了，那你把这个原因也说出来。

生：嗯，我想想。老师今天布置了很多作业，原来她要出差，让我们分几天完成这些作业。

师：真聪明，这样说就更清楚了。看来，把话说清楚也不是很难啊！

生：小明放学后不敢回家，原来他把别人打得鼻子流血了。

师：哎呀，这个行为可不好，小朋友千万别学。好了，谢谢你们说了这么多，以后咱们想告诉别人事情真相时，可以用“原来”这个词来连接前因后果。

【迁移是重要的阅读能力。学了“原来”，通过课文明白了意思，就要试着运用。现在的语文课上，这样的迁移训练不知为什么变得“稀缺”了。你看，孩子说了多少既规范又有意思的话。可贵的是，钱老师还有一双火眼金睛，学生出现一点语病，她马上就发现，并予以纠正。】

板块四 走进角色，理解寓意

师：一起读课题。

生：狐假虎威。

师：学了这篇课文，你一定有很多话要对狐狸和老虎说。

（“PPT”出示以下句子）

（1）我想对老虎说：“老虎，________。”

（2）我想对狐狸说："狐狸，________。"

生：老虎，你太笨了，狐狸是骗你的，你都不知道，还跟着它到森林里。

生：老虎，你可不能这么随便相信狐狸的话。

师：对，这就是"轻易相信"。（板书：轻易相信）它们的表现都不好，还有？

生：狐狸，你可不能说谎了。

生：狐狸，你这样撒谎，对你的成长不好。（笑）

师：很像老师教育人啊！

生：你可不能这样欺骗别人，吓得百兽都跑了。

师：不仅欺骗别人，还仗着谁的势力欺负别人？

生：仗着老虎的势力。

师：对啊，狐狸是仗着老虎的威风欺负别人，老师送给你们一个新词——仗势欺人。（板书：仗势欺人）小朋友，这个故事告诉我们，不能像老虎一样轻易相信别人，更不能像狐狸一样仗着别人的势力欺负他人。你看，咱们不仅读了一篇有趣的故事，还明白了这些道理。这样的故事，咱们称它——寓言。（板书：寓言）一起读。

生：寓言。

师：其实国内外寓言故事里，狐狸是个重要的角色，不过它有时狡猾，有时聪明，有时可怜，有时又特别贪婪。不信啊，找到这些寓言故事来读一读，相信你一定能认识不一样的狐狸，明白不一样的道理。（"PPT"出示：拓展阅读《狐狸与狮子》《狐狸与葡萄》《狐狸与乌鸦》《山鹰与狐狸》）

【寓意是教学寓言时不可或缺的一环。二年级如何教寓意？需要考虑学生的身心特点。钱老师让学生以劝说的形式进入角色，自然表

达，并从学生的表达中提炼关键词“轻易相信、仗势欺人”，寓意的把握可谓水到渠成。】

板书设计

21 狐假虎威　　　寓言

仗势欺人　轻易相信　　　食

总评

返璞归真，洋溢浓浓的“语文味”

——钱娟老师《狐假虎威》教学欣赏

语文课姓“语”。

浓浓的“语文味”，是语文课的特性与魅力之所在，是区别于数学课、音乐课等的关键。所谓“语文味”，源于语文学科特点和师生个性在课堂上的和谐统一。它既是语文教学的手段，又是语文教学的目的。读钱娟老师《狐假虎威》教学实录，“语文味”扑面而来。

“语文味”在目标把握里。

钱老师《狐假虎威》的教学，主要目标与内容就是识字、学词、朗读与说话。试问这些哪一点不是语文的“自留地”？哪一个不是语文老师的“独有任务”？至今，我们的语文课承载的“非语文”任务太多。特级教师于永正先生曾这样说过：“教语文其实很简单，就是让学生识字、写字、读书、作文，就是读读写写，写写读读。”

钱老师的语文课就做到了简简单单。这一份“简单”其实不简单，源自师者对语文学习本质的科学认识、对语文实践活动的精心设计。

“语文味”在板块布局里。

语文味是语文课的灵魂，贯穿课堂始终。它需要老师运筹帷幄，逐层推进，丝丝入扣，无一处无一时不关注、落实之，给学生以熏陶、感染。钱老师教《狐假虎威》，简化头绪，精简结构，安排了归类识字、朗读课文、迁移运用、理解寓意等板块。这样的课堂组织，保证了学生有充裕的时间学习字词句知识、训练听说读写技能，让学生充分、深入地学习，由此，也就使《狐假虎威》的教学自始至终都散发着“语文味”。

“语文味”在细部雕琢里。

目标、板块的优化，为“语文味”提供了前提，但并不意味着必然。语文教师如何实施教学才是关键。钱老师这一课，字词教学到位、灵活，课文朗读自然、得体，内容理解巧妙、恰当，迁移运用生动、有效。比如，学生理解老虎为何受骗后，钱老师引导学生运用“原来”造句，一个学生说：“老师今天布置了很多作业，原来她要出差。”句子乍听起来也通顺，但布置作业与老师出差没有必然联系，怎么才能说清楚呢？钱老师这样启发学生思考：“出差与布置作业有什么关系呢？”在钱老师及时到位的点拨下，这个学生对句子进行了修改：“老师今天布置了很多作业，原来她要出差，让我们分几天完成这些作业。”这样说，表意清楚明白，别人就懂了。基于学生的学习表现与基础，及时引导学生“跳一跳，摘桃子”，有效提升了学生的语文素养。钱老师的这堂课上，这样的教学例子还有很多。

钱老师这堂课为何能产生这样浓郁的“语文味”？我把原因归结为“四个关注”。

一是关注情感。语文味，绝不会产生于语文知识的简单识记与语文技能的机械操练。诚如苏霍姆林斯基所言：“我一千次地相信，没有一条富有诗意的感情和美的清泉，就不可能有学生的全面的智力发展。”文章不是无情物，语言文字天然地与情感、审美等联系在一起。因此，语言文字的学习只有与情感教育、人格教育等融合起来，才会充满情趣与活力。《狐假虎威》有趣而奇特，这一课，钱老师主要运用朗读的方式，把学生带入课文情境，体会文字背后的滋味与意义。学生正是在朗读中，通过体会“扯着嗓子”等关键语句，甚至是抓住感叹号等，领悟到狐狸因为胆子越来越大，所以说话的底气也越来越足，于是，他们读起课文来也更加有声有色。你看，学生读第六自然段时竟然“昂起头，表情特别得意，声调上扬”，他读出了狐狸的神气，也读懂了狐狸的狡猾，入情入境。语文学习成了吸引每一个孩子的活动。

二是关注学段。“多大的人，干多大的事。”每一个学段的语文学习目标都要有所侧重，否则就会走弯路，结果要么是压抑儿童成长，要么是揠苗助长、杀鸡取卵。低年级语文课，在内容的理解上往往会“超纲”。钱老师这节课也牵涉到篇章的把握与主旨的理解，但是她的处理是“低段化”的。要解决核心问题“百兽真的是被老虎吓走的吗”，势必要抓住篇章。钱老师借助填空，让学生读书、理解，用几句话就解决了问题，不可谓不巧妙！考虑儿童的身心特点，紧扣年段要求来实施课程，才是真正尊重学生、呵护学生。

三是关注方法。阅读学习中最有价值的是什么？是方法与策略。一堂课学《狐假虎威》任务不轻，钱老师没有满足于“授之以鱼”，而是处处追求“授之以渔”。比如课题要读成“第21课，狐假虎威”，再比如写字“一字无二捺”，回答问题时先读书再表达等，钱老师都予以关注。这些虽然不是这一课的教学目标，但方法的习得、习惯的养成，需要一堂又一堂语文课的训练强化。最值得称道的是生字新词意义的理解，钱老师在带领学生理解“一愣”“走一趟”“骨碌碌一转”“神气活现”“半信半疑”“信以为真”等词语时，渗透了多种方法。而这些方法的传授，其实都融汇在实践中，如春雨一般“随风潜入夜，润物细无声”。

四是关注表达。语文课程是一门学习语言文字运用的综合性、实践性课程。因此，学习课文，落脚点不在内容、主旨的把握上。我们要以课文为凭借，组织学生进行丰富的听说读写实践活动。钱老师教《狐假虎威》，当然深谙此理，于是她以课文为例子，设计说话训练，实现以“言语实践代替理解感悟”的教学设想。

本课相当精彩的地方有两处。一是引导学生把读懂的说出来，解决核心问题“百兽真的是被老虎吓走的吗”的过程。这是学生自己读懂课文的过程，也是发展语言表达能力的过程。教学中，钱老师先是引导学生说一个老虎受骗之处，再启发学生发现第二个，然后连起来说，其间还提醒学生注意把“老虎”换成“你”。这样的设计，给学生学习表达设置了台阶，学生说得清楚、完整、具体。二是引导学生把学到的用起来。迁移能力的培养是阅读教学的目标之一，通过造句把“消极”词语“原来”变为“积极”词语，钱老师的教学很显功夫。

需要说明的是，最后把握寓言主旨的环节中，钱老师创设了情境，引导学生“对老虎说”“对狐狸说”，言语表达有对象，激活了表达动机，学生的表达与理解融为一体。这体现了维果茨基所说的：“在说每一句话、进行每一次谈话之前，都是先产生语言的动机——我为什么要说话，这一活动的激情的诱因和需要的源泉是什么。口头语言的情境，每一分钟都在创造着语言、谈话、对白的每一个新的转折的动机。”

上海市松江区小学语文教研员　谈永康

课文（统编版二年级上册）

狐假虎威

在茂密的森林里，有一只老虎正在寻找食物。一只狐狸从老虎身边窜过。老虎扑过去，把狐狸逮住了。

狐狸眼珠子骨碌碌一转，扯着嗓子问老虎：“你敢吃我？”

“为什么不敢？”老虎一愣。

“老天爷派我来管你们百兽，你吃了我，就是违抗了老天爷的命令。我看你有多大的胆子！”

老虎被蒙住了，松开了爪子。

狐狸摇了摇尾巴，说：“我带你到百兽面前走一趟，让你看看我的威风。”

老虎跟着狐狸朝森林深处走去。狐狸神气活现，摇头摆尾；老虎半信半疑，东张西望。

森林里的野猪啦，小鹿啦，兔子啦，看见狐狸大摇大摆地走过来，跟往常很不一样，都很纳闷。再往狐狸身后一看，呀，一只大老虎！大大小小的野兽吓得撒腿就跑。

老虎信以为真。其实他受骗了。原来，狐狸是借着老虎的威风把百兽吓跑的。

在读读写写中成长

——《最大的书》第一课时教学实录及评析

板块一 课前谈话，激发兴趣

师：（板书：书）一起读。

生：书。

师：不拖音，书。

生：书。

师：这是现代的书（“PPT”出示图片）。古时候没有纸张，人们要记录些什么，就把字刻在竹片上，一片不够，就两片、三片，甚至更多片。为了方便阅读，人们用一根绳子把竹片串起来，形成了这样的竹简，叫作“册”，相当于咱们现在的书。请看“册”字，左右两边很像竹片。（板书：册）拿起你的小粉笔，端起你的小黑板，一起来写一写。“册”的两边是相同的，但是写的时候要有变化，左边瘦些，右边稍宽稍长，再用一横将“竹片”连起来。“册”常用作量词，比如“一册书”。如果在“书”前加词，你会填什么？

生：一本书。

生：一套书。

师：这些数量词都可以和“书”放在一起。还可以说什么样的书？

生：干净的书、宝贵的书、有趣的书。

师：你读过什么有趣的书？

生：《伊索寓言》。

生：惊奇的书。

师：应该是新奇的书。哪本书让你觉得它很新奇？

生：《查理九世》。

师：二年级就读《查理九世》啦，你的阅读能力真强！（竖起大拇指）有人说，读一本好书就如同和许多高尚的人谈话。读书的孩子最聪明，看来读书真是好处多多，今后你们要多与书交朋友，成为聪明的孩子。现在开始上课！

【这里的课前谈话颇具匠心。语言简洁准确，在现代信息技术的辅助下创设情境，融生字“册”的学习于其中，激发了学生的学习兴趣，让学生体会到汉字之神奇、汉语之丰富。】

板块二 闯关激趣，识字写字

师：拿起你的小黑板、小粉笔，一起写写课题。（板书课题）你来读。

（四生读）

师：四个人中你读得最好，不拖音，干干净净。咱们像他一样，一起读。

（生齐读）

师：瞧瞧这个课题，它与咱们平时见到的有些不一样。你发现了吗？

生：这“书”上加了双引号。

生：这不是我们平常看的书。

师：看来这“书”肯定不一般。到底是怎样的书呢？小朋友们赶紧读课文，注意把字音读正确，把句子读通顺，难读的词句多读几遍。

（生自由读）

师：读好的小朋友，对我微笑。

（生陆续读完）

师：这最大的“书”是什么？

生：这本最大的“书”是岩石。

师：（板书：岩石）你有什么好办法记住“岩”？

生：山上的石头就是岩。

师：对吗？谁来帮帮他？

生：山下有块大石头。

生：山下压着一块石。

师：是啊，上面是“山”，下面是“石”，一起写一写吧。

（师写，生书空。“PPT”出示三块“岩石”组成的“阶梯”，其中有三道难度不同的题目。）

师：这里有三块大“岩石”，我们顺着“岩石”一步一个脚印往上走，从最简单的开始。挑战第一关，你能读对吗？（“PPT”出示：地质勘探队员）

（两生读得磕磕巴巴）

师：确实不好读。它由三个词组合在一起，咱们可以先一个个词地读，读熟后再连着读。地质。

生：地质。

师：勘探。

生：勘探。

师：队员。

生：队员。

师：连着读，地质勘探队员。谁能读好？

（生读）

师：就是这样读。

（多生读）

师：“质”，你以前见过它吗？

生：书里见过“质”，“物质”。

师：通过课外阅读也可以识字。

生：面包包装上写着“保质期”。

师：在生活中也能识字。一起读。

（生齐读）

师：地质勘探队员的工作地点在野外，他们需要翻山越岭，寻找有价值的矿物。瞧，他们正在勘查、测量、记录，多辛苦啊！（“PPT”出示图片）我们一起记住他们的名字。

生：地质勘探队员。

师：第一关挑战成功，恭喜大家！

生：耶！

师：第二关是个长句子。（“PPT”出示：你来看，这是雨点留下的脚印，叫雨痕；这是波浪的足迹，叫波痕；还有这些闪光的、透明的，是矿物。）

（生读，师纠正“痕”的读音）

师：这里还藏着一对近义词。

生：脚印和足迹。

师：对的。你瞧，脚就是足，印就是迹。它俩还可以组成一个词，跟我读，印迹。

（生跟读）

师：“印”是个热情的字宝宝，可以组成很多词语。开火车读。（“PPT”出示词语：牙印、印度、印象、复印、打印机、三潭印月）

（生开火车读）

师：你会用其中的词说一句话吗？

生：三潭印月是杭州西湖上有名的景点。

生：我的爸爸用打印机打印出三张纸。

师：不是打印三张纸，是三张资料。

生：苹果上留下了我的牙印。

生：我对这件事有点印象。

师：真不简单，把“印”字用到了我们的生活中。还有两个词，也与印迹有关，你能找出来吗？

生：雨痕、波痕。

师：雨痕、波痕，小朋友没见过，但是课文已经告诉我们，雨痕就是——

生：雨点留下的脚印。

师：波痕就是——

生：波浪的足迹。

师：车轮留下的痕迹，叫作——

生：车痕。

师：伤口留下的痕迹，叫作——

生：伤痕。

师：眼泪留下的痕迹，称为——

生：泪痕。

师：小朋友真聪明，能灵活运用。齐读这个长句子。

（生齐读）

师：第二关，咱们不仅理解了词语，还读通了长句子，非常完美，过关！挑战第三关。（“PPT”出示：刨根问底）这是个成语，谁能读好它？

（生读）

师：这是篆体的“刨”，看看右半边像什么字？

生：很像“刀”。

师：对，就是“刀”。这个字表示用刀挖掘。这把刀慢慢地就演变成了现在的立刀旁。“刀”表义，“包”表声，像这样的字是——

生：形声字。

师：你还能说出带有“包”的字吗？

生：泡澡。

师：这样说会更好：三点水的泡，泡澡的泡。

生：提手旁的抱，抱住的抱。

生：火字旁的炮，大炮的炮。

生：食字旁的饱，吃饱喝足的饱。

生：草字头的苞，花苞的苞。

生：雨字头的雹，冰雹的雹。

师：小朋友认识的字真多。以前写过带有“包”的字，写“刨”就简单了。拿起小黑板、小粉笔，咱们一起写一写。

（师边写边讲解：“包”的横折钩往里收，立刀旁要写得直直的。生写。）

师：再来个难的。观察“底”，写的时候要注意哪些笔画呢？

生：广字头的撇写长一些。

生：“底”的点不能丢。

师：是的，“底”表示事物最下面的部位，比如鞋底、锅底、桌底，这一点就表示最下面的部位，不能丢。还有吗？

（生摇头）

师：我还要提醒小朋友，斜钩，千万不能写成竖提，要写斜一些，钩与广字头的撇相平。我们一起边写边看。（范写）你们也来写写“刨”和“底”。头正肩平脚放稳，端端正正来写字。

（生写）

师：写好的同学坐端正，对我微笑。

（生放下笔，坐端正）

师：大家看，这是我们班小朋友写的“底”。她对照着范字，发现撇写得太短，斜钩写得太长，于是她又写了第二个“底”，多漂亮啊！像这样对照着写的方法，叫作“对照”。请小朋友们对照着再写一个。

（生再写）

师：对照着写好后，觉得自己写得有进步的，请自信地举起小手。

（生都举起手）

师：为你们鼓掌。第三关，咱们也挑战成功啦！

生：耶！

师：有两个奖励，想不想要？

生：（举起双手）想要！想要！

师：第一个奖励是为自己鼓掌，祝贺自己通关！（生鼓掌）第二个奖励，嗯……（故意卖关子）请你们猜猜“刨根问底”是什么意思？

生：啊？（笑）

生：一直问，直到自己弄懂为止。

师：一问再问，这就是咱们平时说的一个俗语——

生：打破砂锅问到底。

（生齐读词语）

【根据课题质疑，以问题为导向，让学生带着问题自读自悟，再通过同伴互助解决最难读的生字，这样的设计，目标很明确：培养学生的问题意识，尊重学生自主、合作、探究的学习方式，新课标的理念真正落到了实处。读准音，辨清形，写好字，生字词教学实实在在。字词教学不是走过场，而是通过组词积累、词意理解、用词说话，突出字词的“运用”，丰富字词教学内涵。重要的是，这些设计衔接自然，环环相扣，层层推进，在不知不觉中完成低段第一课时的生字词教学重点。】

板块三 教与方法，指导朗读

师：川川正是因为刨根问底，才了解到很多有关岩石的知识。那川川一连问了几个问题？请小朋友们自由读课文，拿出笔来画一画。

（生答）

（“PPT”出示以下句子）

（1）“叔叔，您在看什么？”

（2）“哪里有书啊？”

（3）“这上面有字吗？”

（4）“这上面有图画吗？”

（5）“这能说明什么呢？”

（6）“读了这本岩石书有什么用呢？”

师：你瞧，川川真是个好问的孩子，一连问了六个问题，直到自己弄懂为止。这就是——刨根问底。谁来读一读这六个问句？

（生读）

师：借助小问号，问句读得真好！现在老师加上一些语言，相信你会读得更好！

（“PPT”出示以下句子）

（1）川川走过去，奇怪地问：“叔叔，您在看什么？”

（2）“哪里有书啊？”

（3）川川认真地问：“这上面有字吗？”

（4）川川又问：“这上面有图画吗？”

（5）“这能说明什么呢？”

（6）“读了这本岩石书有什么用呢？”川川总爱刨根问底。

（生读）

师：为什么不用开心的语气？

生：因为前面写了“奇怪地问”。

师：是啊，作者为了让我们知道人物在说话时的动作、神态或是想法，就用一些语言来描写，这些语言叫作——提示语。（板书：提示语）小朋友，你能找出像这样的提示语吗？

生：第三、第四、第六句都有。

师：试着借助提示语，读读这三句话。

（生读）

师：读得真好，总是在问呢！还有两句没有提示语，该怎么读？

（生读）

师：为什么你也能读出疑问的语气呢？

生：因为我看到了问号，就用疑问的语气读。

师：这叫“会读书”。标点也是无声的提示语。

生：老师，句子末尾的“啊、呢”，也提醒我们这是问句。

师：“啊、呢”是语气词，不仅可以用在问句中，也可以用在感叹句中。我们也学着作者的样儿，给第二、第五句加提示语。

生：川川疑惑地问：“哪里有书啊？”

生：川川不解地问：“哪里有书啊？”

师：还可以加上动作、神态，作为提示语。

生：川川挠着头问：“这能说明什么呢？”

生：川川抓耳挠腮地问：“这能说明什么呢？”

生：川川皱着眉头，疑惑不解地问：“这能说明什么呢？”

师：越说越好了！咱们不仅会读，还会加提示语，真棒！叔叔是怎么回答川川的问题的呢？你能借助提示语读读叔叔说的话吗？请一个小朋友和我合作读，我读川川的，你读叔叔的。

（师生读第一组对话）

师：读得怎样？评价一下。

生：他强调了“书”。

师：关键词就要强调着读。

生：他把标点符号也读出来了。

师：哦，是把感叹的语气读出来了。接着读。“哪里有书啊？”

生：“岩石就是书啊！你看，这岩石一层一层的，不就像一册厚厚的书吗？”

师：现在，我请一个小朋友做川川。

生：川川认真地问：“这上面有字吗？”

生：“有。你来看，这是雨点留下的脚印，叫雨痕；这是波浪的足迹，叫波痕；还有这些闪光的、透明的，是矿物。它们都是字呀！”

师： 这是一位循循善诱的叔叔。

生： 川川又问：“这上面有图画吗？”

生： 叔叔说：“有。你看，这儿有树叶，有贝壳，那儿还有一条小鱼哩！”

师： 真会朗读，读到谁就用谁的语气来说话。接着往下读。

（生读第五、第六组对话）

师： 这位叔叔真兴奋，两个感叹句都读得特别好。

生： “太好了，太好了！”川川高兴地说，“等我长大了，也要读懂这本最大的‘书’！”

师： 多开心、多激动的川川啊！我们刚刚就借助提示语，读好了人物的语言。现在我们加大难度，去掉所有提示语，只读双引号里的人物语言，好吗？第一、第二组对话，请一对同桌来读。

（同桌对话）

师： 这个小朋友，真像在现实生活中对话，还做起了动作。向他们学习！咱们让更多同学加入，第一组读川川的话，这两组读叔叔的话。

（小组分角色读第三、第四组对话）

师： 这三位“叔叔”多好呀，不停地指着、点着，就像在介绍。接下来，男生、女生分组对话，咱们站起来读吧。

（男女生分角色读第五组对话）

师： 从一组一组的朗读中，你发现了什么？

生： 一个在问，一个在答。

师： 川川问一句，叔叔答一句，这种“一问一答”的形式叫作“对话”，对话描写是这篇课文的特色。（板书：对话描写）回家后，和爸爸妈妈分角色对话。这节课，我们学习的课文是——

生：最大的“书”。

师：最大的“书”就是一册岩石书。这本岩石书里藏着什么奥秘呢？下节课，我们再和川川一起刨根问底，刨出更多秘密。这节课，我们在这首儿歌中结束吧。（“PPT”出示：“勘探队员了不起，发现岩石是册“书”。“书”中藏着大秘密，上面有字又有图。雨痕波痕和矿物，树叶贝壳和小鱼。神奇字画用处大，帮助我们寻宝藏。要想读懂这本“书”，刨根问底最重要。小朋友们要用心，自然世界多奇妙。”）

（师生一起拍手读）

【如何指导朗读是语文教学一直关注的问题。这一板块根据文本特点，指导学生抓住提示语，想象人物说话时的动作、神态或想法，指导学生读出语气、读出情感。教师先示范，发挥主导作用，再检测指导的效果，“扶”“放”结合，学生在反复朗读的过程中感悟“一问一答”的对话描写特点。最后的自编儿歌浓缩文本内容，既渗透思想情感教育，又在新的语境中复现本节课所学生字新词，巩固教学成果，还延伸至后续的学习环节，可谓一举多得。】

板书设计

19 最大的“书”

↓

一 [册] [岩] 石书　　　　提示语

[刨] 根问 [底]　　　　对话描写

总评

目标明确，实实在在教好第一课时

第一课时在语文教学中是十分重要的。它是引导学生走进文本、展开对话的第一步；是引起学生阅读期待，促使其整体感知课文的关键点；是促进学生学语文、用语文，提高语文素养的起始点。本课教学设计有明确的课时观，目标定位适当，过程清晰翔实，方法运用得当，在实实在在的语用实践中让学生学有所得。

第一，创设情境，引起阅读期待。

开课之时，钱老师通过语言描述以及信息技术媒介辅助，创设情境，既使学习氛围浓郁，又融新知于其中，激发学生学习兴趣。在此基础上，揭示课题内涵、围绕课题质疑成了学生的内心需求——最大的书到底有多大？为什么这书是“最大的”？为什么“书”上加双引号？……钱老师以问题为导向，引起学生阅读期待。学生带着问题与文本对话，获得初读的真切感受。“以生为本”“从学情出发”，从导课开始。

第二，学习字词，凸显教学重点。

识字、写字是阅读和写作的基础，是第一学段的教学重点，也是贯串整个义务教育阶段的重要教学内容。二年级学生已经积累了一些识字方法，有了一定的识字能力。基于此，钱老师充分尊重课标倡导的学生自主、合作、探究的学习方式。学生初读课文，自主识字。对于重点生字新词，学生先发挥能动性，用自己的好办法识记。对于难读的字词，同伴合作互助解决遇到的问题。不易理解的新词，如“地质勘探队员、雨痕、波痕、刨根问底”等，则以组块形式出现。钱老师以精炼的教学语言循循善诱，引导学生理解“地质勘探队员”工作环境之艰辛、工作意义之重大，相信学生定会饱含敬佩地识记这个词。此外，积累有关“痕、印”的词语、与“刨根问底”同义的俗语，以及用带有“印”的词语说一句话等环节，字不离词，词不离句。字词教学不是走过场，不是简单地问“会读了吗”“记住了吗”“会写了吗”，而要突出“运用”，让学生“跳一跳，摘桃子”，拓展字词学习的内涵。在结课环节，自编儿歌在新的语境中复现本节课所学生字新词，学生在钱老师的引导下回顾全文，巩固所学。

针对目前学生写字能力普遍下降的现象，课标特别加强了写字教学的分量，其中写道：“第一、第二、第三学段，要在每天的语文课中安排十分钟，在教师指导下随堂练习，做到天天练。”本课教学设计在写字指导上也是自然、巧妙的。钱老师没有集中指导写字，而是随词写字，分散难点，将写字指导与读准音、认清形、写好字融为一体。本课生字共有十二个，本节课选择的“册、岩、刨、底”四个字，结构不同，易有错漏之笔，对于二年级学生来说有难点。“以生为本”体现在每一项课堂活动中，教学就应当如此实实在在。

第三，指导朗读，契合文本特点。

本课教学设计契合文本特点，朗读要求层次分明。钱老师先“裸现”人物语言——川川的六个疑问，要求学生读正确、读流利，而后要求学生读得更好，即提升到有感情的层面。如何读得更好？钱老师根据文本特点，提示学生关注提示语，引导学生想象人物说话时的动作、神态或想法，拉近其与文本的距离，使之读出好奇的语气，读出追问的认真态度。在此基础上，钱老师要求学生联系上下文，给没有提示语的对话加提示语，有感情地朗读，“扶”“放”结合，检测指导效果。最后，钱老师去掉提示语，通过师生、生生直接“对读”的方式，让学生在反复朗读的过程中感悟“一问一答”的对话描写特点。这里的朗读指导设计，将课标提出的课文朗读目标“正确、流利、有感情”具体化，逐步落实，层层推进，达到“读懂内容、感悟写法、提升能力”三位一体。

本课教学设计目标明确，过程完整，操作性强，堪称完美。但“设计感”强了，“牵引”变得很明显，课堂生成的灵动空间就相对少了点。

安徽省铜陵市教科所小学语文教研员　芮良敏（特级教师）

课文（人教版二年级下册）

最大的“书”

一天，爸爸带川川去爬山。爬到半山腰，他们看见一位地质勘探队员，正趴在一块大石头上看着什么。川川走过去，奇怪地问：“叔叔，您在看什么？”

“我在看‘书’呢！”

“哪里有书啊？”

“岩石就是书啊！你看，这岩石一层一层的，不就像一册厚厚的书吗？”

川川认真地问：“这上面有字吗？”

“有。你来看，这是雨点留下的脚印，叫雨痕；这是波浪的足迹，叫波痕；还有这些闪光的、透明的，是矿物。它们都是字呀！”

川川又问：“这上面有图画吗？”

叔叔说：“有。你看，这儿有树叶，有贝壳，那儿还有一条小鱼哩！”

“这能说明什么呢？”

“它告诉我们，在很久很久以前，这里是一片长满树木的陆地。后来，陆地沉下去了，这里就变成了大海。又过了很多很多万年，海底慢慢上升，这里又变成了高山，就是我们脚下的这座山。”

“读了这本岩石书有什么用呢？”川川总爱刨根问底。

叔叔说：“用处可大哩！它能告诉我们，哪里埋着煤炭，哪里藏着铁矿……把这本‘书’读懂，就能为祖国找到更多的宝藏！”

“太好了，太好了！”川川高兴地说，“等我长大了，也要读懂这本最大的‘书’！”

感受语言魅力 分享学习快乐

——《北大荒的秋天》第二课时教学实录及评析

板块一 导入听写

师：“九月，从第一片树叶落地开始，北大荒的秋天也就来了。”这节课，我们继续学习第五课，一起读课题。

（生拖着调读）

师：读文、读句、读词的时候，要短促、自然，像说话一样，不能拖腔拿调的。

（生再读）

师：有进步。如果能这样读，就更好了。（示范）

（生再读）

师：进步真大，我们就这样读书，好吗？本课的生字新词，都掌握了吗？我们先来进行听写练习，请你们听清楚后再工整书写。

（两个学生上黑板分组书写。第一组写“抖动、波纹、燃烧”。第二组写“一碧如洗、清澈见底、热闹非凡”。学生书写时，教师不断提醒学生注意握笔姿势及坐姿，并表扬姿势好的学生。师生共评书写情况，并检查订正。）

师：这六个词语，每个再读一遍。记住，要读得干净、利落。

（生齐读）

【课标在四个学段始终强调正确的写字姿势和良好的书写习惯，

强调书写的规范。课堂上，钱老师舍得花时间随堂听写，这比平时反复抄写更有效、更扎实、更省力。钱老师不断提醒学生写字姿势该如何，指导学生注意坐姿及握笔姿势，表扬姿势好的学生，以示激励，真正“落实书写训练，提高书写质量”。“好习惯，益终生”，钱老师也极其重视培养学生良好的读书习惯。书该怎样读？干净利落，不拖音。在一次次有效的指导下，学生读得一次比一次有进步。语文课到底教什么？不谈其他，将字写好，把书读好，就是基础。】

板块二　梳理回顾

师：这篇课文是写景的，共有六个小节。景色美，文章也很美。先来回顾一下上节课所学的内容。全文围绕哪句话写？

生：“北大荒的秋天真美呀！”

师：（板书：美）围绕着“美”，作者用四个小节分别写了“景色优美”和“物产丰富”。这一节课，我们来感受作者是怎样描写北大荒的优美景色的。作者写了哪几个地方的景色？

生：天空、小河、原野。

师：（板书：天空、小河、原野）能用文中的一个词语概括出它们的特点吗？

生：一碧如洗、清澈见底、热闹非凡。

师：都是写“美”，可运用的词却不同，天空——

生：一碧如洗。

师：小河——

生：清澈见底。

师：原野——

生：热闹非凡。

【复习上节课的内容，是重要的教学环节，也是被众多老师忽略的。这样做既帮助学生回顾所学，也理清课文脉络。我们不觉赞叹教师的匠心独运。起先听写的四字词语，仿佛是教师预先布下的几颗棋子，一是为了检查生词掌握情况，二是用于板书。】

板块三　品味运用

（一）品读“天空”

师：大家轻声地读第二至第四自然段，画出你觉得写得美的句子，想一想它为什么美？可以把自己的思考写在段落边上。

（生读文、思考、批注）

师：同学们一边读，一边思考，一边写下心得，这是好习惯。你觉得哪句写得美呢？

生：“这些流云在落日的映照下，转眼间变成一道银灰、一道橘黄、一道血红、一道绛紫，就像是美丽的仙女在空中抖动着五彩斑斓的锦缎。”我觉得这句很美，写出了流云颜色的美。

生：我也喜欢这句，因为这句用比喻的手法写出了流云的美。

师：这两个同学都很善于感受美。的确，流云美在那多彩的颜色。

请你们画出表示颜色的词。一起读。

生：银灰、橘黄、血红、绛紫。

师：聪明的你一定会发现，前三个颜色词有什么共同特点？

生：后一个字表示颜色。

生：前一个字好像是指什么东西。

师：不是“好像”，就是指事物。两个同学共同观察，发现了词语的秘密。银灰，就是——

生：像银子一样灰。

师：橘黄，就是——

生：像橘子一样黄。

师：血红，就是——

生：像血一样红。

师：你看，表示色彩的词也可以用一种事物来描述。还能说出这样的词吗？

生：雪白、漆黑、桃红、天蓝、草绿、柠檬黄、茄子紫……

师：这么多颜色呀，用书上的一个词来形容。

生：五彩斑斓。

师：还可以换个词吗？

生：五颜六色、五彩缤纷、绚丽多彩……

师：同学们积累的词语可真多呀！你能读出流云的美吗？

（生读得一字一顿）

师：不能一字一字地读，这样就读不懂文章，要连字成句，谁再来试试？

（生读得很流利，但语气无变化）

师：作者把流云比作——

生：五彩斑斓的锦缎。

师：如果你看到这样的天空，一定会发出这样的赞叹——

生：真是太美了！

生：真是仙境一般，今天大开眼界了！

师：好，带着你的感叹，再读读这句话。

（生读得很好）

师：你真是个读书高手。请问，你为什么读得这么好呀？

生：这流云特别美，我好像看到了一样。

师：想象着画面，一定能读好，谢谢你的好方法。谁再来读读这一句？

（生读）

师：你的语气为什么有高有低，不断地变化？

生：我觉得流云不是静止不动的，而是不断变化的，因此，我一会儿重读，一会儿轻读。

师：你真会读书，用声音的高低表示流云的变化，读书就要这样，读出自己不同的感受，向你学习！（与生握手）只有真正欣赏流云的美，才能读出它的美！

（生齐读）

师：这么美的句子，记住了吗？在背之前，再次提醒，要背得干净利落。（“PPT”出示：这些流云______，转眼间变成______，就像是_____。）

（生背）

师：北大荒的天空还有别的美吗？

生：“天空一碧如洗，只有在傍晚，西边的天上才会有几缕流云。”流云美，可是只有傍晚才能看到，我更喜欢一碧如洗的天空。

师：这也是北大荒的天空最常见的颜色，我也特别喜欢。一起读这一句，好吗？

（师生共读）

师：不管是一碧如洗，还是流云似锦，北大荒天空的色彩都是那么美。因此，作者这么说——“北大荒的秋天真美呀！”

【本真的课堂应从朗读中来。读书的过程是学生在原有知识和经验的基础上自我构建、自我生成的过程。学生读不出相应的情感时，教师不急于给答案，而是启发其融入文本意境，入境动情，产生共鸣。对读得好的学生，教师及时评价，并让其说出“为什么读得这么好”，让每个学生都明白，读书也要讲究方法，要感受语言文字的音韵美、形象美、情感美，不断提升朗读能力。】

（二）质疑“小河”

师：还有哪处景色的美深深吸引了你呢？

生：“小河清澈见底，如同一条透明的蓝绸子，静静地躺在大地的怀抱里。”这句我特别喜欢。因为这一句写出了小河像蓝绸子，还像孩子一样躺在妈妈的怀抱里。

师：体会得真好，相信你可以读得更好！

（生读得轻轻柔柔的，很有味道）

师：听着你朗读，老师情不自禁地要将掌声送给你，你为什么读得这么好？

生：我读这句话时，就把自己当作小河，好像是躺在妈妈怀抱里一样，感觉很温馨。

师：读书读到一定境界，一定会把自己当作文中的一员，这样才能真正投入。把掌声送给你！（鼓掌）

生：我喜欢写小鱼的这句话，我来读！

师：好的，我们一定会认真倾听！

（生读，语气很平）

师：你觉得他读得怎样？

生：我觉得他吐字准确，却没有感情。

生：我觉得他读得不是很好，没让我看到有小鱼在游。

师：是啊，这一句让我们似乎看到一群怎样的小鱼？

生：活泼、可爱、快乐。

师：那你能通过朗读让我们看到这样一群小鱼吗？

（生读，读得很有情趣）

师：一条静静的小河，一群灵动的小鱼，让我们感受到——北大荒的秋天真美呀！

【教师始终坚持以诵读为本，引导学生读出语言、读出形象、读出体验、读出情感、读出方法。能读得入情入境的语文课堂，一定是充满生机、充满灵性、充满生命活力的语文课堂。再加上学生的相互评价、教师的鼓励、师生间的共同合作，这必定是有效的语文课堂。】

师：写小河的这一段只有两句话，你有没有不懂的字、词、句？

生：我不懂，什么是“顶”？

师：谁来帮帮她？（无人回答）风大雨大时，我们打着伞逆风而行，大家有没有这种生活经历？这就叫作“顶着风雨”。那这里的“顶着水游”就是——

生：逆着水游。

师：你看，不懂的字词可以联系生活实际来理解。还有不懂的吗？（无人举手）都懂了？那老师提个问题：作者为什么把清澈的河水比作蓝绸子？

生：因为这里的天空一碧如洗，河水又清澈见底，所以天空在河水里就是蓝色的了。

生：不是天空在河水里，而是蓝色的天空倒映在河水里。

师：这个同学补充得很好，这是通过联系上下文读懂的。老师希望你们今后读书时主动质疑，这样才是会学习。

【学生对内容基本读懂，无疑可问时，教师可适时启疑导思，使学生在无疑处有疑。在让学生敢问、善问、真问的同时，也要设法让学生揣摩品味语言文字，在教师的点拨、同伴的启发下真正读懂。崔峦先生说："在教学中，老师一定不要过于强势，一定要让学生……经历真实的学习过程。"钱老师的课堂是很好的诠释。】

（三）仿写"原野"

师：北大荒美在天空，美在小河，还美在原野。让我们一起来到原野中感受吧。这一段围绕着哪句话写出原野的美？请你用波浪线画出。还写了哪些事物呢？请你用圆圈把它圈起来。

生：这一段围绕"原野热闹非凡"来写，写了大豆、高粱、榛树叶子。

师：你说得非常完整，要表扬。不知你们注意听了吗？他回答时有一个字音不准。

生："高粱"的"粱"应读轻声。

师：看来，（面向答题的学生）你是善说者，（面向纠错的学生）你是善听者，请你当小老师，带着大家读。

生：高粱。

师：我们从哪里感受到"大豆、高粱、榛树叶子"热闹的美？谁愿意来说？

生：榛树叶子红得像一团团火似的。

师：红得像火一样，颜色多美啊！（板书：色彩）

生：从大豆摇着豆荚，还像人一样发出哗啦啦的笑声，可以感受到热闹的美。

师：我觉得你们个个都是会读书、会思考、会表达的孩子，掌声送给自己。（鼓掌）这一句通过动作与声音的描写，写出了大豆的热闹。（板书：动作、声音）还有谁也这样说说？

生：高粱就像人一样乐呵呵地演唱，真热闹。

师：这也是——

生：通过想象声音写的。

生：我觉得高粱很自豪，还扬起了脸庞。

师：这个动作是最传神的，最能看出高粱当时的心情。

【课堂上，教师关注言语感觉和言语智慧的传递，“学生说，教师引”，这种传递真切、自然、质朴。学生始终处于主动、积极参与的学习状态。在交流过程中，教师留给学生思考的空间，为学生创设说话的空间，为学生提供展示自我的舞台。课堂闪烁着智慧火花，师生彼此分享学习语文的快乐。】

师：瞧，这里又是歌声，又是笑声，又是红得像一团火，多热闹呀！我读总起句，你们读分述句。

（师生共读）

师：这个同学的微笑让我感受到丰收的喜悦，这个同学摇动着身体，扬起了脸庞，让我感受到田野的热闹。作者在写这一段时，先总写后分写，有总有分，还加上了动作、声音、色彩描写，并展开了丰富的想象，用了比喻、拟人的手法，把原野热闹非凡的场面写得那么美。你能用刚学到的方法，写一写花园里的花吗？（“PPT”出示：花园里的花争奇斗艳。__________，_________；_______________。）

（生写，师生交流）

师：通过第四自然段的学习，我们学会运用“总分结构”，也感受到了原野的热闹非凡。

【课文不过就是例子，要充分发挥例子的作用，引导学生通过动作、声音、色彩等方面理解与揣摩课文。教师注重语言的形式与运用，坚守本真语文，扎扎实实组织学生读、说、写的语言习得训练，获得发展。学生读写结合，学以致用，提升了语文的综合素养。】

师：我们似乎跟着作者走进了“北大荒的秋天”。抬头仰望，天空——一碧如洗；低头发现，小河——清澈见底；放眼望去，原野——热闹非凡。怪不得作者从心底发出赞叹——啊，北大荒的秋天真美呀！（板书：真）其实——北大荒的美无处不在、无时不在。推荐给大家两篇描写北大荒的文章：刘国林《可爱的草塘》、张抗抗《最美的是北大荒》。喜欢北大荒的同学，可以将这篇课文背下来，或抄写一些好的语句。

【总结看似简约，却不简单。教师通过“抬头仰望—低头发现—放眼望去”对全文内容进行了整体概括，同时提炼作者行文顺序。“北大荒的美无处不在、无时不在”激发起学生了解北大荒的兴趣。此时适当拓展，引入课外阅读，真是把握了最佳时机。】

板书设计

	天空	一碧如洗		动作
5 北大荒的秋天	小河	清澈见底	真美	声音
	原野	热闹非凡		色彩

总评

美文还需实教

这是一篇文质兼美的写景美文，作者以饱满的热情和浓郁的色彩，为我们描绘了北大荒令人陶醉的景色，勾勒了一幅具有魅力的北大荒秋景图，读之令人神往。钱老师的课堂，同样也带给我们美的感受，也如天空中色彩绮丽的晚霞，如诗如画，美妙无比。下面从四个方面来谈。

第一，课堂的整体性。一节课的教学要有主线，要有阅读的整体性，否则会让人觉得整节课七零八碎。这节课教学结构清晰，条理分明，层次清楚，以一条主线“北大荒的秋天真美呀”贯穿课堂，重点突出。教学紧扣“美”字，吸引学生走近天空之美、小河之静、原野之闹，在品读、感受、表达中欣赏美。

第二，目标的准确性。教学目标定位是否准确，是决定一节课成与败的先决条件。钱老师的课堂有两个主要教学环节，一是听写、回顾、梳理文章脉络，二是品味、朗读、实践写作方法。天空、小河、原野的三部分教学侧重点不同，天空部分重在想象，用朗读来引导学生欣赏流云的五彩斑斓，促使其积累丰富的语言材料；小河部分重在质疑，引导学生体会作者用词的准确与形象；原野部分重在学习构段特点及表达方法，并引导学生适当迁移运用。课堂立足语文，紧扣文本，目标明确，集中指导学生反复触摸文本语言，获得丰富的感受。教学贴近学生实际，因而学生能有收获，有发展。

第三，方法的灵活性。阅读教学要引导学生咬文嚼字，特别是中段起始年级，更要将此作为学习重点。钱老师引导学生联系生活，借助画面帮助学生真切感受语言的准确性，积累富有新鲜感的词语。

在教学表示颜色的词语“银灰、橘黄、血红”时，学生不断发现，收获一次次惊喜。他们不仅发现前一个字表示事物，后一个字表示颜色，整个词的意思是“像……一样的颜色”；在此基础上，又进一步发现，这些颜色词与“五彩斑斓”之间的关系。学生明白了这些词语的结构特点，拓展补充就变得很容易了。钱老师唤起学生已有的知识储备，加上观画面、促想象的教学手段，文字的美浸透到学生的心里。

这么美的文章，“美读”必不可少。此课教学采用了多种形式的“读”，有个别读、齐读、配乐读等。如引导学生体会小河的美时，钱老师将学生引入如诗如画的情境中：静静的小河躺在大地的怀抱中，是一种宁静的美；自由活泼的小鱼则是一种灵动的美。这一静一动，学生在读中细细品出。又如，体会流云变化多端时，学生入情入境，与文本产生共鸣，加上朗读悟性极高，用声音的高低表示出其变化。此时的朗读环节并不枯燥，而是让学生充分感悟到语言文字的美，并且在充分读的基础上当堂背诵，落实了课标中“积累课文中的优美词语、精彩句段”的要求。

第四，仿写的高效性。段式训练是三年级的一个重要教学内容，而课文第四自然段为段式训练提供了一个非常好的载体。学习第四自然段“先概括后具体”的构段方式时，钱老师先引导学生找出中心句，再帮助学生品读几种事物的描写，体会作者如何围绕中心句写出原野的热闹。这一环节让学生感悟写作方法，如拟人、比喻手法的运用，声音、动作、色彩的描写等。这是习作方法的积累，让学生有具体的感知。

这一课提醒我们，要多让学生结合课文观察大自然、亲近大自然、感受大自然，调动起他们的写作兴趣，鼓励他们从不同角度、运用不同方法，对所学进行迁移。这样的训练既培养学生的想象能力，又进一步巩固课堂知识。

上海市特级教师 贾志敏

课文（苏教版三年级上册）

北大荒的秋天

九月，从第一片树叶落地开始，北大荒的秋天也就来了。

天空一碧如洗，只有在傍晚，西边的天上才会有几缕流云。这些流云在落日的映照下，转眼间变成一道银灰、一道橘黄、一道血红、一道绛紫，就像是美丽的仙女在空中抖动着五彩斑斓的锦缎。

小河清澈见底，如同一条透明的蓝绸子，静静地躺在大地的怀抱里。一群小鱼顶着水游过来，明镜一样的水面顿时漾起了一道道波纹。

原野热闹非凡。成片的大豆摇动着豆荚，发出了哗啦啦的笑声；挺拔的高粱扬起黑红黑红的脸庞，像是在乐呵呵地演唱。山坡上，大路边，村子口，榛树叶子全都红了，红得像一团团火，把人们的心也给燃烧起来了。

生活在这里的人，喜欢用“大豆摇铃千里金”来赞美遍地金黄的九月，这里的田野、山岭、江河，连同那茫茫的草甸子，都会在这个季节里用双手捧出沉甸甸的宝物来。

啊，北大荒的秋天真美呀！

简单而又丰富

——《姥姥的剪纸》第一课时教学实录及评析

板块一 字词识写

（课前播放剪纸的“PPT”）

师：同学们，刚刚你们欣赏的一幅幅剪纸作品，可是咱们中国民间艺术的瑰宝。今天，我们学的这篇课文，与剪纸有关，题目是——《姥姥的剪纸》。举起手，跟着老师一起书空这个“姥”字。（边板书，边讲解）姥，左右结构，左窄右宽，注意横变提。后面的“姥”字读轻声。

生：姥姥。

师：真好。“剪”字上面的一横是主笔，要写得长一些，谁来读课题？

（生读课题，师要求不拖音）

师：咱们南方人称妈妈的妈妈为“外婆”，北方人叫——

生：姥姥。

师：再读课题。

（生齐读）

师：课前检查了你们的预习单，大家完成得很好。相信这些生字词一定难不倒你们，谁能借助拼音，写出汉字？

（黑板上写着“diāo难、左邻右shè、无可tiāo剔、yányán夏日”。两个学生在黑板上写，其他学生在作业纸上写。师巡视，提醒学生注意写作姿势，要求写得正确、规范。师生检查黑板上的字。“刁、炎”写得不美观。）

师：“刁”的横折钩要往里收，最后一提，落笔先顿笔，再慢慢往上提。“炎”上面的“火”，最后一笔是点，下面的“火”要写得大一些，托起上面的“火”。像这样上下部件相同的字还有很多，比如双口“吕”，下面的“口”也要写得大一些，托起上面的“口”。当然，左右部件相同的字也要注意，比如二人“从”，不仅左边的“人”捺变点，右边的“人”也要写得大一些。像这种类型的字要想写得美观，重复的部件一定要有变化。接下来，请同学们对照着书中的范字开始订正。

（师巡视，提醒学生注意写字姿势）

师：（指黑板）“难、挑、舍”，这三个都是多音字，你知道它的另一个读音吗？

生：难还有另一个读音是 nán，可以组词“困难”。

师：如果这样说会更好——难，刁难；难，困难。

生：舍，左邻右舍；舍，舍得。

生：挑，无可挑剔；挑，挑战。

师：“无可挑剔”的“剔”单独读时读第四声，在这个词里读轻声。

（生齐读）

师：每个词语读两遍。

（生齐读）

【这个板块的教学内容是“字词识写”，目标是掌握生字的音和形，教学重点是生字的书写及多音字的正音。识字、写字教学始终是小学语文教学的主要任务之一，尤其是写字教学，需要持之以恒的严格训练才能促使学生养成良好的写字习惯。一个教学板块，如何能在实现核心目标的同时，让学生更加受益呢？如果钱老师让学生选择其中的一个词或几个词，说说姥姥的剪纸，这些词语就在运用中活起来了；如果钱老师就“左邻右舍”或“炎炎夏日”这类词语的结构作些拓展，将同类结构的词语归类整理，就能激活和丰富学生的词语“仓库”。总之，即使是简单的字词学习，也可以设计出更有意义的教学活动。】

板块二 特点概括

师：老师读完这篇课文，觉得姥姥的剪纸真是活灵活现。（板书：姥姥的剪纸________。）在你的眼里，这又是怎样的呢？请同学们读一读课文，用一个词或者几个词说一说，可以边读边用笔圈画出相应的词语。

（生读书，师巡视）

师：在我的眼里，姥姥的剪纸真是活灵活现。请你也这样说。（板书：活灵活现）

生：在我的眼里，姥姥的剪纸真是形象生动。（生上黑板写“形象生动”）

生：在我的眼里，姥姥的剪纸真是栩栩如生、妙不可言。

师：好，一下用了两个词，能够运用平时积累的词语。你的回答也妙不可言，真棒！请你把这两个词写在黑板上。还有哪些词呢？

生：在我的眼里，我觉得姥姥的……

师：“在我的眼里”与“我觉得”重复了，只需用一个。

生：在我的眼里，姥姥的剪纸是熟能生巧。

师：熟能生巧，你知道它的意思吗？

生：意思是“一到手就会剪，非常熟练”。

师：不是一到手，而是经过不断练习，找到了窍门，手法就非常熟练，这是在夸奖姥姥的，而不是夸姥姥的剪纸的，明白了吗？

生：在我的眼里，姥姥的剪纸真是惟妙惟肖。（生上黑板写“惟妙惟肖”）

生：在我的眼里，姥姥的剪纸真是无可挑剔。

师：非常好，写上“无可挑剔”。

生：在我的眼里，姥姥的剪纸是各式各样的。（生上黑板写“各式各样”）

生：在我的眼里，姥姥的剪纸神了。

师：这是用一个字说出自己的感受，也请你写上“神”字。大家看，在我们的眼里，姥姥的剪纸真是——（指黑板）

生：活灵活现、形象生动、栩栩如生、妙不可言、惟妙惟肖、无可挑剔、各式各样。

师：刚刚还有一个同学用了一个字，概括出了这么多词语要表达的意思，那就是——

生：神！

师：姥姥的剪纸神了！也就是说，姥姥的剪纸真是——（指黑板）

生：活灵活现、形象生动、栩栩如生、妙不可言、惟妙惟肖、无可挑剔、各式各样。

【这个板块的教学内容是“特点概括”，目标是运用恰当的词语形容姥姥剪纸的特点。从学习效果来看，学生既把握了姥姥剪纸的特点，又丰富了词语积累，一举两得。】

板块三 形象解读

师：姥姥的剪纸神了，课文中哪些语句写出来了呢？请同学们默读第一到第七自然段，用笔画出相应的语句，并试着用“姥姥的剪纸神了……”这样的句式说一说。（板书：姥姥的剪纸神了，______。）

（师巡视指导）

师：谁先以“姥姥的剪纸神了”为开头说一说？

生：姥姥的剪纸神了，“剪猫像猫，剪虎像虎，剪只母鸡能下蛋，剪只公鸡能打鸣”。

师：说得好，咱们就要像她这样。谁来给她补充？

生：（有点害羞，缺乏自信）姥姥的剪纸神了，“一把普普通通的剪刀，一张普普通通的彩纸，经过姥姥的手，便要什么就有什么了，人物、动物、植物、器物，无所不能”。

师：真好，那你知道什么叫器物吗？

生：器物就是平常用的东西。

师：比如——

生：桌子、椅子、碗筷。

师：我想问问你，平时是不是不大爱发言？

生：是的。

师：你看，每一次发言就是一次提升，希望下次你能主动举手。好，我们接着交流，姥姥的剪纸神了，还表现在哪里？

生：姥姥的剪纸神了，“当姥姥忙完农活和家务，就会搬把椅子往门前一坐，拿出剪刀来剪纸——数九隆冬剪，炎炎夏日剪，树荫下剪，月光下剪，甚至摸着黑剪……”

师：我发现有三四个同学也画了这句话。大家来看，咱们这一句的开头是“姥姥的剪纸神了”，讲的是什么？

生：剪纸。

师：可是他刚刚讲的是剪纸吗？

生：不是。

师：是在讲什么？

生：是在讲姥姥什么时间都在剪。

生：这是在说姥姥剪纸那么神的原因。

师：对啊，正是因为姥姥日日夜夜剪，不分季节剪，才剪得那么神。这句不是在夸剪纸，而是说姥姥剪纸神的原因。画下这句的赶紧删去。还有哪些句子？

生：姥姥的剪纸神了，“谁知没多少工夫，一幅‘喜鹊登枝’便完成了。嗬！梅枝与喜鹊形象生动，大小疏密无可挑剔”。

师：如果把前面“一天……”的内容再连上，这一段话就更完整了。还有吗？

生：姥姥的剪纸神了，“姥姥从我的旧作业本上撕下一页纸，唰唰几下，就剪出一个图样”。

生：姥姥的剪纸神了，“她剪纸时娴熟的动作使我着迷。那剪刀游走在纸上发出的声音，悦耳至极”。

师：我有一个疑惑，向你请教，这句话怎么能体现姥姥的剪纸神呢？

生：因为剪刀游走在纸上发出的声音悦耳至极。

师：声音的美，说明神了，对不对？（生答“对”）你看，这里还用了一个非常独特的词，咱们平时不常用。同学们看，我怎么剪？（笨拙地比画着剪纸的样子）看看姥姥是怎么剪纸的，用动作告诉我。

生：（边做动作边说）游走。

师：剪纸都能像小鱼一样游走，这就是神！同学们真厉害，不仅找到了相应的语句，还说得特别好。刚刚同学们交流的这几句话，主要集中在这三段当中（“PPT”出示部分课文段落：第一自然段从“一把普普通通的剪刀”到“剪只公鸡能打鸣”，第三自然段从“一天，我用双手死死地捂住姥姥的双眼”到“大小疏密无可挑剔”，以及第七自然段。）请同学们放声读一读，争取读好。

（生读）

师：好，那咱们就开始读吧！谁来第一个展示？

（一女生读第一个文段）

师：你见过纸上的母鸡下蛋，纸上的公鸡打鸣吗？（生摇头）姥姥的剪纸却能让它活起来，动起来，你佩服吗？

生：佩服。

师：那该怎么读呀？

生：佩服呀！

师：哈哈，佩服呀！好，就带着这种“佩服呀”的情感，再来读一读！

（生再读）

师：听出来了吗？突出了“要什么就有什么”“无所不能”，那感觉就不一样了。谁还能这样读？

（生读）

师：读得好，你把句子读神了！如果我们在现实生活中见到这样的剪纸，你肯定会——（竖起大拇指）啧啧啧啧，你姥姥神了……谁能这样夸一夸？

生：你姥姥神了，剪猫像猫，剪虎像虎，剪只母鸡能下蛋，剪只公鸡能打鸣。

师：听得出是在夸呢！如果把“啧啧”的赞叹带进去，会更有味道，更能让人感觉到你在夸！

生：啧啧啧啧……

师：加上动作再来！

生：（竖起大拇指）啧啧啧啧，你姥姥神了，剪猫像猫，剪虎像虎，剪只母鸡能下蛋，剪只公鸡能打鸣。（笑声）

师：这个同学的表情啊，可神气了，这是真夸呀！谁能不看书，不看大屏幕，也夸一夸？

（生背）

师：背得这么熟，你有什么好方法吗？

生：没方法。

师：你不是没有方法，而是死记硬背，这也是一种背书方法，但不是一种好方法。其实夸赞姥姥的这句话很有特点，你发现了吗？

生：剪什么像什么，剪什么像什么，剪什么能怎么样，剪什么能怎么样。

师：发现了语言秘密，背起来就又快又牢。

（生背得特别熟练）

师：你瞧，猫、虎长得特别像，公鸡和母鸡是同类，咱们读起来才那么顺口，背起来才那么流畅。咱们一起背一背。

（生齐背）

师：就这样接着往下读，第二段文字，谁来读？

（一生读，没读好"嗬！"）

师：大家看，"嗬"是个感叹词，后面还带着一个感叹号，该怎么读好它？

（生读）

师：你为什么把"嗬"读得这么轻、这么短？

生：因为这样能读出很惊奇的感觉。

师：还可以怎么读呢？

（生读，“嗬”读得长一点）

师：嗬，你们读得可真好，同一种感情可以用不同语气去读。你们看，姥姥睁着眼睛剪，没什么了不起，闭着眼睛剪，还能剪得这么好。刚刚这个同学读的句子，才是真正体现姥姥剪纸“神”的地方。因此一定要读好，请听——“嗬！梅枝与喜鹊形象生动，大小疏密无可挑剔。”好，就请你来读！

（生读）

师：呀，你读得比我好！咱们一起读吧。

（生齐读）

师：咱们越读越好，就这样，接着读读第三段。

（生读）

师：为什么你把“唰唰几下”读得那么快？

生：因为姥姥剪纸速度很快，剪得很娴熟！

师：对，谁也能把这种快的感觉读出来？

（生读，读成“唰唰，几下”）

师：“唰唰几下”，中间没标点，不要停顿，再读。

（生读）

师：有进步。

【这个板块的教学内容是“形象解读”，目标是通过有感情地朗读，具体感受姥姥剪纸“神”在何处，并读出赞美之情。钱娟老师特别注重学生阅读中的“感觉”，比如有学生混淆了“姥姥的剪纸”与“姥姥剪纸”的不同，她就停下来让学生辨一辨，又比如在学生读完后追问“为什么这么读”，这是让学生有一个“回味”朗读的过程。

总而言之，钱老师着力磨炼学生敏锐的语感，在朗读教学中，没有提出诸如“停连、重音、节奏”之类的概念，而是从学生的朗读经验出发，在学生已有能力的基础上，用追问的方式强调恰当的朗读，纠正不当的朗读。学生在比较朗读中自然而然地领会了朗读中的细微变化，这种变化唯有用心聆听才能辨识，这便是语感教学。语感教学有别于语识教学，不着痕迹，却让人心领神会。钱老师的语文课正是这样，如流水静静地淌过学生的语文心田。】

板块四 迁移仿写

师：请同学们用心读一读这三段文字，虽然它们都是在夸姥姥剪纸神，却是从不同方面写的。看第一段文字。

生：从“无所不能”这个方面写。

师：对呀，什么是无所不能？

生：什么都能做出来。

师：对，什么都能做出来，做出来的都像真的、活的……

生：从“像”的角度写。

师：对，像真的、像活的，还能动起来。钱老师送给你们一个词——逼真。（板书：逼真）第二段文字，从什么角度夸的？

生：第二段文字是从“娴熟”的角度去写的。

师：正因为娴熟，才会剪得那么形象生动、无可挑剔。（板书：娴熟）最后一段文字，从什么角度去写的？

生：快。

师：也来一个两个字的词。

生：快速。

师：（板书：快速）大家看，作者夸姥姥剪纸神了，三段话分别侧重逼真、娴熟、快速三个方面。接下来，咱们班的同学也来做一做小作家，仿照课文的句式去写一写生活中类似的事情。谁的什么神了？（擦去板书中的“姥姥、剪纸”，呈现出“____的____神了，____。”）比如说，谁的橡皮泥捏神了，谁的琴弹神了。可以选择一个角度写。如果能用上一两个黑板上的词，你写的话会更精彩！

（师巡视，提醒学生注意坐姿，生写好后，师请五个学生上台交流）

生：妈妈的画画神了，画猫像猫，画狗像狗，画条长龙能飞走，画只老虎能咬人。

师：从什么角度去写的？

生：是从逼真的角度去写的，龙都能飞走，虎都能咬人。

师：多逼真啊！能仿照课文的句式去写，厉害！

生：妈妈的折纸神了，折条龙像龙，折条蛇像蛇，折只大雁能南飞，折只老鹰能翱翔，真是各式各样，琳琅满目。

师：能这样归类写特别不容易，掌声送给你！

生：姐姐的乒乓球打神了，她一挥板，球像流星一样飞过去，速度快得让人眼花缭乱。

师：从什么角度写的？

生：从快速的角度。

师：快得都像流星一样，球技神了！

生：她的琴弹神了，一天，我用我的手死死地捂住她的眼睛……

师：你当然是用你的手了，去掉“我的”。

生：她的琴弹神了，一天，我用手死死地捂住她的眼睛，让她弹琴，她弹奏出来的琴声依然悦耳至极。

师：嗯，如果把“让她弹琴”去掉，语言会更简洁。再讲一遍。

生：她弹琴神了，一次我用手死死地捂住她的眼睛，她弹奏出来的琴声依然悦耳至极。

师：“依然”这个词用得非常好，让我们一下子就感到琴弹得真神啊！记住，以后一定要用最简洁的语言表达最清楚的意思。

生：他捏橡皮泥神了，捏的东西形象生动，栩栩如生，真是无所不能。就算闭着眼睛捏，他也能很快捏出妙不可言的作品来。

师：你喜欢他说的什么词或者句子？

生：他用了许多好词，比如栩栩如生、妙不可言。

师：我们没有什么好词，用得恰当的词就叫好词。这个同学连续用了四个词，用得也是妙不可言。先总体介绍“神了”，然后具体从“无所不能”，闭着眼睛也能很快捏出一个妙不可言的作品去说明“神”。这五个同学非常厉害，“唰唰几下”就写出了这么好的作品，用掌声向他们表示感谢！（掌声）你看，学着运用课文中的句式，是学习语言的一种好方法，咱们今后要学着将书中的语言变为自己的语言，这才是妙的，才是神的。其实啊，这一张张剪纸当中，包含着一片片深情，到底是怎样的情感呢？下节课咱们再共同学习。这节课就上到这里，下课！

【这个板块的教学内容是“迁移仿写”，目标是借鉴“多角度写”的方法，将特点写具体。钱娟老师的教学极其清爽，先引导学生从文本中提炼“多个角度”写姥姥剪纸“神”的手法，而后替换要写的主题，让学生围绕这一主题选择多个角度写。这就给了学生提高表达能力的新的生长点。教学要促进学生的变化，就需要给予新的发展元素，否则，教学就在原有水平上简单重复。最精彩的还不在这里，是在点评部分。钱娟老师对学生表达中的语病都能敏锐地辨别出来，让学生即时改正。于是，不通顺的变得通顺了，平淡的变得精彩了，既锻炼了学生的耳朵，又增强了学生规范表达的意识。从读到写，不仅仅要找到一个结合点，提炼出写作的方法，还要明白如何帮助学生利用这个写作方法提高自身的表达能力。这个过程需要时间，更需要教师悉心点拨。钱老师深得其道，课自然就上得很有品位。】

板书设计

1. 姥姥的剪纸________________。
2. 姥姥的剪纸神了，____________________。
3. 姥姥的剪纸神了，____________________。

{ 逼真 / 娴熟 / 快速

总评

好课就是那么简简单单

听惯了名师大家的课堂盛宴，突然看到这么一堂极其朴素，几乎不事雕琢的语文课，有一种久违的亲切之感。好课，原来就在我们的日常教学中，并非远在名师的舞台上。

是的，教学需要回归常态，回到教室和学生自然相处的课堂中来，而不是在聚光灯下。钱娟老师的课，就是返璞归真的语文课，简单而又充满语文的意义。

《姥姥的剪纸》是一篇散文，但是钱老师的教学一点也不“散”，而是聚焦在这个单元的核心目标“学习围绕一个意思写具体”上。有了明确的目标，教学就不是一盘散沙，而可以聚沙成塔。四个教学板块看似独立成章，实则彼此关联，是一个有机的整体。

第一板块“字词识写”是正确认读文本的基础。中年级的阅读教学常常忽视字词教学，将这一学习任务转移到课外自学环节，或者通过大量的抄写、默写练习达成目标。钱老师在学生预习的基础上，安排了看拼音写生字的检测活动，既是对学生预习效果的检查，又是对重点字词的强化教学，避免了不分主次，也让学生在严格的检查中养成认真预习的习惯。语文教学说到底就是培养好习惯，钱娟老师深谙这个教学真谛，并将其融入每一个教学细节。

第二板块“特点概括”是培养学生的理解能力。让学生用准确的词语来概括姥姥剪纸的特点，可以考察学生的阅读理解能力，而词语的选用则是对学生词义辨析能力的考验。

第三板块“形象解读”则是将“特点”具体化的阅读感受过程。引用课文中的语句形象地描述姥姥剪纸的特点，是一种印证式阅读，是对文本语言的再次“触摸”。其后的朗读则是第三次“触摸”，将文字化作美妙的声音。由此可见，“概括—具象—朗读”形成了一个完整的文本解读链，一层又一层地叠加学生对文本的感受力和领悟力。尤其是朗读部分，语言的美感通过声音传达出来，学生的语言敏锐感正是通过朗读积淀下来，在不断打磨中渐渐形成。语文教学重在积累，积累需要时间，需要反复“触摸”。第二、第三板块看似“慢”，其实“慢”得合理，合乎语文教学的基本规律。

第四板块“迁移仿写”是通过“多个角度”写“具体”的实践过程。“围绕一个意思写具体”，就是从多个角度、多个侧面来写。写姥姥剪纸，可以从“逼真、娴熟、快速”三个角度来写。写任何一个人的特点，都可以从多个角度来具体写。这就是写作思维，而不仅仅是写作方法。阅读教学如果不从写作的视角来反观，文本就失去了一半的教学价值。

综上所述，钱娟老师的这一节课，有识记积累，有概括解读，有迁移表达，始终围绕一个核心教学目标，这样的语文课可以做到学得少一点，却学得透一些。用充足的时间达成一个核心目标，其间又促进学生多方面的发展，这样的语文课既简单又丰富。好课，就是如此！

江苏省苏州市盛泽实验小学　薛法根（正高级教师、特级教师）

课文（语文版三年级下册）

姥姥的剪纸

大平原托着的小屯里，左邻右舍的窗子上，都贴着姥姥精美的剪纸。一把普普通通的剪刀，一张普普通通的彩纸，经过姥姥的手，便要什么就有什么了，人物、动物、植物、器物，无所不能。我从小就听人啧啧赞叹：“你姥姥神了，剪猫像猫，剪虎像虎，剪只母鸡能下蛋，剪只公鸡能打鸣。”

当姥姥忙完农活和家务，就会搬把椅子往门前一坐，拿出剪刀来剪纸——数九隆冬剪，炎炎夏日剪，树荫下剪，月光下剪，甚至摸黑剪……

我是个出名的调皮鬼，经常变着花样刁难姥姥。一天，我用双手死死地捂住姥姥的双眼，让她摸着剪窗花。谁知没多少工夫，一幅“喜鹊登枝”便完成了。嗬！梅枝与喜鹊形象生动，大小疏密无可挑剔。

我服了，可还耍赖：“姥姥，你从我手指缝里偷着往外看了！”

“你差点儿把姥姥的眼珠子挤出来了！”姥姥用指头点了一下我的鼻子，“熟能生巧，总是剪，手就有准头了！”

云密雨多的盛夏，姥姥怕我溜到河里游泳出危险，便用剪纸把我“拴”在屋檐下。她剪纸时娴熟的动作使我着迷。那剪刀游走在纸上发出的声音，悦耳至极。

姥姥从我的旧作业本上撕下一页纸，唰唰几下，就剪出一个图样。我抢过来看，是一只顽皮的小兔子骑在一头温顺的老牛背上。

我不解地问：“牛干啥驮着兔子？”

姥姥笑了：“谁让牛是兔子的姥姥呢？”

哦，姥姥属牛，而我属兔。从那时起，我总是缠着姥姥剪兔子和老牛，蹦跳的兔子，奔跑的兔子，耕地的老牛，拉车的老牛……兔子总是在玩耍，老牛总是在干活。我摆弄着各式各样的窗花，对活泼的兔子与敦厚的老牛充满了好感。

后来，我上学了，小学、中学、大学，越走越远。但我还是不断收到姥姥寄来的剪纸，其中有一幅是这样的：一头老牛站立着，出神地望着一只欢蹦着远去的小兔子。我知道，这是姥姥对我的期待。

培养自学能力 发展语文素养

——《呼风唤雨的世纪》教学实录及评析

课前谈话

师：课前，先来个数学问题。知道一个世纪有多少年吗？

生：一百年。

师：我们现在生活在哪个世纪？

生：21 世纪。

师：今天我们学习的课文讲的都是上个世纪的新事物。（板书：20 世纪）昨天大家收集了 20 世纪的发现和发明，请你们利用几分钟时间，同桌互相分享一下。

（生交流分享）

板块一 导入课题，学习字词

师：同学们，今天我们一起来学习一篇科普说明文，题目是（指课题）——呼风唤雨的世纪。

（生读课题）

【起始直奔课题，不绕弯子，不摆"噱头"，简简单单，朴朴实实。】

师：你读得很准确，可拖腔拿调，不够好，要自然点。

（生再读）

师： 好多了，就这样读。大家一起读。

（生齐读）

师： 这篇文章是我国著名的科学家，中国科学院、中国工程院两院院士路甬祥爷爷专门为我们少年儿童写的。再读课题。

（生齐读）

师： “呼风唤雨”，字面上是什么意思？

生： 就是像神仙一样把风唤来，把雨唤去，特别神奇。

师： 是啊，农耕时代之前只有神仙才能呼唤风雨，但到了 20 世纪，人类真有了这种改造、支配自然的超能力！我们再齐读课题。

（生齐读）

【“呼风唤雨”是标题中的关键词，也是理解课文的关键词。反复“敲打”，可以加深学生对课题的印象，也为理解课文做了铺垫。】

师： 昨天布置大家预习了，先来交流一下学习成果。（出示词语：依赖、哲学家、远洋船舶、农耕社会、潜入深海、出乎意料、呼风唤雨、归根到底、腾云驾雾）

【教学生读书从词语入手，符合阅读“由表及里”的一般流程和学生的认知规律。理解并积累词语，对丰富小学生的语言尤为重要。】

师： 开火车读读这些词语。

生： 潜入深海。（“潜”读成了第三声）

师： 对吗？怎么读？你来。

生： 潜入深海。（“潜”读第二声）

师： 这些词语中，“潜”最容易读错，跟我读——潜。

生： 潜。

师： 谁来为“潜”组词？

生：潜水、潜水艇、潜入。

师：每个词齐读两遍。

（生齐读）

师：这些词语中，你知道哪个词的大概意思？和大家交流一下。

生：我理解“农耕社会”的意思，指大家都靠耕种农田来维持自己的生活。

师：对，靠耕种维持生活。

生：“出乎意料”就是超出了原先的料想。

生：“出乎意料”也就是出人意料。

师：好，可以用近义词来理解。还有没有哪些词不太懂？可以是课文里的其他词。

（生沉默）

师：哦，大家都懂了。那我问问你们，什么叫“归根到底”？

【学生不举手，并不意味着没有问题。此时教师的提问有“示例”的作用。】

生：就是问到底了，还想知道为什么是这样。

师：解释得不清楚，说明你对这个词的意思不太理解。“归根到底”就是归结到根本的问题上。不问就不知道，同学们要学会提出不懂的问题，大家共同解决。

生：“腾云驾雾”是什么意思？

师：哪个同学能帮助他？

生：就是人们幻想神仙能骑着云、乘着雾飘到天空中。

师：他很会读书，会联系课文来理解。那我们在电视剧中看过谁腾云驾雾啊？

生：孙悟空。

师：对呀，一个跟头翻十万八千里。

生：我想问一下大家，“哲学家”是什么意思？

师：有谁知道吗？

（生沉默）

师：你知道“地理学家”吗？

生：就是研究地理的人。

师：“历史学家”呢？

生：研究历史的人。

师：那“哲学家”呢？

生：研究哲学的人。

师：对，哲学家就是研究自然、社会、思维一般规律的人。

【这个问题对四年级小学生来说过于深奥，只能这样解决。这是“避重就轻”法。】

师：你看，不断地追问，我们才能不断地了解，因此，同学们要学会大胆地问。接下来，我们一起来看看课件上的这些字。这些都是本课的生字。在预习过程中，你觉得哪个字比较难写或容易写错？（“PPT”出示：改、程、赖、耕、驾、幻、潜、核、控、联、哲、归）

【在理解词义以后掌握字形，这样学，学得扎实。教小学生理当如此。】

生：我觉得“耕地”的“耕”比较难写。左半边可能少写一横，或者容易把一点变成一捺。

师：对，“耕”字左半边的偏旁很谦让，把捺变成点。

生：我想提醒大家“幻”这个字，左边不是绞丝旁，右边不能多写一撇。

师：多加一撇就变成“幼”，小马虎最容易写错，提醒得很好。

生：我想提醒大家的是“改”，左半边易写成竖弯钩。

师：是的，不能写成自己的“已”了。

生：我觉得“潜”字的右半边容易把一点写成捺。

师：这个字很复杂，特别是上面两个“夫”写法不一样。接下来，咱们共同把最容易写错的“幻、潜”写一写。注意书写的姿势。

（师范写，生书写两遍，写好后，同桌互相检查、评价，给建议）

【在辨别字形的过程中，教师注意发挥学生的认知主体作用，既调动了学生的学习主动性，也激发了学生的学习兴趣。】

板块二 质疑解疑，训练表达

师：同学们，课文说，20世纪是一个——呼风唤雨的世纪。（“PPT”出示：“20世纪是一个呼风唤雨的世纪。”）

（生读）

师：针对这句话，作者是如何提问的？

生：是谁来呼风唤雨呢？靠什么呼风唤雨呢？

师：作者自己提问，又自己解答。

（师生对读设问句）

师：作者通过自问自答的方式，解决了自己的疑惑。接下来，我们就自己提出问题，自己解决问题，用这种方法学习，才能真正读懂课文。我想请你们再读一读第二自然段，看看还能提出什么问题。接下来，我们就围绕你们提出的问题来学习。谁愿意来读第二自然段？

其他同学边听边在疑惑处画上问号。

（一生读第二自然段，师生点评朗读情况）

【学习“设问”（自问自答）手法后，立即引导学生阅读第二自然段并自己提出问题（不是老师提问）、自己解答问题（不是老师给答案），这种“训练迁移”有利于学习能力的培养，也有利于发挥学生的主体作用。】

师：围绕这段话，你能提哪些问题？

生：人类科学技术有这么大的成就，是哪些科学技术呢？

师：是的，科学技术有好多，你是针对科学技术来提问的。

生：我想说，利用现代科学技术，我们到底有了哪些重大的发明和发现呢？

师：你很厉害，善于抓住两个相似的词“发明、发现”来提问题。

生：发明与发现有什么区别呢？

师：（板书：发明、发现）咱们就这样，学着抓住关键词来提问题。

生：有了这么多发现和发明，我们的生活会怎样呢？

师：这是针对最后一句话来提问的。

生：这些发现和发明给我们的生活带来了什么改变和改观呢？（师板书：改变、改观）

【教师善于抓住学生提问中的思维亮点，形成新的教学内容——两组近义词的辨析，顺理成章地把教学推进到下一个环节，教学思路清晰。】

（一）理解“发现、发明”

师：刚才同学们提出的这几个问题都非常有价值。要想解决这些问题，我们先来解决第一个问题。“发现”和“发明”分别有哪些？

请快速默读课文，把相关句子画出来。

（生默读，圈画，师巡视）

师：课文中的“发现”和“发明”有哪些？

生：在第四自然段，从“20 世纪”到“探索原子核世界的奥秘”是写“发现”，从“20 世纪”到“联系紧密的‘地球村’”是写“发明”。

（“PPT”出示：“20 世纪，人类登上月球，潜入深海，洞察百亿光年外的天体，探索原子核世界的奥秘；20 世纪，电视、程控电话、因特网以及民航飞机、高速火车、远洋船舶等，日益把人类居住的星球变成联系紧密的‘地球村’。”）

师：好的，那请你继续来解答，为什么前一个分句是“发现”，后一个分句是“发明”呢？

生：因为前面一个分句写的是人们看到的，而且有“探索”一词，因此不是写制造的东西。

师：你是通过这里面的一个重点词“探索”知道这是“发现”而不是“发明”。哪个同学能补充？

生：前一个分句写的是本来就有的，是被我们探索出来的。后一个分句写的是本来没有的，是被我们创造出来的。

师：非常好，这个同学就是一部小小的“活字典”，他的解释跟字典上的差不多。大家一起读。

（“PPT”出示：“发现，通过研究探索，看到或找到前人未知的自然现象或规律；发明，经过研究探索，创造出来的新事物或新方法。”）

【学生对“发现、发明”的理解与字典的释义基本一致，教师以“活字典”称赞之，既有趣味，又恰如其分。这对提高学生的思维积极性

十分有益。】

师：“发现”和“发明”这两个词表面看很相近，可仔细一比较，我们发现二者差别很大。正如前面这个同学所说的，“发现”是看到或找到原先不了解的事物或规律，“发明”是创造出来的新事物或新方法。为了检验你们是否能正确区分，我为大家准备了三个句子，你能把“发现”和“发明”正确地填到句子中吗？

（“PPT”出示以下填空题）

（1）鲁班（　　）了带齿的叶很锋利，进而（　　）了锯子。

（2）人们登上月球前，（　　）了宇宙飞船；登上月球后，（　　）月球上没有生命。

（3）屠呦呦（　　）了青蒿素，为（　　）抗疟良药做出了巨大贡献。

师：请同学们自由读，填一填。谁来？

（三个学生依次填空）

师：完全正确，看来都能清楚地分辨。接下来，我们回到课文当中，请男生读“发现”部分，女生读“发明”部分。

（生读）

【课堂作业100%的正确率，是对训练实效的当场验证。此时再读课文，有助于学生加深印象，犹如板上钉了钉子后，再加一锤，使其更加牢固。训练小学生，这类重复决非多余。】

师：你知道路甬祥爷爷为了介绍这些发现和发明，用了什么样的说明方法吗？

生：自问自答。

师：自问自答是设问句啊，这里有设问句么？

生：举例子

师：真好。（板书：举例子）路甬祥爷爷举了大量的例子，让我们对20世纪的发现和发明有了真切的认识。请你也用举例子的方法，说说你知道的20世纪的发现和发明。

生：20世纪的发明有飞机，发现有青霉素。

生：老师，我来补充一些，20世纪的发明还有冰箱、电视和电脑。

师：路甬祥爷爷也像你们这样说发明和发现的吗？

生：不一样。我们说的和第二个分句一样。

师：你不仅会说，还能正确分析。你们刚刚能用“一一列举”的方法去说，已经很了不起了。但这种说法最普通，要是谁能按第一个分句的方式表达，那就了不得了。书上是用怎样的语言表达出来的呢？我们来品味第一个分句。（读第一个分句，重读了每个动词）你发现了什么？这些语言有什么特点？

生：都是一个动词再加一个事物。

生：前两个部分一样，后两个部分一样。

师：我明白了，这是说它们结构对称，对吧？是呀，不仅句式对称，而且用词很精妙，对于不同的事物，用了不同的动词。现在我们读一读，你们读动词。

（师生合作读）

师：为了让你们对20世纪的发现和发明有更多的了解，老师也来分享收集的资料，请看——

（“PPT”出示：“20世纪的发现——维生素、青霉素、激光、DNA、太阳风……20世纪的发明——空调、拉链、石英钟、计算机、人造卫星、立体电影、数字音乐、彩色胶卷、克隆技术……”）

师：现在我们体会到了第一个分句精妙的地方是一个动词加一个事物，你能学着课文的样子，选一至两种发现或发明来说说吗？

生：20世纪，人类发现了青霉素，提取到了维生素。

师：“提取”这个词用得很准确，我们要像他一样。还可以怎么说？

生：20 世纪，人类核对出了“DNA”。

师：“核对”不对，“发现”或是“检验”出“DNA”，对吧？

生：20 世纪，人类发现了激光。

师：是不是有点困难？

生：我们用不准动词。

师：那我来帮帮你们。我送给你们一些词语，相信你们会说得更好。

（“PPT”出示：普及、制造、发射、使用、培育、发现、破译、收听、开启、欣赏、享受）

生：20 世纪，人类发现青霉素，利用激光治疗。

生：20 世纪，人类享受立体电影，收听数字音乐，开启了交通信号灯，发射了人造卫星。

师：厉害，说了四种。

生：20 世纪，人类普及计算机技术，发射人造卫星，拍摄彩色胶卷。

…………

师：越说越好。你瞧，仿照课文的表达方式说，也是一种很重要的语言学习方法。

【学生学习语文，说到底，就是为了学会运用祖国的语言文字来阅读和表达。对小学生来说，尤其如此。在表达时，一连串动宾结构的词组既有变化又准确组合，这种训练对小学生学习表达十分必要。】

（二）理解“改变、改观”

师：第一个问题，我们算是完美地解决了，现在我们来解决第二个问题。请同学们借助下面的填空题，并结合课文第三、第四自然段，想一想：20 世纪的生活与古时候的生活对比，发生了哪些改变与改观呢？请结合这两句话来说说你的理解。

（“PPT”出示以下句式）

（1）农耕社会里，没有（　　），没有（　　），没有（　　），也没有（　　），人类（　　　　　　）。

（2）20世纪的社会里，有了（　　），有了（　　），有了（　　），也有了（　　），人类（　　）。

生：农耕社会里，人类没有电灯，没有电视，没有录像机，也没有汽车，人类靠自己的劳动生活。

师：对，靠耕种生活。还有谁来说?

生：20世纪的社会里，人类有了电视，有了因特网，有了远洋船舶，也有了高速火车，人类的生活有了大大的改观。

师：不错，会用文中的词来说。还有么?

生: 农耕社会里,人类没有汽车,没有高铁,没有轮船,也没有飞机,出行极其不方便。

师：这个同学说话很有条理，把一种类型的放在一起说。

【这个学生看似重复的表述富有创意，这既是语言能力提高的结果，又是思维能力跃升的表征。下面的学生发言进一步显示了语言、思维训练的效果。】

生：农耕社会里，人类没有电视，没有电脑，没有计算机，也没有手机，人类的生活很没意思。

师：嗯，那20世纪的人类社会怎么样?

生：20世纪的社会里，有了立体电影，有了高清电视，有了数字音乐，也有了彩色胶卷，人类的生活更加丰富多彩。

生：20世纪的社会里，有了电视，有了可视电话，有了因特网，也有了电脑，人类像生活在一个“地球村”。

师：这个世纪的改变，让我们都生活在一个“地球村”了！你能结合课文和生活实际谈谈对“地球村”的理解吗？

生：我们交通便捷，联系也很方便，距离再远都不成问题了。

生：虽然地球很大很大，但我们有了因特网、雷达技术、人造卫星，信息传递得快了，就像生活在一个小村庄里。

师：信息传递快，使国与国、人与人之间的距离骤然缩短，就像个大家庭一样。

生：我们现在想买国外的东西，到网上买，过几天东西就送来了，就像是在村子里买东西一样，特别便利。

师：生活如此便捷，感觉大大的地球也不过是一个村子了。这就是20世纪的改观。接着交流。

生：20世纪的社会里，有了计算机，有了彩色电视，有了高铁，有了飞机，人类的生活舒适方便，这是连过去的王公贵族也不敢想的。

师：看来真是不比不知道，一比吓一跳，生活竟然发生了这么大的变化，就连幻想都变成了现实。千里眼就是现在的——

生：望远镜、电视、可视电话。

师：顺风耳——

生：手机、雷达。

师：腾云驾雾——

生：飞机、火箭。

师：如果引用一句诗来形容，你会用哪句？（板书：引用）

生：“忽如一夜春风来，千树万树梨花开。”

师：你看，作者跟你一样也引用了岑参的名句。引用这句诗，目的是什么？

生：告诉我们现代的科技发展得飞快。

师：快，还有吗？

生：范围大。

师：是呀，20 世纪相对于人类上百万年的历史来说，不过就是大海里的一滴水，是很短的一小段。作者引用一个诗句，就把 20 世纪变化之多、之大、之快表现得淋漓尽致，多么让人惊叹！那就用惊叹的语气再来读一读这句话！

（生读诗句）

师：大家知道路甬祥爷爷向我们阐明人们生活的巨大改观，用的是什么表达方法？

生：前后对比。

师：对比在说明方法里叫——

生：作比较。

师：（板书：作比较）通过古今比较，我们知道是科学改变了我们的生活。我们怎能不说——（“PPT”出示：“20 世纪是一个呼风唤雨的世纪。”）

生：20 世纪是一个呼风唤雨的世纪。

（“PPT”出示：“是谁来呼风唤雨呢？当然是人类。靠什么呼风唤雨呢？靠的是现代科学技术。”）

师：是谁来呼风唤雨呢？

生：当然是人类。

师：读得再自豪一点！靠什么呼风唤雨呢？

生：靠的是现代科学技术。

师：是科学技术让我们的生活有了这么多的——

生：发现和发明。

师：生活有了这么大的——

生：改变与改观。

师：请记住英国哲学家罗素说的这句话。（“PPT”出示：“归根到底，是科学使得我们这个时代不同于以往的任何时代。”）

（生齐读）

师：今天这节课，我们学着自己提出问题，自己解决问题，而且用课文的表达方法把自己印象最深的科学技术介绍给大家。希望同学们能借助这种方法，学习这一类说明文。也相信在我们21世纪及今后的新世纪，现代科学技术必定继续创造一个个奇迹！下课。

【在一环套一环、层层推进的语言思维训练中，学生的发言一句接一句，亮点频闪，令人目不暇接。课堂气氛生动活泼，学生学得快乐而有效。而学生在学习语言表达的过程中，又受到了语言中蕴含的思想情感的熏陶、感染，从而更加热爱科学、热爱生活，自豪感油然而生，达到语言文字与思想情感的“双丰收”。这证实了一个观点：“工具性和人文性的统一”只有在生动活泼的语文训练中才能真正实现。】

板书设计

29 呼风唤雨的世纪

发明　发现？　　举例子

改变　改观？　　作比较

　　　　　　　　引　用

总评

一堂真实的语文课

这是一堂真实的语文课!

我读了钱娟老师的教学实录以后，最先脱口而出的是这句话。这本是一句陈述句，不含褒贬，但我在句末用了一个感叹号，自然成了带有赞叹语气的肯定评价。

为什么这样一堂没有任何“花头”的语文课值得肯定?

因为当下的不少语文课（尤其是某些公开展示的语文课）在各种进口的、国产的新思想、新概念的轮番轰炸下，已变得越来越不像语文课了。正如人们常常调侃的，现今的语文课什么都像，就是不像语文课。

为什么语文课会不像语文课?原因其实很简单。不少语文课在追求“高大上”的人文目标的同时，似乎忘记了一个最基本的常识：语文课是学习语文的，即学习祖国的语言文字的。在小学阶段尤其如此。

小学阶段是学生语言能力形成与发展的关键阶段。学生要学会认字写字，要积累词语和句子，要学会阅读和作文、听话和说话，这些全靠在小学阶段打下基础。一个学生如果在这个阶段没有夯实语言学习的基础，不会读，不会写，语言贫乏，说话颠三倒四、词不达意，以后语文素养也很难有较大的提高，而语文素养的低下又必然限制他在其他方面的发展。因此，把中小学的语文课上成真正的“语文课”已成为不少语文老师的共同追求。

钱娟老师就为我们提供了一堂小学语文课的成功课例。

这堂课最大的特点是朴素、实在。没有令人眼花缭乱的音像视频，没有故弄玄虚的巧思妙想，而是老老实实地教学生认字、写字、解词、造句、读书、说话……所有的教学活动都紧紧围绕学习语言、学会阅读和表达这个中心展开，整个教学过程给人的感觉是既朴朴素素，又扎扎实实，也不乏生动活泼。

这堂课最令我欣喜的是“导读教学”模式。从钱娟老师的教学流程可以看出，她对此模式领悟得很到位。一是自主学习，发现问题。学生读通课文后，钱老师给予充足时间，让他们自主进行个性化学习，发现疑惑点和兴趣点等。二是筛选问题，合作探究。钱老师结合文章重难点、文体特点及学生学情，从提出的疑难问题中，筛选出最有价值、最值得共同深度探究的问题，进行个性化学习。三是交流分享，解决问题。通过师生、生生、生本等多元对话，全班合作交流。钱老师重点点拨、引导学生把握关注不到或理解不到位的深层内容。学生在钱老师的点拨引导下学会理解、领悟方法；梳理解决问题的思路，总结有效策略，既得法又得道。四是领悟方法，迁移运用。学生领悟、总结出学法，并迁移用法，学会运用语言文字，课后再进一步进行方法迁移和拓展应用，直至学以致用。

此教学正体现了“三主”指导思想，即“以学生为主体，以教师为主导，以训练为主线”。如果能长期坚持这样教学，就能引导学生学会学习，培养学生自主学习的能力，发展语文素养。

“语文课要回归语文本位”“要简简单单教语文”之类的呼声正日渐高涨。其实只要瞄准了“语言教育”这个目标，这样的境界是不难达到的。钱娟的这堂课就是最好的例证。

上海市特级教师　钱梦龙

课文（人教版四年级上册）

呼风唤雨的世纪

20世纪是一个呼风唤雨的世纪。

是谁来呼风唤雨呢？当然是人类。靠什么呼风唤雨呢？靠的是现代科学技术。在20世纪一百年的时间里，人类利用现代科学技术获得那么多奇迹般的、出乎意料的发现和发明。正是这些发现和发明，使人类的生活大大改观，其改变的程度超过了人类历史上百万年的总和。

人类在上百万年的历史中，一直生活在一个依赖自然的农耕社会。那时没有电灯，没有电视，没有收音机，也没有汽车。人们只能在神话中用“千里眼”“顺风耳”和腾云驾雾的神仙，来寄托自己的美好愿望。我们的祖先大概谁也没有料到，在最近的一百年中，他们的那么多幻想纷纷变成了现实。20世纪的成就，真可以用“忽如一夜春风来，千树万树梨花开”来形容。

20世纪，人类登上月球，潜入深海，洞察百亿光年外的天体，探索原子核世界的奥秘；20世纪，电视、程控电话、因特网以及民航飞机、高速火车、远洋船舶等，日益把人类居住的星球变成联系紧密的“地球村”。人类生活的舒适和方便，是连过去的王公贵族也不敢想的。科学在改变着人类的精神文化生活，也在改变着人类的物质生活。

1923年，英国数学家、哲学家伯特兰·罗素说：“归根到底，是科学使得我们这个时代不同于以往的任何时代。”八十多年后，这段话依然适用。回顾20世纪的百年历程，科学的确是在创造着一个又一个神话，科学正在为人类创造着比以往任何时代都要美好的生活。在新的世纪里，现代科学技术必将继续创造一个个奇迹，不断改善我们的生活。

紧紧抓住语文的缰绳

——《我和祖父的园子》第二课时教学实录及评析

板块一 听写词语，回顾内容，打开快乐学习之门

师：这节课，我们继续学习《我和祖父的园子》。现在进行听写练习，请一个同学到黑板前书写，其他同学拿出练习本。老师每次报两个词，你们先认真倾听，再工整书写，注意写字姿势。

（生听写“蝴蝶、草帽、韭菜、谷穗、铲地、瞎闹”）

师：我们先来看看这个同学在黑板上写的是否正确。

（师生评价，师强调“帽”的写法）

师：给大家一分钟，对照大屏幕检查，写对了的，给自己加个五角星，写错了就订正，再写两遍。

（生检查，评价，订正）

师：请你从中任选几个词语，结合上节课所学内容，说说“我”在祖父的园子里都做了什么。

生：小萧红在园子里把韭菜当作野草一起割掉，把狗尾草当作谷穗留着。

生：“我”在园子里单拿着锄头的“头”铲地，这哪里是铲，其实就是爬在地上，用锄头乱勾一阵就是了。

师：这哪里是干活呀，是在瞎闹。在祖父的园子里，小萧红真快乐呀！（板书：快乐）

【课标在四个学段始终强调正确的写字姿势和良好的写字习惯，强调

书写的规范和质量。课堂上，钱老师舍得花时间随堂听写，这要比平时反复抄写更有效、更扎实、更省力。同时，钱老师充分发挥词语的作用，让词语成为回顾课文主要内容的线索。】

板块二 走进园子，有感情地朗读，感受多彩的风土画

师：接下来，我们跟随作者的文字走进“我和祖父的园子”。请同学们快速浏览，找出文中直接描写园子的段落。

生：第二自然段与第十三自然段。

师：轻声读第二自然段。你能用什么词描述这样的园子？找出相关语句，并读一读。

生：我觉得这是个“样样都有”的园子。文中是这样写的：“我家有一个大园子，这园子里蜂子、蝴蝶、蜻蜓、蚂蚱，样样都有。”

师：这可是什么都有的园子呀，小萧红在向我们炫耀呢！请你再试着读一读。

（生再读）

师：重读了“大”“样样都有”，就是不一样。

生：这是个五彩缤纷的园子，有各种各样的颜色，白、黄、大红、金、绿。

师：“五彩缤纷”一下子就说明了这个园子色彩的美。读读吧！

生：“蝴蝶有白蝴蝶、黄蝴蝶。这些蝴蝶极小，不太好看。好看的是大红蝴蝶，满身带着金粉……”

师：不好意思，打断一下，好看的可是大红蝴蝶，“大红”还不够响亮。再读一次。

生：“蝴蝶有白蝴蝶、黄蝴蝶……胖圆圆的就跟一个小毛球似的不动了。”

师：一次比一次读得好，特别是“小毛球”带上儿化音，显得更可爱。

生：这是个生机勃勃、热闹非凡的园子。

师：这两个词用得非常准确。你能读出来吗？

（生读第二自然段）

师：你读得真好！在你的眼里，这是个怎样的园子？带着你的体会读读吧！

（生齐读）

师：我们用朗读再现了一个样样都有、五彩缤纷、生机勃勃的园子！这真是一个花园般的世界呀！（板书：花园）难怪著名作家茅盾先生读了《呼兰河传》这样赞道：这是一幅多彩的风土画！

【课堂上，每一个学生都是一个鲜活的个体。他们的感受与思考，无法用“你”的感受与思考代替。在老师的指导下，学生通过个性化朗读，读出了园子的美丽画面，定下了整堂课的感情基调。】

板块三　走进园子，领悟表达，品味清丽的叙事诗

师：这还是一个怎样的园子呢？请同学们自由读第十三自然段，也用词语来描述。

生：自由自在、无拘无束、随心所欲、快乐无限……

师：哪句话直接写出了这种感觉？

生：“一切都活了，要做什么，就做什么，要怎么样，就怎么样，都是自由的。”

师：这一句很关键，你发现它在这一段中的作用了吗？

生：这是中心句。我还发现，它的位置与以前所学的不大一样，不在前，也不在后，在中间。

师：你很会读书，连这小小的语言奥秘都发现了，这一段就是围绕这一句来写的。接下来，想一想作者通过园子里的什么事物来传递这种自由的感觉？

（生自由读书，圈画）

生：我找出了描写这些事物的句子——“花开了，就像花睡醒了似的。鸟飞了，就像鸟上天了似的。虫子叫了，就像虫子在说话似的。一切都活了，要做什么，就做什么，要怎么样，就怎么样，都是自由的。倭瓜愿意爬上架就爬上架，愿意爬上房就爬上房。黄瓜愿意开一谎花，就开一谎花，愿意结一个黄瓜，就结一个黄瓜。玉米愿意长多高就长多高，它若愿意长上天去，也没有人管。蝴蝶随意地飞，一会从墙头上飞来一对黄蝴蝶，一会又从墙头上飞走了一只白蝴蝶。”

师：好样的，找得准确！一起读读吧。

（生读）

师：下面，小组成员共同合作，想一想，这些句子在句式上有什么特点？作者是怎么写出这份自由的？

（生讨论交流，教师巡视，适当给予帮助）

生：这段话用了三种不一样的句子去描写。

师：这个发现可不简单，在这基础上你还有什么发现呢？

（生有点为难）

师：其他组可以补充。

生：还用了不同的连接词，“要……就”“愿意……就……”“一会……一会……”

师：如果写这些事物时只用一种句式，你会有什么感觉？

生：很枯燥，没有意思，觉得这园子里的一切都变得不自由。

师：句式不断变化，更能传递出自由的感觉。看来，表达的情感与句子的形式有密切的关系。作者是怎么写出这份自由的？运用了什么写作方法呢？

生：运用了排比、拟人的修辞手法。

师：（板书：排比、拟人）你知道哪个句子是拟人句吗？

生：“花开了，就像花睡醒了似的。鸟飞了，就像鸟上天了似的。虫子叫了，就像虫子在说话似的。”

师：说说理由。

生：因为这句话把花、虫子都当作人来写，说花睡醒了，虫子说话了。

师：你同意她的观点吗？

生：我觉得这是比喻句，因为用了“就像……似的”。

师：我赞同你的看法。这句话的确有点难，很多同学误认为这是拟人句，其实这一句并没有直接把它们当作人去写，而是把“花开了”比作“睡醒了”，把“虫子的声音”比作“说话的声音”。懂了吗？（板书：比喻）还有哪些写作方法？没发言的小组要积极点。

生：“倭瓜愿意爬上架就爬上架，愿意爬上房就爬上房。黄瓜愿意开一谎花，就开一谎花，愿意结一个黄瓜，就结一个黄瓜。玉米愿意长多高就长多高，它若愿意长上天去，也没有人管。”这几句话，既是排比，也是拟人。

师：其他成员还有想补充的吗？（无人举手）都没有，是吗？大家数数这一部分有几组“愿意……就……”？

生：五组。

师：如果只有一个，你觉得自由吗？

生：不自由。

师：两个、三个呢？

生：有点自由。

师：五个、六个呢？

生：特别自由。

师：反反复复地用一种句式，更能表现自由的感觉，因为情感与形式有着密切的关系。这种修辞方法同学们首次接触，我们称之为反复，请记下来。（板书：反复）

【语文以言语形式的学习为主要内容，教师要重点引导学生明白“怎么写”，这是培养学生良好的语文素养的最佳途径。崔峦先生说：“在教学中，教师一定不要过于强势，一定要让学生经历真实的学习过程。”这一部分的学习，学生主体意识强，自己读书、思考，共同讨论交流，真正成为学习的主人、发展的主体。教师只是一个指导者，心甘情愿地退居幕后，引导学生进一步深入思考。】

师：接下来，请你们试着读读“愿意……就……”这一部分，看谁能读出这份自由？

（生试读）

师：你们觉得他读得怎么样？

生：没感受到这份自由。

师：老师有个好办法，只要你们愿意和我配合，一定会感到不仅仅这些植物是自由的，自己也是自由的。

（师生配合读，先按正常速度读，再快速读，最后慢速读。学生读得兴趣高涨，不禁发出笑声。）

师：感觉怎么样？

生：太自由了，特别兴奋，快乐无比。

师：现在，我们就是那倭瓜、黄瓜、玉米，用朗读告诉我，你自由快乐！“我就是倭瓜，我愿意爬上架就爬上架，愿意爬上房就爬上房。”接下去——

生：我就是黄瓜，我愿意开一谎花，就开一谎花，愿意结一个黄瓜，就结一个黄瓜。

生：我就是玉米，我愿意长多高就长多高，就是愿意长上天去，也没有人管。

师：你还是什么，你还愿意怎样呢？

生：我就是西瓜，我愿意长多圆就长多圆。

生：我就是辣椒，我愿意长多辣就长多辣，即使把你辣得直掉眼泪，也没人管。（生笑）

师：加上这一句就不一样了，显得更自由了。

生：我就是冬瓜，我愿意长多大就长多大，若是大得你搬不动，你也别生气。

师：多自由的冬瓜呀！其实不仅仅这些植物，蝴蝶、虫子——

生：“一切都活了，要做什么，就做什么，要怎么样，就怎么样，都是自由的。”

师：（板书：自由）试想，作者写这些文字时的心境该是怎样的？

生：是自由、快乐的。

师：她有没有直接说“我是自由的，我是快乐的”？她是怎么表达的呢？

生：作者是借物喻人。

师：借物喻人？是借景抒情吧！借景抒情是一种非常重要的写作方法，也叫寓情于景。（板书：借景抒情）请同学们记下来。一切景语皆情语，作者借景物的自由来表达自己在园子里感受到的无尽的自由与快乐，这个园子自然也成了作者小时候的乐园。（板书：乐园）我们也随心所欲，换一种方式读一读这段文字。

（师用诗歌的形式分节展示第十三自然段，生齐读）

师：读着这样的文字，我们感受到萧红的散文正如一首首清新的小诗，怪不得茅盾先生说《呼兰河传》是一篇叙事诗！

【体会作品情感，学习语言表达，调动内心情怀，是这部分教学的难点。钱老师善于运用符合学生的学习习惯及心理特点的多形式朗读法，配以语调、语气、手势的辅助，使“难点”变成“亮点”。学生通过阅读，把那份自由的感受融入内心，再通过语言文字的朗读外化出来，因文生情、以声传情，声情并茂，达到阅读与朗读“两相合一”的境界。】

板块四　主动质疑，迁移运用，感悟自由源泉

师：在萧红笔下，童年是如此快乐、自由。结合上节课收集的资料，想一想文章中还有哪些地方让你不明白。

生：萧红从小缺少父母的关爱，还经常受祖母责骂、惩罚，为什

么在她心里童年却是那么自由、快乐呢？

师：这个问题很有分量，值得思考。

生：萧红是一个女孩，家里人重男轻女，父母从没给过她多少关爱，只有祖父才能带给她一丝快乐。

生：祖父特别疼爱她，即使她干了坏事，也不批评她。

生：因为祖父的爱在她心里分量很重，与祖父相处时的快乐抹去了她内心的一切黑暗。（掌声）

师：这是她最美好的一段时光。即使流落至香港，她每每回忆起童年都觉得很温暖，是祖父让她心里有了一抹温情，以至于“觉得这世界上有了祖父就够了，还怕什么呢？”在园子里，她与祖父一天到晚寸步不离，祖父在后花园里边劳作，萧红跟着玩乐。

（师生读课文）

师：这一切的一切，对萧红来说都是幸福的回忆。有了祖父，园子就成了美不胜收的花园；有了祖父，园子就成了自由自在的乐园。因此，这不是一个普通的园子，而是只属于她和祖父的园子。一起再读课题。

（生齐读课题）

【阅读就是一个“无疑—有疑—无疑”的过程。学生通过前后观照，自然会觉得这份快乐与作者身世及经历相矛盾。质疑和释疑的过程，对理解本文的情感、主题起到了举足轻重的作用。】

师：相信同学们读完课文以后，一定也想拥有这样的园子，拥有这样一位慈祥的祖父，拥有这样的童年生活。请你模仿第十三自然段的表达方法，写一写你拥有的或者向往的童年生活。先想一想你准备写什么，再考虑用哪一种句式描写更能表达心境。

（生仿写，师巡视并指导，生写完后，师生交流、评价）

师：通过刚刚的小练笔，我们明白了句式要不断变化才能更好地传情达意。大家想一想，为什么茅盾将《呼兰河传》称为“一串凄婉的歌谣”呢？感兴趣的同学，课外可以阅读《呼兰河传》，相信你一定能找到答案。

【本课的教学中，钱老师有意抹掉“凄婉的歌谣”，我觉得这样做是正确的。这么沉重的话题不是这个年龄阶段的孩子一下子就能理解的，课堂本身的快乐气氛不应被无法理解的情绪代替，这是基于对此年龄段孩子心理的理解。为什么茅盾先生称之为“一串凄婉的歌谣”？不如把这个问题交给学生，让学生带着疑问去读整本书，细细品味。相信随着阅读的深入，生活阅历的增加，学生自然会明白此中深意。】

板书设计

我和祖父的园子

	花园	比喻　反复
自由		拟人　排比
	乐园	借景抒情

总评

紧扣文本，发展语言

一、依据文本核心，确定适宜的教学内容

读着《我和祖父的园子》，我爱上了萧红，爱上那明快自由的文字，爱上了文中纯真快乐的小女孩。通过文字的记录，我们看到了一个色彩缤纷、生机勃勃、随心所欲的园子。在这个园子里，小萧红可以尽情地玩耍。文章展现了一个个自由快乐的童年画面，这也是萧红记忆中最美好的时光。这份快乐，这份自由，让人羡慕，让人向往。

面对这样一篇经典散文，教学时，教师一定要充分发挥其语文价值。字、词、句、篇、语、修、逻、文，再加上过程、方法，情感、态度、价值观，教学内容甚是广泛，选择哪一个教学价值点？采用哪一种教学方法？教师要有很强的课程意识，能够结合课标，结合文本特点，顺应学生的“最近发展区”，恰当取舍教学内容。

请看钱老师是如何确定适宜的教学内容，并运用适当的教学方法呈现教学的。她通过有感情地朗读，让学生感受到园子美丽、自由，充满生机；通过细细品读，让学生领悟作者独特的写作方法，并学着在生活中运用；通过前后观照，让学生体会祖父的关爱，初步感悟园子的精神意义。如此定位，正体现了小语教学倡导的三个转变：由教教材变为用教材教，由教课文变为用课文教语文，由分析课文内容变为传授学习策略。

二、紧扣文本特点，培养语言运用能力

第十三自然段的描写很有特点。一是语言如诗歌一般清新，如散

文一样自由，读来朗朗上口，很有节奏感，韵律优美，最能体现萧红的语言风格。二是形式独特。语言的内容和形式是紧密相连的，内容不能脱离形式，有效的形式能表现一定的内容。教师一定要善于把握具体、独特的语言形式，以培养学生理解与运用语言文字的能力。

这一段的教学，钱老师很用心。她从语言文字入手，引导学生理解文章的思想内容，接着从思想内容回到语言文字，即引导学生理解内容是通过怎样的语言形式来表达的，使其经历一个来回。课堂由个体思考到小组讨论，由易到难逐步推进，学生自主发现语言的秘密，解读文章的密码。在交流中，学生明白了作者为了表达自由的情感，用了不同的句式。学生学到的语文知识，必须经过不断练习才能内化成语文能力。因此，钱老师给予学生足够的时间练习口头、书面表达，真正做到用好课文这个例子，帮助学生学语言、用语言，从而提升学生的语文综合素养。

语文教学旨在增强学生理解与运用语言文字的能力，引导学生通过吸收、揣摩、积累来学习语言，并积极运用习得的表达方法进行语言实践。钱娟老师的这堂课，以课文的言语形式为纲，紧紧抓住语文的缰绳，着力于养成学生的语文意识，是真正的语文课，体现了语文教学的尊严。

上海市特级教师　贾志敏

课文（苏教版五年级下册）

我和祖父的园子

呼兰河这小城里住着我的祖父。我出生的时候，祖父已经六十多岁了。

我家有一个大园子，这园子里蜂子、蝴蝶、蜻蜓、蚂蚱，样样都有。蝴蝶有白蝴蝶、黄蝴蝶。这些蝴蝶极小，不太好看。好看的是大红蝴蝶，满身带着金粉。蜻蜓是金的，蚂蚱是绿的，蜂子则嗡嗡地飞着，满身绒毛，落到一朵花上，胖圆圆的就跟一个小毛球似的不动了。

祖父一天都在园子里边，我也跟着祖父在园子里边。祖父戴一顶大草帽，我戴一顶小草帽。祖父栽花，我就栽花；祖父拔草，我就拔草。当祖父下种，种小白菜的时候，我就跟在后边，把那下了种的土窝，用脚一个个地溜平。哪里会溜得准，东一脚西一脚地瞎闹。有时不单菜种没被土盖上，反而被我踢飞了。

祖父铲地，我也铲地。因为我太小，拿不动那锄头杆，祖父就把锄杆拔下来，让我单拿着那个锄头的“头”来铲。其实哪里是铲，也不过爬在地上，用锄头乱勾一阵就是了。也认不得哪个是苗，哪个是草，往往把韭菜当作野草一起割掉，把狗尾草当作谷穗留着。

当祖父发现我铲的那块满留着一片狗尾草时，他问我：“这是什么？”

我说：“谷子。”

祖父大笑起来，笑得够了，把草摘下来问我：“你每天吃的就是这个吗？”

我说：“是的。”

我看着祖父还在笑，我就说：“你不信，我到屋里拿来你看。”我跑到屋里拿了鸟笼上的一头谷穗，远远地就抛给祖父，说：“这不是一样的吗？”

祖父慢慢地把我叫过去，讲给我听，说谷子是有芒针的，狗尾草则没有，只是毛嘟嘟的，真像狗尾巴。

祖父虽然教我，可我并不细看。一抬头看见一个黄瓜长大了，跑过去摘下来，我又去吃黄瓜了。黄瓜还没有吃完，又看见了一个大蜻蜓从旁飞过，于是丢了黄瓜又去追蜻蜓了。跑了几步就又去做别的了。

玩腻了，又跑到祖父那里去乱闹一阵。祖父浇菜，我也抢过来浇。不过我并不往菜上浇，而是拿着水瓢，拼尽了力气，把水往天空里一扬，大喊着："下雨了！下雨了！"

太阳在园子里是显得特别大。花开了，就像花睡醒了似的。鸟飞了，就像鸟上天了似的。虫子叫了，就像虫子在说话似的。一切都活了，要做什么，就做什么，要怎么样，就怎么样，都是自由的。倭瓜愿意爬上架就爬上架，愿意爬上房就爬上房。黄瓜愿意开一谎花，就开一谎花，愿意结一个黄瓜，就结一个黄瓜。玉米愿意长多高就长多高，它若愿意长上天去，也没有人管。蝴蝶随意地飞，一会从墙头上飞来一对黄蝴蝶，一会又从墙头上飞走了一只白蝴蝶。它们是从谁家来的，又飞到谁家去，太阳也不知道这个。只是天空蓝悠悠的，又高又远。

我玩累了，就在房子底下找个阴凉的地方睡着了。不用枕头，不用席子，把草帽遮在脸上就睡着了。

言意共生，语文的“启蒙”之美

——《月光启蒙》第一课时教学实录及评析

板块一 导入“启蒙”，学习字词

师：在你心里，夏天的夜晚是快乐的，可以和小伙伴一起纳凉，说悄悄话；在他心里，夏天的夜晚是宁静的，可以细细聆听大自然的声音；在我心中，夏天的夜晚是温馨的，当柔和的月光洒满大地，一切都变得那么美妙。在诗人孙友田的心中，他的童年夏夜又是怎样的呢？让我们一起走进他的散文《月光启蒙》。

师：（板书：月光启蒙）蒙，草字头，表示用草木枝叶遮蔽，秃宝盖下面有一横，千万别丢掉。

（生读课题，师要求不拖音，读准确）

师：课前，我检查了各位的预习单，大家预习得很充分。相信这些词一定能读好。（出示第一组词：篱笆、时辰、亮堂堂、俺娘俩）这四个词，咱们铜陵人很难读好。

（一生读，“娘俩”中“n”“l”分不清）

师：前两个词的轻声读得非常准确，最后一个词读得不准确，谁再来读读？

（一生读，另一生当小老师带读，全体开火车读）

师：开火车读第二组词。（出示第二组词：混沌、莲花落、高深莫测、豁然开朗）

（生依次读，师纠正读音）

师：知道什么是“莲花落”吗？

生：是一种民间说唱艺术。演唱的内容一般是民间故事。

师：看来这个同学预习时查了资料，这是很好的学习习惯。这些词中，“混”和“落”是多音字，你能说出另外的读音并组词吗？

生：混（hùn）沌、混（hún）蛋。

生：莲花落（lào）、落（luò）叶。

师：“落”字还有一个读音，你知道吗？谁来补充？

生：丢三落（là）四。

师：对。“高深莫测”指的是——

生：高深的程度无法揣测。

师：“莫”的意思是——

生：无法。

师：你一定能说出带“莫”的四字词语，比如——

生：百口莫辩、变化莫测、后悔莫及、莫名其妙、一筹莫展……

师：“莫”常表示“无、没有”的意思。谁有过豁然开朗的经历？

生：每当有难题百思不得其解时，老师一点拨，那真是豁然开朗啊！

生：当故事情节中的谜团解开的那一刻，我豁然开朗。

师：突然一下就明白了。

生：爬上山顶之后，我眼前豁然开朗，真有“一览众山小”的感觉。

师：眼前一下子开阔敞亮了。你瞧，同一个词在不同的句子中有不同的含义。咱们把这些词语每个读两遍，记住，不拖音。

（生齐读）

师：在预习书写的过程中，你觉得哪个字最容易写错，哪个字最不容易写得美观？

生：我觉得“割”最容易写错，左半边的“害”里是“丰”，那一竖不能不出头。

生：我觉得“轿”的车字旁容易写错，那是提不是横。

师：这个提醒真好。哪个字难写好？

生：我觉得是“澡”，因为右半部分上面是三个口，下面是木，大小安排不好，就写得很丑。

生：我觉得是“凤”，怎么写都写不好看。

师：书法中有一种说法，如果“家、风、飞”三个字写好了，你的字就不会差。这“凤”与“风”相近，怎么写好它呢？请看——（边范写边讲解）第一笔，撇往里收，第二笔往上斜再顿笔，斜钩也要收一收，比撇长一点，特别要注意，框不宜太宽，里面的“又”要写得瘦一点。关键是这两笔（指撇与横斜钩）都要往里收一收，这样才美。拿出笔来，把“凤”和你觉得写不好或易错的那个字写一遍，一定要比照着书中田字格的字写。

（生书写，师巡视、评价）

板块二　初解“启蒙”，感知全文

师：咱们一起再读课题。

（生齐读）

师：课题中的“启蒙”是什么意思？

生：使人摆脱愚昧，明白道理。

师：这是词典中的解释，说得直白点，就是让人从不明白到明白。其实文中有句话也解释了这个意思，请你快速浏览课文，把相关句子画下来。

（生浏览，找句子）

生：是这一句："母亲用歌谣把故乡的爱，伴着月光给了我，让一颗混沌的童心豁然开朗。"

师：哪些词体现出从不明白到明白？

生："混沌"和"豁然开朗"。

师：（板书：混沌、豁然开朗）把这一对意思相反的词圈起来。一起读这个句子。

（生齐读）

师：从混沌到豁然开朗的过程就是——启蒙。再读课题。

（生齐读）

师：通过预习，我们知道母亲不仅用歌谣给我启蒙，还用——

生：母亲不仅用歌谣给我启蒙，还用故事、童谣、谜语给我启蒙。

师：（板书：歌谣、童谣、谜语、故事）你能将这些词带入这句话说说吗？

生：母亲用歌谣、童谣、谜语、故事把故乡的爱，伴着月光给了我，让一颗混沌的童心豁然开朗。

师：说得很好，这也是这篇课文的——

生：主要内容。

板块三 赏读“歌谣”，还原意境

师：先请同学们用横线、波浪线、虚线、双横线分别画出写歌谣、童谣、谜语、故事的语句。

（生边默读边画）

师：一起看看你画的是否正确。

（师通过大屏幕依次出示写歌谣、童谣、谜语、故事的句子，生对照）

师：放声读读吧，争取读好它们。

（生自由朗读，师巡视指导）

师：你对什么最感兴趣，就为大家读什么。

生：我喜欢童谣，我为大家读第二首童谣。（读得很俏皮）

师：你读得真好，为什么这样读啊？

生：我觉得它特别好玩，因此这样读。

师：你还觉得它怎样呢？

生：我觉得它风趣幽默，有意思。

生：我读着特别高兴。

生：我觉得它特别有节奏感。

师：同学们的语感很好，怎样读出“有趣”和“节奏感”呢？你有什么好办法？比如这节奏怎么体现出来？

生：节拍之间稍作停顿，就能读出节奏。

生：用手打着节拍读，也行。

师：你来试试。

（生拍手读，读得很有节奏感）

师：感受到节奏了吗？掌声送给他！怎样读出它的有趣呢？想一想。

生：老师，我觉得可以边做动作边读。

师：你准备读哪一首呢？

（生边做动作边读第三首童谣，读得特别好玩）

师：我觉得可以用方言读。

（生用铜陵方言读第二首童谣）

师：这么一读，童谣就充满浓郁的乡土气息。

生：老师，他的方言不地道，我用县里的方言读。

（生读得特别起劲）

师：听到了吗？你获得的掌声最热烈，说明你读得最有趣。母亲是在农村长大的，肯定会像你一样用家乡话读，这样听起来更让人感觉亲切。接下来，让我们合作读，第一、二、三组分别读第一、二、三首，用你喜欢的方式去读吧！

（生分组读，有的边做动作边读，有的边打节拍边读，有的用方言读）

师：夏夜里的童谣好玩吧？咱们再一起去看看那美妙的歌谣。

（生读第一首歌谣）

师：你读得很流利，声音很响亮。可母亲是怎么为我吟唱的？咱们一起轻声读读第四段。

（生读）

师：相信你一定知道该怎么读了。

（生读第一首歌谣）

师：你为什么读得这么轻柔呢？

生：因为这里说，“像三月的和风，像小溪的流水”，所以要读得轻柔点。

师：你体会得真好，真会读书。

（生读第二首歌谣，“南楼”读了两次）

师：虽然有点小瑕疵，但不影响整体的感觉。前半部分将我带入柔美的情境，读错的地方又一下子把我唤回现实。（笑声）

（一男生读第二首歌谣，边摇动着身体，边用手慢慢打着节拍）

师：你读得真有感觉，我要跟这个会读书的孩子握握手。边读边摇着身子，还打着舒缓的拍子，你这种感觉就像是母亲在吟唱呢。不信，我们一起来听，请同学们轻轻地合上眼睛，静静地享受。“暑热散去了， 星星出齐了， 月亮升起来了，柔和的月色立即洒满了我们的篱笆小院。”母亲“搂着我，唱起动听的歌谣”——（唱歌谣）听着动听的歌谣，相信你会读得更好。

（二生读）

师：你们读得真好听，闻到了“芳香的音韵”吗？

生：没闻到，但听到了。

师：这个同学说是“听到了”， 什么词用得很特别？

生： “芳香的音韵”用得很特别，我觉得音韵怎么能用鼻子闻呢？应该是听到的呀。

师：这“芳香的音韵”其实是指什么呀？

生：妈妈的声音特别好听，很甜美，很轻柔。

师：谢谢你说的三个词，请大家在芳香旁边写下“动听、甜美、轻柔”。

生：还因为妈妈搂着“我”，让“我”感到很温暖、很温馨。

师：写下“温馨”。看看“我”是在什么情况下听的？

生: 在柔和的月色里，妈妈洗完澡，换了一件白布褂子，搂着“我”，唱起动听的歌谣。

生：妈妈洗过澡后，也有香香的味道。

师：是啊，这是爱的味道，写下“爱”。从一个“芳香”，咱们读出了这么多感觉，真好！

板块四 品悟“启蒙”，融合意象

师：同学们，在那如水的月色里，作者小时候就这样依偎在母亲的怀里，听着母亲唱歌谣、童谣，你感受到什么？想到了什么呢？或是从这歌谣、童谣中，一下子明白了什么？

（生思考）

生：从“小红孩，上南山，割荆草，编箔篮，筛大米，做干饭”，我知道有劳动就有收获，就有饭吃。千万不能像小老鼠那样偷盗，要自己劳动。

生：我想到人只要乐观勤劳，就有吃的、有喝的、有穿的。

师：只要勤劳，一切都会有的。

生：虽然作者生活不够富裕，但日子过得特别幸福。妈妈每天晚上都搂着他，唱着歌谣、童谣，让人感觉特别温馨。

生：我从讲“凤凰”的歌谣体会到母亲对美好生活的向往和渴望。

师：你能结合歌谣内容去体会，挺好的。

生：我觉得作者小时候的生活无忧无虑，我挺羡慕他的。作者长大后肯定特别怀念童年，怀念母亲，因此才写下这篇散文。

师：确实是这样，这正是一篇怀念母亲的文章。

生：月光很纯洁，母亲一定很美丽。母亲搂着作者，一定很爱他。而且母亲忙完一天的活计，不管多累，晚上都要为孩子唱歌谣。不像我妈妈，就知道看韩剧、玩手机。（笑声）

师：爱的表达方式不一样，相信你妈妈也很爱你。（生点头）

生：我觉得母亲唱的这些歌谣很像诗，在作者心里播种下一颗诗的种子，因此作者长大后就成了诗人。

生：老师，我给她补充。我们以前学的《去打开大自然绿色的课本》就是孙友田写的，那首诗把大自然比作“绿色的课本”。作者的想象力那么丰富，是因为小时候在月光下听妈妈唱歌谣、童谣时，就展开了想象的翅膀，飞向了诗歌的王国。

师：为这两个同学精彩的发言鼓掌！同学们不仅从文字想象到画面，从文字走进作者的内心，还走进我们的现实生活。掌声再一次响起！母亲唱的歌谣、童谣一下子让我明白了那么多，让我知道该做些什么，该向往些什么，让我——

生：一颗混沌的童心豁然开朗。

师：（手指板书）这就是母亲给我的——

生：月光启蒙。

板块五　延伸“启蒙”，对接生活

师：你会不会也想到与母亲在一起的某个温馨快乐的场景呢？让

我们静下心来，拿出笔，写一写回忆里的某个画面，如果能用上一段环境描写会更好。

（生写，师巡视）

生：中秋节的那个晚上，我和妈妈走在洒满月光的小径上，妈妈为我唱起了《水调歌头》："明月几时有，把酒问青天……"听着优美的旋律，望着天空中那轮玉盘似的月亮，我不禁思绪飞扬。

生：在老家的日子是最美好的。每晚，妈妈都会陪着我在乡间的小路上散步。乡下的夜静静的，能听到蛐蛐的欢叫、青蛙的鸣唱，不时看到几只萤火虫在空中飞舞。"小老鼠，搬鸡蛋，鸡蛋太大怎么办……"妈妈唱的童谣总是随着微风吹进我的心里，令人心旷神怡。

…………

师：你们描述的就是"月光启蒙"给我们的启蒙。（指板书）在月光下，母亲的启蒙可不仅仅只有歌谣、童谣，还有故事、谜语，这又能给作者带来怎样终生难忘的启蒙呢？咱们下一节课再一起学习。

板书设计

18　月光启蒙

混沌 ——→ 豁然开朗

歌谣

童谣

谜语

故事

总评

在启蒙中豁然开朗

——评钱娟老师执教的《月光启蒙》

《月光启蒙》是一篇充满诗情画意的美文，单这题目就足以令人浮想联翩，意动神摇。语文之美就在这样的意境和文字中徐徐展开。行走其间，我们或聆听，或品赏，或沉吟，或遥想。作者的情思，文字的温度，形象的风韵，都在行走中一一相遇。我们将孩童引入这美妙的情境中时，巨大的“风险”也不约而至。这“风险”就在于，我们极有可能因为迷醉于美好的意境而遮蔽了语言的内容与形式，极有可能在形象与情绪的沉浸中忘乎所以，将语用和阅读能力的提升丢在一边。“风险”的另一种可能便是，因其唯美，便以拙劣的解读使原本美妙的整体变得支离破碎，使原本和谐的生态变得面目可憎。文本原有的风味变质了，原有的气象逼仄了，原有的神采夭折了。所幸的是，钱娟老师的课堂上没有出现这样的“风险”。她的成功规避，得益于对文本的深度体认与理解，以及对人文与语用关系的恰当厘定和处理。我以为，其成功之处主要表现为以下四个方面。

一、于寻常处下功夫

现今课堂上，真的愿意在语文教学中引领学生在寻常处下“笨”功夫的教师并不多。尤其是在公开教学中，教师更钟情于文本空白点的开掘、人物形象的研读、外接文化的铺排。似乎这样的环节才足够震撼，足够有趣，足够精彩。殊不知，学生语言文字能力的提升更需要和字词句段篇有关的平实训练。钱老师的入课没有什么花哨的形式，只是在写课题时提醒学生容易写错的笔画，一组组地呈现本课生字词，并根据本地人的语音缺陷有针对性地正音，就难以理解的“莲花落”等词语不厌其烦地引导，在写字教学中细致入微地点拨。这些环节和过程不精彩，但重要；不热闹，但高效。学生读的都是真的难读的字，写的都是真的难写的字，理解的都是真的难以理解的词。如此真实而平静地在寻常处花气力，需要的是洗尽铅华的理念和达成目标的信念。

二、于纷繁处理脉络

大道至简。教学的智慧就在于能否以约驭繁，以少胜多。这篇课文是一篇美文，也是一篇散文。作者兴之所至，情之所止，无拘无束，又自成佳构，随心所欲，又斐然成章。这里面既有夏夜场院的渲染描摹，又有母亲形象的艺术表现；既有母亲唱的歌谣、童谣，又有母亲讲的谜语、故事；既有作者对童年生活的无限向往和追忆，又有对母亲启蒙“我”走向文学道路的深深思索。钱老师在这样庞杂的文本内容中，紧紧锁定“启蒙”一词，层层剥笋，一以贯之。教学从对“启蒙”字面义的、通俗的理解，即从不明白到明白，到结合文本内容的理解，即“从混沌到豁然开朗的过程就是——启蒙”，最后梳理出文本的核心内容和结构主线：“母亲不仅用歌谣给‘我’启蒙，还用故事、童谣、谜语给‘我’启蒙。”这样的主线在师生谈话中生长出来，水到渠成，为学生整体把握文本做了很好的铺垫。

三、于关键处品真味

语文课便要上出语文味来。凡味，不品则等同于无味。囫囵吞枣、蜻蜓点水式的文本阅读不仅品不出味，而且还会引发学生对文本之味的漠视和误判。品味之要，不在于对文本的每个细枝末节平均用力，而在于对话、勾连、沉潜、玩味，寻找最“有味”的关键处。钱老师的高明之处在于定位恰当，“打击精准”，不仅品出了文字之味，还再现了形象，读活了文本。钱老师让学生自由地在歌谣与童谣中诵读品味，体会其风趣幽默、富有节奏的特点。接着，师生玩味朗读的节奏，最后用本地方言转化童谣。语文教学就这样在鲜活的情境中，在文本关键处多走几个来回。如此，语文味方能悄然弥散，孩童方能在语言中迷醉并欣然吸纳。这样的环节接地气，有力道，见实效。理解“芳香的音韵”是这一课的难点。钱老师以此为关键点，提炼出“动听、甜美、轻柔”这三个与音韵有关的要素。借助这些要素，学生就能探寻到作者那份微妙的通感。“看看‘我’是在什么情况下听的？”此问一出，学生的思绪就自然地向着特定的场景延伸。“是啊，这是爱的味道”，钱老师的点拨使这一关键点的研读瞬间升华。音韵便是爱的音韵，芳香便是爱的芳香，真爱如歌，真爱最香！

四、于启蒙处得启蒙

语文教师在课堂上应有两种姿态，一种是入乎其中，另一种是出乎其外。我们既要同学生一起潜心会文，与作者、人物同悲同喜，同甘共苦，还要跳出文本，跳出场景，将真实的生活引入课堂，将学生人格的引领和培育引入教学。语文教学不只是文本本身的学习，它更是对学生未来人格与灵魂的启蒙。钱老师引导学生体会作者得到母亲启蒙的历程后，让学生再次沉浸在歌谣与童谣中，感受、思考，最后回想生活中母亲给自己启蒙的场景。如此，启蒙真实地落地，真切地映入童心。相信在未来的日子里，他们会珍视每一个与父母精神交汇的时光，会体会父母对自己的良苦用心和悉心启蒙。

钱老师的课给予我们的收益不仅在课堂之内，还在课堂之外。启蒙就是让“一颗混沌的童心豁然开朗”。它给予生命的是美好的回忆，是前行的力量，亦是人生的智慧。语文课堂的改造与优化又何尝不需要一份回忆、一股力量、一种智慧呢？我们的教学不断登堂入室，更上层楼，又何尝不是从新的“混沌”走向新的“豁然开朗”呢？如此，每一次教学的研磨与呈现便是自我的启蒙、超越和“豁然开朗”。而这，也许就是一个卓越的小语人恒定的职业姿态。

安徽省教育科学研究院　吴福雷（特级教师）

课文（苏教版五年级下册）

月光启蒙

童年的夏夜永远是美妙的。暑热散去了，星星出齐了，月亮升起来了，柔和的月色立即洒满了我们的篱笆小院。这是孩子眼里最美的时辰。母亲忙完了一天的活计，洗完澡，换了一件白布褂子，在院中的干草堆旁搂着我，唱起动听的歌谣：

“月亮出来亮堂堂，打开楼门洗衣裳，洗得白白的，晒得脆脆的。”

“月儿弯弯像小船，带俺娘俩去云南。飞了千里万里路，凤凰落在梧桐树。凤凰凤凰一摆头，先盖瓦屋后盖楼。东楼西楼都盖上，再盖南楼遮太阳。”

她用甜甜的嗓音深情地为我吟唱，轻轻的，像三月的和风，像小溪的流水。小院立即飘满了她那芳香的音韵。

那时，我们日子清苦，但精神生活是丰富的。黄河留给家乡的故道不长五谷，却长歌谣。母亲天资聪颖，一听就会。再加上我的外婆是唱民歌的能手，我的父亲是唱莲花落的民间艺人。母亲用歌谣把故乡的爱，伴着月光给了我，让一颗混沌的童心豁然开朗。

母亲唱累了，就给我讲嫦娥奔月的故事，讲牛郎织女天河相会的故事……高深莫测的夜空竟是个神话的世界。此时明月已至中天，母亲沉浸在如水的月色里，像一尊玉石雕像。她又为我唱起了幽默风趣的童谣，把我的思绪从天上引到人间：

“小红孩，上南山，割荆草，编箔篮，筛大米，做干饭。小狗吃，小猫看，急得老鼠啃锅沿。”

“小老鼠，上灯台，偷油喝，下不来——老鼠老鼠你别急，抱个狸猫来哄你。”

“毛娃哭，住瓦屋。毛娃笑，坐花轿。毛娃醒，吃油饼。毛娃睡，盖花被。毛娃走，唤花狗，花狗伸着花舌头。”

民谣童谣唱过了，我还不想睡，就缠着她给我说谜语，让我猜。母亲说：“仔细听着：麻屋子，红帐子，里边睡个白胖子——是什么呀？”

我问：“朝哪里猜？”

母亲说：“朝吃的猜。”

我歪着头想了一会儿，硬是解不开。母亲笑着说：“你真笨，这是咱种的花生呀。”

母亲不识字，却是我的启蒙老师。是母亲用一双勤劳的手为我打开了民间文学的宝库，给我送来月夜浓郁的诗情。她让明月星光陪伴我的童年，用智慧才华启迪我的想象。她在月光下唱的那些明快、流畅、含蓄、风趣的民歌民谣，使我展开了想象的翅膀，飞向诗歌的王国。

写出一个“不一样”的我

——三年级《我的自画像》习作教学实录及评析

谈话环节

师：跟同学们初次见面，先自我介绍一下。瞧，这就是我。（“PPT”出示画像）我是一名小学语文教师，来自安徽省铜陵市新苑小学。我的名字叫钱娟，“娟”是“千里共婵娟”的“娟”，也许父母希望我能像月亮一样美好吧。可是，一些人听到我的名字后，总说我是一个有爱心的人，你知道这是为什么吗？

生：我知道。要是把钱老师的名字反着读，就是“捐钱”了。（笑）

师：真厉害，一下子就发现了我名字里藏的秘密。这样介绍，是不是能让你立即记住我？那你也来介绍一下自己吧。

（生自我介绍）

板块一　激趣导入，识别人物

师：钱老师今天为大家带来了几幅漫画，请你们猜猜他们是谁？（“PPT”出示光头强、柯南、姚明的漫画形象）

生：这是光头强。

师：有什么特点？

生：光光的头。

师：（贴词卡：脑袋）怪不得叫光头强呢！这位呢？

生：柯南。

师：你怎么知道的？

生：柯南总爱戴黑框眼镜。

生：穿蓝色的西服，戴红色领结。

师：对，这些都是他的标志。（贴词卡：穿戴）最后这位是？

生：姚明。

师：他最与众不同的是——

生：个子高。

（师贴词卡：身材）

【乌申斯基说："没有任何兴趣而被迫进行的学习，会扼杀学生掌握知识的意愿。"激发并保持学生的兴趣是小学阶段习作教学中最基础、最重要的，优秀的语文教师都深谙此道，钱老师也不例外。钱老师的激趣导入，既为本次习作打基础、做准备，又注意一步步调动学生的学习兴趣。她利用课件出示三幅漫画，光头强和柯南是学生十分喜爱的动画片中的角色，姚明是很多学生喜爱并崇拜的球星。上课伊始，学生便产生浓厚的兴趣，好像在玩游戏一样，不知不觉地开始了"习作之旅"。】

板块二 范例比较，了解方法

师：老师发现你们都有一双会观察的眼睛，善于抓住人物的特点去识别。（板书：抓特点）画家正是抓住这些特点，用线条、颜色画出人物形象。钱老师有个特殊本领，能用语言画出人物形象，你信吗？

生：相信。

师：谢谢你们的信任。接着往下看，猜猜他是谁？（“PPT”出示：他长得又瘦又小，手脚跟芦柴棒似的。）

生：葫芦娃。

师：葫芦娃是又瘦又小的吗？

生：我知道，是匹诺曹。

师：不对。别着急，接着看。（“PPT”出示：只有脑袋大大的。）

生：是大头儿子。

师：脑袋确实大，可身材不是又瘦又小哦。

生：是胡图图。

生：火柴人。

师：还猜不中，看来真的有点难哦！（“PPT”出示：上面仅有三根稀稀拉拉的头发。）

生：三毛！

师：你瞧，仅靠单个部位是很难猜出的。只有将最有特点的身材、脑袋、发型合在一起（贴词卡：发型），才能画出一个栩栩如生的三毛。接下来，我们班的小小文学家，也要学着抓特点，写一写自己。拿起小手，一起书空课题。（板书：我的自画像）一位大哲学家说过，世界上没有两片相同的树叶，也没有两个完全一样的人。写自己一定

要写出与别人不一样的地方。下面两段文字都是三年级学生写的，你喜欢哪一篇？（“PPT”出示以下两篇短文）

一

我长得很矮小。小小的脑袋上长着小眼睛、小鼻子、小嘴巴，只有那对像蒲扇似的大耳朵特别显眼。小时候因为顽皮，耳朵常常遭（zāo）殃（yāng），爸爸拉左耳朵，妈妈拎（līn）右耳朵，以此来惩（chéng）罚（fá）我的不是。你可别小瞧了我的耳朵，它能一起动，也可以一左一右地扇动。

二

镜子里的我不大漂亮。头发下面有两道眉毛，眉毛下面有两只眼睛，眼睛下面是一个鼻子。我胖胖的，爱穿运动服。脸尖尖的，脑袋两侧（cè）长着两只耳朵。我还有一张能说会道的嘴巴。

（师读第一篇，并请一生读第二篇）

师：你喜欢哪一篇？说说为什么？

生：第一篇，它抓住耳朵的特点去写。

生：第一篇，写得很有趣。

师：（贴词卡：耳朵）你觉得哪句话有趣？

生：“爸爸拉左耳朵，妈妈拎右耳朵，以此来惩罚我的不是。”

师：是啊，真实才让人觉得有趣。

生：第一篇，语言很生动。

师：第二篇为什么写得不好？

生：我觉得第二篇写的东西是我们每个人都有的，没写出人物的特点。

师：对，没抓住特点。

生：第二篇写得不具体，也没有意思。

师：一比较，我们就发现不足。大家看，这个小朋友先写脸部，再写身材，最后又写脸部。

生：没有顺序。

师：是啊，有顺序才会更清楚。（板书：理顺序）要想写好“自画像”，关键是找准特点，有条理地表达。如果能用上形象的语言会更好。

【课标在“实施建议”部分提出“写作教学应贴近学生实际，让学生易于动笔，乐于表达”。如何才能让学生“易于动笔”？适当的写作过程指导当是重要一环。有教学专家认为，表达方式和结构方式是可以教的。上面的教学环节中，有几点做法颇为可取。首先，用语言描述形象，让学生猜是谁。教师采取“层层剥笋”的方法，让学生到最后才猜出。这让学生逐步悟出，要想用语言描述一个区别于其他人的人，单靠一两个部位的描述不容易做到。这个方法不是教师直接道出，而是学生自己悟出的。这体现了师生共同探究的教学特色。其次，提供一正一反两个文本片段，让学生比较。这是同龄人的习作，学生没有距离感，学习兴趣较强。在比较揣摩中，学生悟出该怎样描写人物外貌。最后，及时总结并板书本节课的习作指导要点，这一步具有极强的指导价值。】

板块三 指导观察，表达特点

师：课前布置大伙儿在家照镜子，你发现自己的特点了吗？请根据预习单，同桌之间先说说，并给对方提提建议。

（同桌之间交流）

师：谁愿意分享一下你与别人不一样的特点？

生：我的头发很短，像男孩子的一样。

师：一对比，别人就知道你的头发有多短了。

生：我扎了个马尾辫，走起路来一跳一跳的。

师：马尾辫，其他同学也有。大家看看，她的哪个部位更有特点？

生：她的皮肤特别白。

师：（贴词卡：皮肤）是啊，你能把这个特点说得更形象吗？她的皮肤白白的，像什么？

生：她的皮肤白白的，像白豆腐一样。

师：像白豆腐一样嫩。还可以怎么说呢？

生：她的皮肤白白嫩嫩的，像白雪公主一样。

师：你瞧，相同的特点，能用不同的语言表达，多有意思啊。

生：我的头上有块疤，是我小时候从床上摔下来留下的。

师：不仔细看，还真没发现呢！

生：我长得又黑又壮，有点像小棕熊。

师：你喜欢这个句子吗？

生：喜欢，特别形象啊！

生：我的眼睛大大的，炯炯有神。

师：同学们仔细看，他的眼睛大吗？你会怎么描写他的眼睛？（贴词卡：眼睛）

（生沉默）

师：人不好写，眼睛更不好写，作家笔下的眼睛是怎样的呢？（“PPT”出示以下句子）

（1）一双又黑又大的眼睛像熟透了的葡萄，机灵地转来转去。

（2）眼睛忽闪忽闪的，长长的睫毛像小刷子一样上下跳动。

（3）这小子，两只狡猾的小眼睛一眨一眨的，一个“鬼点子”就出来了。

（生自由读）

师：不同的眼睛可用不一样的语言描述。再看这个同学。

生：他的眼睛像两颗黑棋子，机灵地转来转去。

师：仔细瞧，这个同学的睫毛还很长很密呢！

生：他的睫毛又密又长，像小刷子一样。

师：（贴词卡：睫毛）只要仔细观察，再加上丰富的想象，你一定能写好自己的特点。接下来加大难度，分享你的几个特点。在分享前，请想一想，你的特点找得准吗？写得形象吗？有没有需要修改的？

（生自行修改）

师：请你将预习单上的几个特点都分享一下。

生：我又瘦又高，远看像根竹竿。眼睛很小，一笑起来眯成一条缝。我的皮肤黑黑的，像抹了一层煤炭似的。

师：他说了几个方面的特点？

生：身材、眼睛，还有皮肤。

师：这个同学最值得赞赏的就是，每个特点都写得很形象。请问这个小作者，你准备按什么顺序写？

生：身材、眼睛、皮肤。

师：还有没有更好的顺序？

生：身材、皮肤、眼睛。

师：先整体后局部，这样表达更有条理。我们一起合作，画出你的画像吧！我先起个头，“我是一个可爱的小男孩”，你接着说。

生：我又瘦又高，远看像根竹竿。

师：建议去掉这个“我”，因为开头已经说了一个“我”。

师：“我是一个可爱的小男孩……”

生: 又瘦又高，远看像根竹竿。皮肤黑黑的，像抹了一层煤炭似的。眼睛很小，一笑起来眯成一条缝。

师：能不能为自己加个结尾啊？

生：这就是我，可爱吗？

生：可爱！

师：正是因为你的精彩描写，我们看到了一个可爱的小男孩。刚刚你们说的这些特点，都是外在特点。

【在第二板块的教学中，学生学习了写“自画像”的一般方法，到第三板块，就要让学生“对号入座”了。课前布置学生照镜子、完成预习单，为本节习作课做了很好的铺垫。外貌细节描写指导比较到位，比如，讲到怎样写不同的眼睛时，引入名家范文片段以供孩子学习模仿。从怎样写的角度进行模仿，学习别人的语言表达，值得提倡。在整个习作阶段，模仿都是重要的方法和过程。应该说，孩子的习作是从模仿开始的。找到外貌特点后，怎样按一定的逻辑顺序进行描写，对小学生尤其是刚开始写作文的小学生来说是个难点，上面的教学在这方面用力较重。】

板块四 运用方法，练习习作

师：同学们说得这么好，一定会写得很棒！请看习作要求，一起读。（“PPT”出示：抓住几个有特点的部位，按一定顺序写一写“我的自画像”。）

（生齐读）

师：写的时候要注意——

生：抓住几个特点。

师：可以是一个，也可以是两个、三个，但一定要是你的特点。

生：要按一定顺序写。

师：读懂要求，拿出笔来。给你八分钟，等会儿交流。

（生写，师巡视并指导）

师：“好文章是改出来的。”写好的同学，按照抓特点、理顺序的要求，认真修改。没写好的加快速度。

【出示习作要求，让学生进一步明确本次习作的训练重点和训练方向，有利于强化训练效果。当堂习作环节，教师可以监控学生的写作速度，给予学生及时的帮助。让学生尝试修改作文，旨在使学生从一开始就养成自改作文的习惯，渐渐懂得“好文章是改出来的”。】

板块五　依据方法，师生点评

师：八分钟过去了，立即停笔。我们看看这个同学的作品。请同学们认真听，这是不是她？其中哪一个特点写得最好？（展示如下习作）

我叫齐妍，是一个活泼的小女孩。每天清晨，我总爱梳一个马尾辫，蹦蹦跳跳地上学去。我的两个小鼻孔特别有意思，总爱一动一动的，像两个正在充气的迷你小气球。一张能说会道的小嘴，整天说个不停，妈妈说我得了“唠叨病”。

师：是她吗？

生：是她，她每天都梳小辫子。

师：同桌最了解你。

生：“一张能说会道的小嘴，整天说个不停”就是齐妍的特点，她很能说。

师：看来，她找准了自己的特点。有你喜欢的句子吗？

生：我喜欢她写鼻子的句子，像“迷你小气球”，好好玩。

师：语言很生动，充满了趣味。建议把“小”去掉，因为“迷你”是“小”的意思。大家说，能奖励齐妍几颗星？

生：五颗星。

师：老师还要奖励她两颗。一颗是夸奖她给这段文字写了一句总起句（红笔画出），另一颗是夸奖她语言生动形象，而且有顺序地描写出几个特点。掌声送给她，希望其他同学向她学习。（展示如下习作）

大家好，我叫汪贵龙，今年九岁，是个三年级的小男生。

我长得虎头虎脑，身高约一米五，是班里的“小巨人”。我长着一张圆圆的脸，一双黑宝石般的眼睛炯炯有神。从小，我的头就很大，别人都叫我大头，这也不错呀！

师：写得怎么样？像他吗？

生：像。

师：你觉得哪个特点最像他？

生：他的头确实很大。

生：他的个子就是咱们班最高的。

师：看来他真实地写出了自己的特点，真好！有你喜欢的句子吗？

生：“我长着一张圆圆的脸，一双黑宝石般的眼睛炯炯有神。”我觉得这样写特别好。

师：你能说说好在哪里吗？

生：他用了比喻的手法，写眼睛像黑宝石。

师：生动、形象，写得好。大家想奖励他几颗星？

生：五颗。

师：你们太小气了，老师还想奖励他三颗。第一颗是夸奖他的字实在太漂亮了，三年级就能写这么好的字，长大一定能当书法家。第二颗是夸奖他的结尾：“别人都叫我大头，这也不错呀！”这有点自嘲的语气，让我们看出他很喜欢自己的这个特点。第三颗是夸奖他知道要分段，让习作条理更清晰。掌声送给他。（掌声）还有一个同学是这样“画”自己的，大家猜猜他是谁？“我的声音粗粗的，如果你只听声音，一定会说我是个小男孩。”

生：朱子萱。

师：只写一个特点，就能让别人猜出是谁，你真不简单，写得好，加五颗星！继续猜。“我是个偏胖的小女孩，皮肤白白的，戴着一副红框眼镜……”

生：林敏。

师：我还没读完，大家就猜出来了，看来你写出了自己的特点。奖励你五颗星。还有很多同学抓特点抓得准，写得形象，老师用波浪线为他们标出了，请这些同学站起来。（*多名学生站起来*）我来请三个同学分享一下他们的作品。

生：我的两颗大门牙真像小淘气，不知跑到哪里去了，害得我说话时总是漏风。

师：真是可爱的大门牙。你想象力极其丰富，用风趣幽默的语言把它们都写活了。

生：我的脸红扑扑的，一笑起来就露出两个美美的小酒窝。

师：酒窝美，你写得更美。

生：我的头发乌黑乌黑的，齐耳的头发远远看上去真像一个黑蘑菇。

师：不仅写出了形状，还写出了颜色。真喜欢这样的语言。希望课后小朋友们能主动去欣赏他们的作品。

【*习作讲评是习作教学的重要组成部分，是不可缺少的一个环节。在习作讲评过程中，教师努力发现学生习作中的闪光点并予以放大，师生共同评析、欣赏，会让学生信心倍增，有极大的成就感和满足感，焕发出强烈的写作热情。在上面的讲评环节中，“评星”的做法、整篇讲评和精彩句段赏析相结合的做法等值得提倡。讲评以本次训练要求作为主标尺，同时兼顾语言基本功、修辞和书写等方面，比较合理。*】

板块六 打开思路，布置作业

师：你们的介绍真是各有各的特点，非常精彩。钱老师为了今天这节课，也写了一段“我的自画像”，与同学们一起分享。（“PPT”出示以下文段）

鹅蛋形的脸上总是挂着甜甜的微笑，露出了一深一浅的小酒窝，虽有些不对称，却很甜美。斜斜的刘海刚触到眉毛，栗色的卷发习惯性地放在胸前。

性格开朗的我，烦心事装不进心里。这节课被学生气得“吹胡子瞪眼”，下节课又笑眯眯地走进课堂，好像什么事也没有发生。我特别喜欢读书，更喜欢带领孩子们徜徉在书海中，感受书的魅力。

这就是我。你喜欢我吗？

师：我除了介绍外貌，还介绍了什么？

生：性格，还有爱好。

师：如果仅仅介绍外在特点，自画像还不够全面，别人还不能真正了解你。可以像钱老师一样介绍性格、爱好等内在特点。如何写好它呢？下节课，我们再共同学习。课后，请同学们继续修改习作，并将修改好的习作读给爸爸妈妈听，让他们给你评分。感兴趣的同学，也可以学着画家的样儿，用画笔画画自己。下课！

【《我的自画像》仅写外貌肯定不够全面，别人不能真正认识和了解作者。为了分解难点，钱老师将写作内容一分为二，下节课写性格、

爱好等内在特点，也很合理。为了降低难度、传授写法，她出示了自己的下水文，好！】

板书设计

我的自画像

抓特点　　理顺序

词卡　　词卡

词卡　　词卡

词卡　　词卡

…………

总评

习作指导也须“一课一得”

钱老师的这节课主要有以下几个特点。

第一，紧扣课标中的习作要求“乐于书面表达，增强习作的自信心。愿意与他人分享习作的快乐”。钱老师善于激发学生的写作兴趣，使学生快乐地写作。从运用多媒体展示光头强、柯南、姚明的漫画，到用语言描述三毛，让学生猜是谁，到选用学生的两篇习作作比较，到师生共同讲评习作，都让学生感到写作文很有趣，写作文是平常事。学生一旦有了兴趣和自信，写作教学就成功了一半。

第二，重视写作技法的传授，让写作知识与写作实践紧密结合，充分发挥教师在起始年级作文教学中的引领、辅助和启发作用。写人物外貌（自画像也一样），难处是找到被描写者的特点并准确地描写出来，使被描写的“这个人”不同于其他人，让读者能够辨别出来。大多数人的身材、发型、五官和肤色等都很平常，要写出“这个人”不同于“那个人”确实不易。钱老师的“妙招”有二：一是细致观察，从大众化的地方发现细微的差别，并传神地描写；二是综合观察外貌，发现人与人之间的区别。在此基础上，她引导学生按一定的顺序来表达，收到很好的教学效果。

第三，遵循一课一得、循序渐进的原则。现今作文教学普遍效率不高，原因之一是训练没有序列，课堂没有训练重点，每节课都讲立意、选材、结构、语言等；而且讲评时平均用力，什么都抓，导致什么都没抓好。很多课都在原地打转，学生写作水平提高得很慢。钱老师这节课训练目标非常明确，就是“抓特点，理顺序”。整节课的教学紧紧围绕这个目标进行，教学效率比较高。

第四，发挥习作评价的导向和激励作用。教师忽视习作讲评，也是学生习作水平提高缓慢的一个重要原因。钱老师的习作讲评紧紧围绕本次训练目标进行。她问得最多的是“写得像他（她）吗”，这是考量“抓特点”抓得怎么样。钱老师虽然也关注了另一个训练目标“理顺序”，但似乎关注得不够。至于利用讲评肯定并激励学生，这节课做得较好。

安徽省铜陵市铜官区教育局小学语文教研员 汪修祥

想象，让声音的世界更奇妙

——三年级《听听，大自然的声音》习作教学实录及评析

板块一 认真倾听，描述声音

师：在《听听，秋的声音》这首诗里，我们听到了好多声音：大树抖手臂的声音、蟋蟀振翅膀的声音……大自然里，何止这些声音啊，还有许多声音呢，你听——（播放音频）

（生倾听）

师：你听到了什么声音？

生：我听到了喇叭声，还听到了雷雨声。

师：这个同学说话很有条理。

生：我听到了青蛙叫的声音。

生：我听到了玻璃破碎的声音。

生：我听到了钢琴的声音。

师：美妙的音乐声，是吧？

生：还有放鞭炮的声音。

…………

师：我们尽情享受着这么多声音，真是一件美好的事情。假设一下，如果有人没听过放鞭炮的声音，你对他说，这是放鞭炮的声音，他能明白吗？

生：肯定不明白。

师：那该如何向他描述呢？

生：我有办法，用象声词，比方说，鞭炮噼里啪啦的声音，他不就清楚了吗？

师：这真是个好办法，用象声词描写听到的声音。（板书：象声词）

生：我会这样介绍，你听，这是爸爸打呼噜的声音：呼——呼——

生：我觉得倒像是猪八戒的呼噜声。

师：看来你模拟得很好，别人一听就明白。

生：小猫“喵喵喵”，小狗“汪汪汪”，小鸡“叽叽叽”。

师：看看他多神气呀，边说边表演出这么多动物的叫声。这都得归功于“象声词”，是它帮助我们准确表现出大自然中的声音。一起读。

生：象声词。

板块二 品析例文，探寻方法

师：学会象声词后，有个小朋友写了这样一篇文章，请看屏幕。谁来读读？（“PPT”出示以下文段）

菜市场热闹极了。人们讨价还价叽里呱啦的声音，在半封闭的菜市场上空回荡。嗡嗡嗡的声音，真让人受不了。卖家禽的地方，鸡使劲咯咯咯咯地叫，鸭子也凑热闹似的嘎嘎嘎地乱叫。卖猪肉的师傅，用力地向大骨头上砍去，哐当哐当，那声音真可怕。

师：写得怎么样？

生：写得很不错，挺有趣的。

师：我也是这么想的。

生：把声音写出来以后，我读的时候，脑子里好像就有这些声音。

师：哟，给你身临其境的感觉啦！

生：小作者很幽默，象声词用得很准确。

师：你的评价也很到位！说实话，这样的作文在我这儿绝对可以打95分。从这些文字可以看出，这个同学亲身经历了，用心倾听了，因此才写得这么真实。特别是，其中的用语还那么有趣，怪不得你们都喜欢。可是，我仔细读了以后，发现了一个问题，文章只用象声词来写声音，是不是有点单调？

生：这么一说，好像是有点。

生：是的。我们帮他改改吧。

师：这个想法很好，怎么改呢？

（生沉默不语）

师：看来，还得我来帮你们。今天钱老师就来教你们几招，让声音的描写不再单调。先请你们自由读这篇文章。（“PPT”出示以下文段）

你听过蒲公英梳头的声音吗？蒲公英有一蓬金黄色的头发，当起风的时候，头发互相轻触着，像磨砂纸那样沙沙地一阵细响，转眼间，她的头发，全被风儿梳掉了！

你听过八十只蚂蚁小跑步的声音吗？那一天，蚂蚁们排列在红红的枫叶上准备做体操。“噗！”一粒小酸果从头顶落下。“不好，炸弹来啦！”顷刻间，它们全逃散了。

…………

如果你问，这都是想象的声音吗？我怎么听不出来呢？那么我再说清楚一点。

你总听过风吹的声音吧？当微风吹过柳梢，当清风拂过明月，当狂风扫过巨浪，当台风横越山岭，你总听到些什么吧？

你总听过动物的声音吧？当小狗忙着啃骨头，小金鱼用尾巴泼水，金丝雀在窗沿唱歌，当两只老猫在墙头吵架，三只芦花鸡在啄米吃，你总能听见些什么吧？

你也总听过水声吧？当山间的清泉如一道银箭奔向溪流，当哗啦啦的大雨打向屋脊，当小水滴清脆地落在盛水的脸盆里，当清道夫清扫水沟里的落叶，当妈妈开水龙头淘米煮饭，你总该听到些什么吧？

人有耳朵，听八方；人有眼睛，观六路。用心听，用心看，也用心想，各种各样的声音构成了一个丰富奇妙的世界。

（《你一定会听见的》节选）

师：我们一起看看作者怎么写蒲公英被风吹走的声音？用了什么方法？

生：作者把蒲公英飞走的声音，想象成梳头的声音。

师：不怕不会写，就怕不想象。（板书：想象）作者就是用咱们熟悉的声音来写咱们不熟悉的。还有吗？

生：还把它写成“像磨砂纸那样沙沙地一阵细响”。

师：这里把蒲公英被风吹的声音比作——（板书：比喻）

生：磨砂纸沙沙的声音。

师：我们一起用手在书页上磨一磨。

（生用手在书上摩擦）

师：这与磨砂纸的声音差不多。我现在把蒲公英梳头的声音比喻成书拍桌子啪啪啪的声音（边说边做动作），可以吗？

生：不可以。不行。

师：说说理由。

生：那一点都不像。

生：这两种声音根本不一样。

师：哦，我明白了，也就是说，用来比喻的声音，要与被描写的声音一致，千万别瞎比喻。再来看这一句，作者写的是小动物的声音。你听过吧？看了作者的描写，你最感兴趣的是什么的声音？

生：我感兴趣的是“两只老猫在墙头吵架”的声音。那个声音肯定很好玩。

师：大家想象一下，会是什么样的声音？

生：一会儿尖叫，一会儿粗声叫。

师：就是一会儿尖叫，一会儿低吼。

生：一会儿拉长声音。

生：一会儿高声叫，一会儿低声叫。

生：有可能还会咕噜咕噜地叫。

师：这是什么意思？

生：吵架不就是这样呗。（大笑）

师：哈哈，太搞笑了。你知道为什么我们能想象出这么多声音吗？

生：因为我们看到作者写了两只老猫在吵架。

师：对，人的行为——“吵架”，让我们有了更多的想象空间。这就是运用“拟人”的好处。还有哪里也运用了拟人？（板书：拟人）

生：“金丝雀在窗沿唱歌”。

师：说到“唱歌”，那声音就更丰富了。就此打住，把你们的想象留给下面的挑战。

板块三　分层训练，展示交流

师：现在，就让我们“小试牛刀”，运用刚刚学到的两种方法——比喻、拟人，修改一下这篇学生习作，或是给作家的文章补充一些声音。

（生思考，小声讨论）

师：挺好，想好后可以讨论讨论。

（生继续讨论）

师：好了，谁来分享成果？

生：我修改的是学生习作：嗡嗡嗡的声音，就像一万台搅拌机在工作，真让人受不了。

师：你的这个比喻太形象了，怎么想到搅拌机的？

生：我爸爸工地上搅拌机的声音就让人受不了。

师：你看，这就是会学习的孩子，他用生活中听到的声音来比喻。如果将“就像一万台搅拌机在工作”改成“就像一万台搅拌机工作的轰鸣声”，会更好。

师：还有修改学生习作的吗？

生：卖家禽的地方，鸡与鸭都伸长脖子，争得面红耳赤。

师：太好了！这简直就是大作家在创作！鼓掌！（鼓掌）

生：我觉得还可以改为，鸡与鸭正开着大会，为“如何逃跑”高谈阔论。

师: 这个“高谈阔论”用得好,可见课外书读得多,积累就多。掌声!（鼓掌）你看，这么一改，不仅有象声词，也有大胆的想象，比喻、拟人的运用更是让这篇习作增添了趣味和文采，太棒了！有选择修改作家文章的吗?

生： 小金鱼用尾巴泼水，就像我们拍手掌一样响。（做动作）

师： 多准确，多形象。还有吗?

生： 清道夫清扫水沟里的落叶，唰唰唰唰，就像我们离家出走的脚步声。

师： 吓坏我了，怎么离家出走啦？有谁帮他想想?

生： 清道夫清扫水沟里的落叶，唰唰唰唰，是树叶告别大树妈妈的脚步声。

师： 这下好多了。掌声给你。这一改，让“离家出走”变成了有礼貌的告别。

生: 小水滴落在盛水的脸盆里,声音像珍珠落在盘子里那么清脆。

师: 瞧瞧,这不愧是咱们班的小文学家,不仅加了声音,还让“清脆”这个词换了位置。

生： 是我同桌帮我换的。

师： 看来集体的力量就是大，讨论能让你们更有智慧。说实话，你们太厉害了,想象对你们来说已经不成问题了。现在,我们加大难度。请你戴上耳机，我推送一组声音，请你从中选择几种，将它们连在一起写一段话，写成一件事情或是一个故事。要用上象声词，试着运用比喻或拟人。记住，句子一定要写通顺，标点要正确。这些声音可以反复听几遍。给你十分钟。

（生戴上耳机，听完后，拿笔书写，师巡视）

师： 时间到了，我们来看看这两个同学的作品，请你们认真听，等会儿结合习作要求来评价一下。先看张岷浩的习作，请读吧！

生：下课铃响了，咕噜咕噜……这是什么声音？原来是肚子打鼓的声音。我像离弦的箭，呼哧呼哧往家跑。我跑在回家的路上，听大风在耳边呼呼地吹，像在说："慢点，慢点，家就在前方。"树叶在耳边沙沙作响，像在说："别急，别急，要注意安全！"

师：读得很流利，谁来点评一下？

生：我觉得张岷浩很会用词，比如"离弦的箭"，特别好。

师：这是从词语角度夸奖的，想想他是怎么写声音的？

生：把肚子饿了说成肚子在打鼓，好有趣哦！

生：他还写了大风和树叶的声音，说像是在对他说话。

师：这个想象确实很好。有没有帮他修改的？

（生沉默）

师：你看，既然"像离弦的箭"，怎么还发出呼哧呼哧的声音？（边做动作边发出呼哧呼哧的声音）这个搭配就不够恰当。

生：对，我知道了，应该把象声词改一改，改成"嗖的一声"，更像。

师：这个建议非常好，也许张岷浩也想用"嗖"，但推送的声音里没有是吧？

生：没有。

师：没有也没关系，我们可以将"像离弦的箭"改一改，谁来帮帮他？

生：我自己改，改成"拼命往家跑"。

师：这么一改就对了，前后句的意思更契合了。我还建议你将"跑在回家的路上"改为"路上"，这样更简洁。不信，你读读看。

生：是好多了。

师：好了，再来看周旭阳的习作。

生：美妙的大自然会产生无穷的声音，不管怎么听，你都会感觉声音真的很美妙。哗啦啦，哗啦啦，这是什么声音？哦，原来是小溪在给我们弹琴啊，它和我们一起迎接春姑娘的到来。夏天的湖泊里，小金鱼用尾巴快乐地拍水，啪啪，啪啪……青蛙听了，连忙跳过去给小金鱼伴奏，呱呱，呱呱……秋天，落叶唱着歌儿，沙沙，沙沙……那是提醒农民伯伯，树上已经硕果累累了，快点儿去采摘水果吧！冬天，小朋友们高兴地笑着，哈哈，哈哈……小朋友们在一起堆雪人，他们玩得多开心呀！大自然的声音多美妙啊！春、夏、秋、冬四季都会有不同的声音，只要认真聆听，你就会听到更加美妙的声音。

师：这么短的时间，你就写了一篇有开头有结尾的作文，真了不起！

生：我以前写过关于声音的作文，刚刚加了一些想象。

师：怪不得写得这么好呢。同学们，周旭阳的哪些想象你特别喜欢？

生：周旭阳按春夏秋冬的顺序写，我特别喜欢。

师：这是写作顺序，想象呢？

生：小金鱼在用尾巴拍水，青蛙伴奏，我特别喜欢。

生：树叶唱着歌儿，是告诉农民伯伯要采摘果子了，我觉得想象得很有意思。

生：小溪在给我们弹琴，像人一样，也很好。

师：拟人句写得都很好。有什么建议吗？

生：钱老师说要用比喻和拟人，我觉得周旭阳还可以用比喻句来写声音。

师：要求很高哦，能写一种已经很不错了。还有没有？没有的话，请看冬天的那一段，如果调换一下顺序，“冬天，小朋友们在一起堆雪人，他们高兴地笑着，哈哈，哈哈……”是不是好些？

生：嗯，是的。

师：文章不厌百回改，越改越精彩！回家以后，按照“自我评价单”上的要求继续修改，并作出评价。

（“PPT”出示“自我评价单”：1. 能用上准确的象声词；2. 想象合理；3. 能将声音写得生动，能用上比喻或拟人。）

板书设计

听听，大自然的声音

象声词

想　象：比喻、拟人

学生习作

小雨滴在花瓣上集聚起来，成为一个大水珠，随着花瓣滑下来。突然，一阵风吹来，花瓣上的水珠像打鼓似的通通跌下来，啪！咚——咚——咚！

（沈泽瑞）

我最喜欢打雷的声音，轰隆隆，轰隆隆，雷公公重重地敲起了鼓。沙沙沙，沙沙沙，雨姑娘躲在叶丛中弹起了琴。小雨滴们落在盛水的脸盆里，嘀嘀嗒嗒，嘀嘀嗒嗒，一个接着一个往下跳，像跳高运动员一样，非常活跃！

（鲍淑贤）

走在夏夜乡间的小路上，我突然被蛐蛐的声音吸引，停下脚步仔细听。我猜，肯定是昆虫们的音乐会开始了。蛐蛐拿着小小的话筒在草坪上高声鸣唱“蛐蛐”；蜘蛛在它的大网上拨着琴弦，模样很是陶醉；屎壳郎拍着它的粪球在打鼓，咚咚、咚咚……随着这鼓声，螳螂挥舞着它的大刀出场了，只见它左勾一下，右勾一下，蛐蛐鸣唱得更带劲了！蜗牛和蚂蚁在台下拼命欢呼、鼓掌，就连平时不喜欢露脸的蚯蚓也出来凑热闹了。

只要你闭上眼睛，用心聆听，你会发现一场又一场音乐会在等着你。

（文俊宇）

哗哗哗，哗哗哗……这是什么声音？哦，原来是春姑娘在浇水。

夏天的池塘边，呱呱，呱呱……是谁在唱歌？啊，原来是青蛙老师。知了听了，也不甘示弱，唱起歌来：“知了，知了……”

秋天的果园里，啪，啪……是谁在发出这种声音？哦，原来是石榴妹妹露出了红红的嘴巴。

冬天，北风哼起了小调：“呼呼，呼呼！”咚咚咚……这是什么声音？原来是一个小男孩从雪堆上滚了下来，满身都是雪。“哈哈，哈哈！”我们可真开心呀！

大自然真美妙，还有很多声音在等着你呢！只要你用心听，就能听到许多声音。

（郎昳墨）

总评

因愤而启，教有实效

《听听，大自然的声音》一课，带给人的真是一种享受。自然的声音果然好听。钱老师巧妙地提问，学生思绪流淌，语言奔腾，确实美妙。

整节课上，钱老师和学生合奏出一首悦耳的乐曲。第一乐章“认真倾听，描述声音”中，钱老师提问：如何向没有听过某种声音的人描述这种声音？学生的思维火花被点燃，以往的学习经验得以再现。第二乐章“品析例文，探寻方法”中，钱老师又抛出一个问题：一篇文章只用象声词来写声音会不会有点单调？学生陷入沉思，求知欲望被唤醒，并在这种求知欲望的驱动下，理解并掌握展开想象，借助比喻和拟人写好声音的方法。第三乐章“分层训练，展示交流”中，钱老师搭建运用方法修改与创造语言的平台，让学生的思维自由翱翔，让学生的语言焕发光彩。

这节课的目标是学习描写声音。叶圣陶先生说：“描写的目的是把作者所知所感密合地活跃地保存于文字中。同时对于读者就发生一种功效，就是读者得以真切了知作者所知，如实感受作者所感，没有误会、晦昧等等缺憾。”要描写声音，让声音可知、可感，需要作者运用多种手段，用心思考，让读者知道声音是有“质量”的，有高有低，有长有短，有轻有重，声音也是有情感的，有悲有喜，有压抑，有放纵……三年级学生不需要掌握关于描写与声音的明确的知识，而要通过听音、读文感悟声音的不同、声音的趣味，了解具体描写声音的常用方法，并用一段话描写几种声音，把语句写正确、写通顺。这样的教学定位是准确的，也是恰当的。

这节课取得了良好的教学效果，有什么秘密？让“教学目标”成为“教学结果”，不仅离不开教师对教学内容和学生学情的准确把握，更离不开教师对学生学习思路的正确认识。

用象声词描写声音，将声音写具体，是本次学生学习的起点，综合运用象声词以及比喻、拟人的写法将声音写得清晰可感，是本次学生学习的终点。让学生学会用比喻和拟人描写声音是本节课教学的关键。

把一物比作另一物，就是比喻。要比喻，就要建立物与物之间的关联，需要联想。把物当作人，就是拟人。要拟人，就要建立物与人之间的关联，也需要联想。联想是什么？联想是想象的重要成分。没有联想就没有想象，有了联想，根据联想到的事物产生或合成新的意象，想象就完成了。用语言表达新的意象，就成了比喻、拟人。因此，要学会比喻、拟人，必须展开想象，建立联想，生成意象，这是学生学习的思路。遵循这条思路，事半功倍。

三年级学生在平常的课堂学习中接触过比喻，也接触过拟人，这对他们来说并不是新知识，可是怎么展开想象，运用比喻、拟人描写声音却是新的挑战。想写又不会写，怎么办？钱老师的办法是“搭支架”，引导学生看别人如何想象，扶着学生跨越学习障碍。

教师按照学习思路设计教学思路，提供支架，展开指导，学生就学得顺利。教学中的“因愤而启”，大致就是这样。

上海师范大学教育学院副院长 丁炜

支妙招，为习作搭建新平台

——五年级《童年的那些事》习作教学实录及评析

板块一 了解题意，删选材料

师：（板书：童年的那些事）看黑板，读题。

（生齐读）

师：猜猜课题是让我们写些什么？

生：写童年发生的事。

师：明确了是童年时期发生的事。

生：让我们写难忘的事。

师：对。

生：可以写童年时候发生的一件让自己后悔的事。

生：有趣的事。

师：你们说的都没错，但那些事到底是哪些事呢？（板书：？）从古到今，不管是名人还是普通人，童年时都做过相似的事，估计你们也干过。我不直接说出答案，你们自己寻找吧！请看——《池上》。

生：（读）小娃撑小艇，偷采白莲回。不解藏踪迹，浮萍一道开。

师：小娃干了什么？

生：偷采白莲去了。

师：他是小偷？

生：不是。

师：那这个“偷”指什么？

生：悄悄去采白莲。

生：不告诉别人，自己偷偷地去。

师：这个“偷”指的是瞒着大人干，是吧？再来看现代作家赵丽宏小时候偷偷干的事——（“PPT”出示以下文段）

当我站在高高的桥栏上之后，却真的害怕起来，尤其是低头看桥下的流水时，只觉得头晕目眩……在听到背后围观者的议论时，我一下子鼓起勇气：头先落水！我眼睛一闭，跳了下去。结果非常糟糕，因为太紧张，落水时身体蜷曲着，背部被水面又狠又闷地拍了一下，几乎失去知觉。挣扎着游上岸时，发现背脊上红红的一大片。

我的父母和学校的老师从来不知道我曾到江河里游泳，更不知道我还敢从桥头往河里跳……

（赵丽宏《跳河》节选）

生：他瞒着父母和学校的老师从桥头往河里跳。

师：概括得很清楚。这也是在大人不知情的情况下偷偷干的。（板书：偷）此偷非彼偷，是瞒着大人干的事。看到这儿，好多同学好像找到知音了，你也干过类似的事，是吧？

生：是的。

师：小孩都是这样，好奇心重，经常干这样的事，特别正常。我小时候也是一个这样的孩子。想不想知道我瞒着大人偷偷干过什么事？

生：想！

师：我曾把公鸡尾巴上的毛拔下来，绑在狗尾巴上。

（生笑）

师：我还趁妈妈不在家，偷用妈妈的化妆品，往自己脸上涂涂抹抹。

（生笑）

师：（故作生气的样子）哼，你们都在笑话我。第三件，我偷偷将楼下的小野猫带回家养，还把它藏在书柜里。当然，我还干过很多其他事，今天就跟你们说这三件。

生：老师，我觉得你看似调皮，其实很有爱心。

师：谢谢你的表扬。我还将这些事提炼成词和短语，请看——拔毛、绑尾、涂抹化妆品、偷养野猫。接下来，给你们两分钟，赶紧打开记忆大门，来个“头脑风暴”，想想自己偷偷干过哪些事，再像我这样记下关键词，写三个就行。

（生边想边记录）

师：都写了不少，大家来说说吧。

生：悄悄喂流浪狗、挑灯夜读、帮母鸡接生。

师：你们对他干的什么事特别感兴趣?

生：帮母鸡接生。

师：好奇怪的事哦，我也好想知道。等会儿听你慢慢说。

生：偷鱼、偷玉米、偷拿小红花。

师：你这真是“三偷”。

生：偷爬书柜、跑到马路边玩、拆玩具。

师：运动能力和动手能力真强，要么爬，要么跑，要么拆。

生：偷穿高跟鞋、冰冻玩具、偷画荷花。

师：为什么要偷偷地画荷花?

生：因为是上课的时候干的事。

师：原来如此。想发言的同学等会儿还有机会。刚刚这些同学没说过程，我们只听了关键词，就觉得非常有意思。现在，请你从三个话题中画去两个，只保留一个。相信保留的这一个，一定是你认为能给人最深印象、最有趣、最惊险或是最搞笑的。

生：偷吃蚂蚁。

师：够恐怖的。

生：给老乌龟剪趾甲。

师：好独特哦！

生：骑爸爸的电动车。

师：这个行为不好，太危险了。

生：窃读。

师：像林海音一样爱读书。

生：偷玩手机……

师：如果把这些事情记录下来，一定妙趣横生。说到写事的文章，我们写过不少。从三年级开始，写习作有这样的要求——写学习本领的过程时，要把过程写具体，表达出自己的真情实感；写亲情故事时，除具体写一件感人的事外，还要表达真情实感；写“热爱生命”主题的故事时，要做到内容具体，写出真实的感受。本次的习作要求就是——

生：要把这件事的过程写清楚、写具体。

师：完全正确。还有吗？

生：一定要写出真实感受，让人一听就知道是你干的。

师：解释得很清楚。提醒大家，要把字写工整，正确使用标点。给大家十分钟。开头空两格，注意写字姿势。

（生写，师巡视指导）

板块二 交流点评，发现妙招

师：接下来，咱们交流一下。请看这个同学的习作，请你们边听边想，他写得符合习作要求吗？请小作者来读。

生：我在电视上看到一个表演，演员把金鱼连同鱼缸放到冰箱里，过了五分钟后取出，金鱼居然还是活的。一天，我趁大人不在家，把家里的“水泡眼”金鱼从鱼缸里捞了出来，放进瓷碗里。鱼儿摆动着尾巴，好像很不情愿地来到这个新家一样。我看着它鲜活的样子，赶紧把它放进冰箱里。过了五分钟，我将碗取出，水还是流动的，可鱼一点儿也不会动了。啊？电视上的实验是骗人的。

生：我觉得基本写清楚了。我知道他在做实验，将活鱼放到冰箱里了。

生：我觉得他这句话写得很好，“鱼儿摆动着尾巴，好像很不情愿地来到这个新家一样”，写出了鱼儿那时候的样子。

师：这是写得不错的地方。还有什么建议吗？

生：我觉得缺少一些细节。

师：比如什么细节？

生：在等待的五分钟里，“我”想了什么？是不是很着急，又很怀疑？我觉得这些都应该写进去，这样才真实。

师：我非常赞同你的建议。你当时在这五分钟里有没有这样的想法？

生：有，我怕这次实验失败，还怕妈妈知道了会揍我。

师：对啊，把这些写进去，一定会有不一样的效果。

生：我觉得如果把鱼放在冷藏室的话，五分钟后它肯定死不了。是不是放在冷冻室了啊？

生：是在冷冻室。

师：这个同学的提醒很有必要。我们写作文要准确，这样才真实。还有吗？

（生沉默）

师：这个同学看了电视上的做法后，就直接自己做实验，中间是不是少了内容？怎样可以衔接得更自然？

生：我觉得可以加上我看过表演后的想法。

生：可以写自己去问妈妈，妈妈说动手做一做就知道了。

师：这是偷偷做的事，是瞒着妈妈做的。但对话可以有，说的话可以改一改。大家提了不少建议，都很好。再看这一篇，小作者来读。

生：那天妈妈不在家，爸爸正午睡。我头脑一热，拿起一把剪刀给我家宠物——乌龟剪趾甲。我左手拿起剪刀，右手拎起龟壳，将它从水缸里捞出来，狠狠地把它往地下一扔，本想让乌龟晕掉，可事与愿违，它竟然精气神特别足，四处逃窜。我二话不说，一脚踩在龟壳上。这下，乌龟急坏了，四肢在地面上乱动。趁此机会，我一把抓住它的左前肢，迅速地用刀刃对准它的趾甲，只听嘣一声，一小块趾甲跳到空中，又落了下来，乌龟吓得使劲缩回它的脚爪，我却高兴极了。我一刀又一刀地帮它剪着趾甲，还算顺利。可这毕竟是“技术活”，我一不小心，剪到了它脚趾的肉，鲜血直滴，乌龟也疼得直叫，拼命地将头、四肢缩进壳里。看着这情景，我也吓坏了，赶紧把它丢进了它的水缸里。

师：这个同学写的是给乌龟剪趾甲的事。我们先来改一改错字与病句。

生：“赶紧把它丢进了它的水缸里”，要去掉“它的”。

师：是的。还有“狠狠地把它往地下一扔”，去掉“把它”后，与前句连着读会更通顺。还有个词用得不够准确，“二话不说”，能不能换个词？

生：我气急败坏，一脚踩在龟壳上。

生：我眼疾手快，一脚踩在龟壳上。

生：我灵机一动，一脚踩在龟壳上。

师：这三个词都可以。整体评价一下，哪一处写得比较成功？

生：我觉得一连串的动作把剪趾甲的过程写得很清楚。

生：我觉得“一小块趾甲跳到空中，又落了下来”，这一句很有画面感。

生: 她关注了很多细节,把乌龟的动作和自己的动作穿插在一起写。

师：会评价的同学一定也是会写的。这篇习作可以打 90 分。如果还想提高的话，我就得给你们支妙招了。什么招呢？请看我们班同学写的习作,画线部分是后来加上去的。读一读,有什么想法？（“PPT”出示以下文段）

我拿着这张惨不忍睹的试卷走出校门，又犯难了，回家怎么说呢？“这次题目太难了,好多人都没考好,我下次会努力的。”“有好几道题很难，老师说了，考不好不怪我们。”有一大堆理由，又好像一个都用不上，因为连我自己都不信。

树上的鸟儿叽叽喳喳地尖叫着，像我们班那几个烦死人的女生一样。今天下课时，她们拿着试卷在我面前炫耀的模样，真是让人有一股想揍扁她们的冲动。

哎，这倒霉的“74”怎么能变成“94”呢？哈哈，我为什么不把“7”拐个弯改成“9”呢？反正我妈只看分数，不看题目。想到这儿，我不得不佩服自己，真是“机智如我”啊！说了就干，我立马拿起红笔一画。哟，你别说，真像正版的“94”呢！

生： 开始没写回家准备说什么，后来加上了，这样就更真实了。

生： 这个同学还写了班上女同学的炫耀，让他特别气愤。

师： 对，自己考试分数低，别人还炫耀，他就受不了啦！

生： 这个心理描写，让我想到了《窃读记》。当时老师说，有了心理描写，可以让读者感同身受。

师： 说得一点儿也没错。你有补充？

生： 有了这样的心理描写，我知道他的心情是在变化的。

师： 这是一连串心理变化的描写，先是矛盾，再是愤怒，最后是得意。（板书：矛盾、愤怒、得意）有了波折，一下子就能让人体会到他偷改分数的复杂心情。你看，有了这个妙招后，文章读起来不再枯燥乏味，而是有滋有味。这就是我教给大家的一个小妙招——心理有波折。（板书：心理有波折）请运用刚刚学到的方法修改自己的习作。看看增加哪些心理波折会让文章更出彩？拿出红笔。

（生修改，师巡视指导）

板块三 修改实践，妙笔生花

师： 修改好的同学请自我评价。没修改好的同学继续修改。（“PPT”出示评价参考：能将偷偷干的事写清楚；能将做这件事时的心理活动写得有波折。）咱们请刚刚展示的同学再来读自己的习作，看看他们增加了什么？写放金鱼进冰箱的曹浩洋，你来说说。

生：我加了三个部分。

师：我读原来的内容，你读加入的文字。"我在电视上看到一个表演，演员把金鱼连同鱼缸放到冰箱里，过了五分钟后取出，金鱼居然还是活的。"

生：我吃惊极了，冰箱冷冻室里是零下二十度啊，金鱼怎么会有这么强的生命力？估计电视节目是糊弄我们的，但我又有点不甘心，还是想亲自试试。

师："我"对电视上的节目产生了怀疑，于是顺理成章地做了下面的实验。好，我接着往下读。"一天，我趁大人不在家，把家里的'水泡眼'金鱼从鱼缸里捞了出来，放进瓷碗里。鱼儿摆动着尾巴，好像很不情愿地来到这个新家一样。我看着它鲜活的样子，赶紧把它放进冰箱里。"

生：在等待的过程中，我坐立不安，就像坐过山车一样紧张。我特别焦虑，怕实验失败，让这条鱼白白送命。妈妈要是知道了，一定会狠狠揍我一顿。不过我又有点侥幸心理，如果实验成功了，那我不就可以到同学面前好好炫耀一下了吗？看他们还敢不敢小瞧我，说我是"科技白痴"。

师: 这一段加上去后，简直是锦上添花，让文章有了生气！接着读。"过了五分钟，我将碗取出，水还是流动的，可鱼一点儿也不会动了。啊？电视上的实验是骗人的。"

生：完了，完了，我的死期即将到了，我家的河东狮回来一定会让我"game over"啦！呜呜……

师："死期即将到了"，太过夸张，不过表现出了你的难堪。（生笑）“河东狮”是你妈吧？

生：是的，我妈就爱吼。

师：那要加个双引号。听过后，你们有什么话要说？

生：这几处心理描写，我觉得很有意思。文章原先只有事情的过程，加上了心理波折后，有了起伏。（边说边做“起伏”的动作）

师：有了起伏，我们读着也能跟着“起伏”起来，很有趣！

生：我觉得他最后一段写得很幽默。

师：幽默风趣也是一种文风。看来你平时应该蛮幽默的。

生：我觉得他写要到同学面前炫耀，就是模仿老师给我们看的那个例子。

师：模仿也是学习的一种方式，其实这是活学活用！还有谁愿意展示自己修改的习作？请你来说。哦，这是写“倒光洗发水”的，就读这一段吧。你读加入的部分。

生：玩累了，再回头拿起洗发水瓶，发现瓶子已是空空如也。突然，我心乱了。如果妈妈发现了，怎么办？洗发水总不能凭空消失吧？总要想个能糊弄过去的理由吧？到底该怎么说呢？妈妈回来一定会揍我的……想着想着，我的脑袋都要炸了！

师：结尾再给你补一句——刚才玩的兴奋劲儿早已烟消云散了。

生：我觉得有好多问句，写出了她的焦虑。

生：我觉得她应该蛮痛苦的，找不到解释的话。

师：是啊，这段的精彩之处在于用了一组问句，表达自己思考的过程及复杂的心情。大作家托尔斯泰在写《穷人》这一篇文章时，也用了这种写法，在接下来的课堂中，我们就会读到。好了，今天咱们学习了新的方法——心理有波折。加入了它，你的文章就会更精彩，更能抓住读者的心！其实这种方法也深受作家们的喜爱，他们不仅写

人写事时用，写小动物时也用，而且用得恰到好处。请看——（“PPT”出示以下文段）

金铃独自站在树下，用眼角瞄着那只塑料袋。袋里的小蚕浑然不知发生了何事，仍旧在努力地爬来爬去……金铃心跳如鼓，两手出汗。捡回去吗？捡不捡？这可是别人扔掉的东西呀！乞丐才会捡别人不要的东西，同学知道了一定会笑话她。可是就这么走了吗？让这些蚕宝宝躺在路边被行人踩死？被车轮压死？或者像那只可怜的小鸟一样，被顽皮的小孩子们一把捏死？

…………

她终于飞快地向四周扫一眼，觉得并没有人注意她的动向，就猛地弯下腰，把那只塑料袋一把抓在手里。

天哪，但愿不要有人看见，千万不要有人看见！

她背过身，把肩后的书包卸下来，装作从书包里拿什么东西，趁机将一袋小蚕放进书包里去。而后她不敢背着了，用两只胳膊小心抱住，像抱一只随时都会被压碎的薄胎花瓶。

（黄蓓佳《我要做好孩子》节选）

师：这段写金铃想捡拾蚕宝宝的复杂心理：想捡又怕人笑话，不捡又担心蚕宝宝会被弄死，捡起后又小心翼翼。心理有波折，能让人知道金铃捡起蚕宝宝如此不容易。再看沈石溪写警犬拉拉想拦住大象时设想的种种计策，让读者看着都为拉拉揪心起来。（“PPT”出示以下文段）

突然，大象翘起鼻子，张开粉红色的大嘴，嗷地吼了一声。

这绝对是世界上最大的嗓门了，犹如天崩地裂，震得拉拉耳膜刺疼。要是让大象对准它的狗耳朵连吼三声的话，极有可能会耳膜穿孔，使它变成一只聋子狗。

拉拉不知道该怎样做才能让这头丧失理智的大象停下。去咬象腿吧，那是蚍蜉（pífú）撼树，别说它一条警犬，就是再加十条警犬，也无法把一头重达四吨的大象掀翻……迎面拦截，那更是螳臂挡车，象牙不费吹灰之力就可洞穿它的身体，或者象鼻重重劈下来，立刻就能砸断它的狗脊梁。

大象气势磅礴地吼着，小山似的朝它压过来。它明白，它即使长出三头六臂，也无法从正面拦住这头大象。

（沈石溪《死亡游戏》节选）

师：课外书其实就是我们写作文的样本，用心读，一定能学到更多习作的秘密。下课！

板书设计

童年的那些事？

“偷”　　　　<u>矛盾　　愤怒　　得意</u>

心理有波折

总评

教有过程 学有经历

作文难教，教材里要求写的作文尤其难教。但钱娟老师勇于尝试，上出了一节精彩的作文课。

《童年的那些事》看似好写，实则很难。一是难在选材。按理说，现在的小学生学校生活、家庭生活都挺丰富，应该不缺写作素材。可实际上，开心的事情，经历过了，一转眼就忘记细节，写出来干巴巴的。对于不开心的事情、不“好”的事情，五年级的孩子往往会有顾虑——能否写出来给老师看呢？二是难在围绕中心写具体。小学生写作文大都凭着感觉走，没有布局谋篇的意识。

钱娟老师准确地把握住了学情，针对以上两点作了突破。

她将《童年的那些事》的范围缩小为偷偷干的事。这就契合了儿童的心理。小孩子生活中最难忘的就是这类事。为了进一步激发孩子们的兴趣，钱老师先举出自己小时候做的三件小事。果然，孩子们打开了思维空间，立刻从自己的生活中找出了很多事例。接着，钱老师以“能给人最深印象、最有趣、最惊险或是最搞笑的”为标准，让孩子们筛选出一个材料。第一个难点就这样解决了。解决之道就是站在儿童的角度思考问题，从心理上、思维上贴近儿童，让儿童受到启发、感染，产生表达的欲望。教师指导小学生，不要摆出“教师爷”的样子，而要以平等的姿态与学生互动。那样，学生就能将记忆中的生活素材一一唤醒。如此，何愁找不到写作材料？

解决第二个难点，通常的做法是教师讲解写作方法，出示概念，学生运用，但是效果并不好。先打一个比方，要教会一个孩子游泳，教练除了讲解一些要领外，大部分时间中，要让孩子下水，在水里练习憋气，在水里学做动作。一些孩子一开始不敢下水，教练甚至会强行将其推下泳池。因为教练在岸上讲得再多，孩子也学不会游泳。以此类推，写作能力自然也应该在写作练习中获得。习作课上，教师应该为孩子动笔写作文留出大量时间。以往的方法之所以低效，就是因为教师只顾自己讲解，一厢情愿地认为只要自己讲了，学生就能学会。钱老师明白这个道理，因此在这节课中安排多个练习环节，让学生充分操练，在扎实的练习中学会写作方法。

孩子们确定写作素材后，钱老师便让学生写一个片段。学生完成之后，钱老师精心挑选了几个孩子的作业来点评、修改。一个孩子没有写出细节，一个孩子的作文语句不够通顺。最后，钱老师取出一份学生自己修改的例文，让大家学习如何加入心理描写。三个材料反映了学生习作中的普遍问题，钱老师在课堂上及时进行有针对性的指导。

钱老师不仅给了足够的时间让学生练习写作和修改，还给出标准让学生进行自我评价。这节课的第三板块中，钱老师先给出自评标准："能将偷偷干的事写清楚；能将做这件事时的心理活动写得有波折"。通过之前层次分明的指导，此时学生能依据要求对自己的习作做出准确的评价并反思。接着，钱老师通过面对面评改，帮助学生进一步完善习作。这样的示范，能让学生对如何达成习作目标有更清晰的认知。

作文课难上，难在教师不易清楚地了解学生写某篇作文时的困难，难在教师不易设计出能帮助学生解决困难的教学步骤。钱娟老师的这节课，在攻克作文教学难点问题上，为我们提供了一个典范。整堂课中，钱老师教得充分明了，学生学得主动扎实。这是一节值得我们细细琢磨借鉴的课。

上海市浦东新区建平实验小学 朱煜

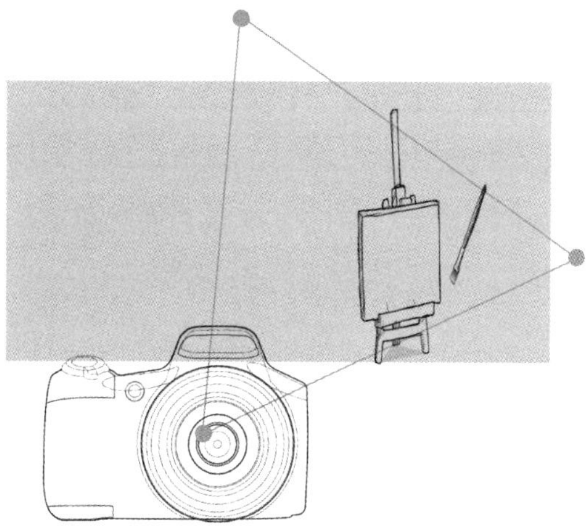

二、语文教学小浪花

——我的语文教学观点

探寻核心价值 取舍教学内容

语文教学历经多次改革，虽有统一的课程标准，却没有统一的教学序列和课程内容。一篇课文“教什么”，全凭教师的个人经验和认知水准，这不可避免地造成了语文教学内容随意、零散和无序。因此，教学内容的选取，成了检验教师素养的“试金石”。纵观名师的经典课例，其所选取的教学内容无不传递着一个共同理念——教学内容的确定不能以教学辅导书为样本，也不能以个人的主观想法为准绳，而要以语文的核心价值为中心。

（一）探寻“核心”，指向本质

叶圣陶先生在《关于语言文学分科的问题》中，对于语文的核心价值有以下说法：“语文教育的一个主要任务是让学生认识语言现象，掌握语言规律，学会正确地熟练地运用语言这个工具。”王尚文先生说：语文学科“以教材的言语形式为教学内容”；语文学科“重在教材‘怎么说’，以使学生从中学习具体理解和运用语言文字的本领，培养读写听说等语言能力”。前辈的经验以及课程标准告诉了我们，语文的核心价值就是正确理解和运用祖国的语言文字。

只有明确了语文的核心价值，才能选取有价值的教学内容，引领学生正确理解和运用语言文字，促进学生在语文知识和方法技能上有所提升，使语文教学优质高效。

如何实现语文的核心价值呢？不妨借鉴郑桂华老师的做法：“重点挖掘课文隐含的语文学习价值，重点训练学生对语言的感受能力和表达能力，重点完成语文课应该完成的教学目标，适当弱化文本中可能隐含的其他教育价值……”如此，才能将语文课上成真正的语文课，而不是思品课、科学课，或别的什么课。

请看贾志敏老师教学儿童诗《爸爸的老师》的流程：从节日导入课题，联系生活进行字词教学，以多种形式指导朗读，运用连词概括内容，巧妙设计语言训练。这与以读和悟为主要教学方法的传统儿童诗歌教学不同。贾老师没有把教学重点放在分析课文内容、体会文本情感上，而是以教材为例子，通过听、说、读、写等形式训练学生的语言感受能力和表达能力。这才是真正的语文课。

（二）依据“核心”，取舍内容

一篇文章中能提取的语文学习内容有很多，如文体特征、语言特点、结构章法、主题意识、表达形式等。选择教学内容时，教师不能力求面面俱到，而要以“正确理解和运用语言文字”为中心，基于教材，基于学情，根据年段、单元和课时目标，敏锐地选择最能体现文本的独特性、适合学生迁移运用的内容来展开教学。

人教版五年级下册的《威尼斯的小艇》，可选取的教学内容很多。一是生字学习、新词理解，二是内容理解、梳理顺序，三是朗读、背诵积累，四是异国民俗风情，五是比喻和类比，六是动静结合、总分描写，七是抓住特点把事物写具体的写作方法，八是将生活与景物、风情融合的描写方法，等等。

倘若以学生通过预习便可解决的生字新词读写、内容理解为教学重点，语文教学会流于形式，走向“非语文”之路。而比喻、类比，以及动静结合、总分描写的写作手法，对于五年级学生而言已不是秘密，以此为重点，不能体现文本的独特性。

本文语言表达上的突出特色是抓住事物的特点并将人的活动与当

地风情融合起来的描写手法。五年级学生对描写景物、风情的方法虽有所了解，但还不能恰当运用。教师通过教学这篇文章，使学生在这方面有所提升，不失为“教在该教处”。更为重要的是，课程标准第三学段提出要“在阅读中了解文章的表达顺序，体会作者的思想感情，初步领悟文章的基本表达方法”，本组课文的阅读提示也提到要“了解不同地域的民族风情特点”“揣摩作者是怎样写出景物、风情的特点的”。由此不难得出，作者抓住特点将事物写具体，以及将人的活动同景物、风情结合起来的描写方法应为本文教学的核心。“弱水三千只取一瓢”，如此定位，目标明确，重点突出，教学关注内容，更关注形式，直指正确理解和运用语言文字的核心。

在语文教学中，还有很多文本的语言特点如《威尼斯的小艇》的语言特点一样比较隐蔽，不易察觉，教师需要不断锤炼与思考，以“语文的核心价值”为标准，发掘其内在知识含量和教学价值，提炼出“课文里有什么”及“教什么最好”。如《“精彩极了”和“糟糕透了”》以夹叙夹议的形式演绎出人生哲理；《圆明园的毁灭》中“一扬一抑”的双重反衬，形成强烈对比；《学会看病》中细腻的心理描写令人印象深刻；《白杨》借人物对话揭示深刻主旨；《窃读记》的开头出人意料，激起读者阅读期待；《桥》多用简短的句、段，渲染紧张气氛；《临死前的严监生》通过细节描写，在常理与现实的矛盾中突出讽刺的艺术效果；《刷子李》正面描写与侧面描写相结合，凸显人物个性。

（三）围绕“核心”，展开设计

确定了教学内容，还要通过有效的设计来实现教学目标。下面，我继续以《威尼斯的小艇》为例，谈谈如何围绕语文的核心价值构思教学流程，从而有效地帮助学生品味、揣摩语言，领悟表达方法，丰富语言积累，形成敏锐的语感。

第一板块：研读“形之美”。这一部分教学紧抓“形美”，从两个方面展开教学——从哪儿看出小艇的美？作者如何写出小艇的美？先让学生直面语言文字，从具体的语句中感受小艇独特的形态美。教师通过朗读、画面引入，向学生展现具有异域特色的美。这样，学生会自行发现文字表达的奥妙，了解事实描写与想象描写相融合的写作手法以及比喻词不断变化的表达方法，从而领悟作者是怎样抓住特点将事物写具体的。

第二板块：品读“技术高”。船夫驾驶技术高超，只有坐在小艇里才能更好地体验。当然，这只是愿望，难以实现，但我们可以通过语言文字大胆想象这份刺激。相关段落是本文学习的重点，也是难点。很多老师往往忽略了，只是把教学目标定位于“找出描写船夫驾驶技术高的语句，创设情境，读出感情”，如此浅尝辄止，只会错失难得的语言价值。我精心设计了三个教学环节，来实现本文教学的核心价值。

第一，交流学习写“技术高”的语句，一边想象画面一边朗读。学生通过读文，交流学习写船夫驾驶技术高超的语句；理解“操纵自如”的意思，并联系生活运用；以课桌为河，以铅笔袋为艇，边演示边描述；有感情地朗读文段，初步感受船夫技术之高超。

第二，探寻语言密码，感受写作方法。学生通过学习准确运用关联词、正面描写、直接叙述、侧面烘托等表现方法，多角度感受船夫驾驶技术之高超。教师以语言形式的学习为核心，引导学生揣摩写法，培养学生理解和运用语言文字的能力。

第三，运用写作秘密，随文练笔。船夫在行驶过程中，可能会遇到什么情形？船夫会怎么做呢？学生展开想象并把想法写下来。这一语言训练点关注前后知识点的衔接，学生可以用自己的语言和所学的方法进一步想象船夫驾驶技术之高超，并通过文字表达出来。

有价值的教学内容加上有价值的教学策略、方法，才等于有价值的语文教学。这三个环节的设计注重领悟与揣摩课文表达方法，促使学生在读写结合的言语实践中变消极语言为积极语言。从学习效果来看，这一设计较为成功，语言训练扎实有效，课堂效率高，人文性与工具性巧妙兼得。

第三板块：想象“和谐美”。通过运用文中句式，引领学生想象、续说小艇在人们生活中的作用，将人的活动、景物、风情巧妙地融合，勾画出威尼斯人独特的风俗人情。

总之，每一个教师都要关注语文核心价值，敏锐发现文本语言的增值点；挖掘语文核心价值，恰当选择有效的教学内容；彰显语文核心价值，设计基于文本语言的表达训练。只有这样，语文教学才会最大限度地实现文本的语文价值。

让语文教学回归真实

真实的语文教学是一种自然、常态的教与学的过程，是顺应儿童学习的天性、符合语文学习规律的教学状态。学生在一次次真实的语文实践中自然成长，健康发展。

（一）真实，顺应儿童学习天性

儿童天生就是想象家。教材中选择的文本，大多符合儿童的审美特点与阅读趣味，它们用儿童化的语言描画出儿童的生活与心灵世界，为孩子们提供了丰富的想象空间。语文教师要真心守护儿童内心最真实的体验，要深情呵护儿童每一次想象的美好旅程。真实的语文教学，要求教师通过儿童的“心”走进儿童，尊重儿童的生命独特性，进而洞察儿童的生活世界和精神世界的奥秘。

低年级课文多数是儿童文学体，教学此类文体时，可以将游戏融入课堂，游戏为表，教学为里，表里合一，水乳交融。我在执教苏教版《小露珠》时，设计了互动游戏的环节：学生们扮演早起的小动物，和“小露珠”打招呼，说悄悄话。课堂一下子活跃起来，学生看起来是在做游戏，实则仿照课文内容说话，领悟话语间的情感。

学习寓言故事《守株待兔》时，学生以小组形式表演故事过程。学生扮演角色，发挥自己的聪明才智。经过的“小兔”看到坐在“树桩”旁的“农夫”，嘲笑他是个大傻瓜。“树桩”不断地劝说“农夫”，叫他别抱有侥幸心理，要自力更生。“邻居”看见了，指着田里的“庄稼”批评他，如果再这样幻想着不劳而获，最后饿死的是自己。

我们知道，学习寓言需要理解寓意，如何将理性内涵传递给小学生呢？我想，无须过多解释，更不能照本宣科。“把教学过程还原为生活过程，把教学情境还原为生活情境，把教学活动还原为儿童的生命活动”，这样的教学才是有温度的。

轻松、愉快、活泼的游戏氛围，不仅有助于缩短师生的心理距离，而且可以提高儿童的参与度，让他们感受语文的魅力。富于“游戏精神”的语文课堂是可亲可近的，儿童畅游其中，增长智慧，感受快乐，体验幸福。儿童天生爱玩游戏，这种顺应儿童天性的教学是真实的教学，这样的课堂才会成为儿童成长的乐园。

（二）真实，顺应语文课程意识

语文教学多次改革，却未能让每一个语文教师从理念走向实践。教师虽明白“用教材教语文，而非教教材”，但在实际操作中还是一次次重蹈覆辙，仍在“教教材”。真实的语文教学要求每个语文教师保持清醒的语文课程意识，使之成为语文教学的自觉追求。教师要弄清“课程内容”与“教材内容”两个概念的不同内涵，明白“教什么”比“怎么教”更重要，从而真正做到“以课文为例子”，指导学生掌握必要的语文知识和语文学习方法，培养其语文能力，提高其语文素养。

比如，阅读教学要从语言文字入手把握文本内容，体会情感，更要关注语言形式、表达方法。要增强语言文字运用的意识，丰富语言文字运用的内容和形式。

以《我和祖父的园子》一文为例，其中第十三自然段在表达方式上有它独特的魅力——变化。我在设计教学时，不仅引导学生体会文章写了什么，表达了怎样的情感，还引导学生关注课文是怎么写的。“这个园子‘一切都活了’，园中什么活了？写这些事物活了，用了怎样不同的句式来叙述？”此环节的目的就是告诉学生，作者为了表达一种情感，用了三种不同的句式变化着表达，这样更能传达出文本的情感。接着，引导学生对特别的语句进行形式多样的品读，并且运用文中句式练习说话，实现文本语言的内化迁移，同时领悟比喻、拟人、排比、反复的手法。学生通过智慧的碰撞，感悟萧红写作的奥妙，并运用所学的表达方法写自己的童年趣事。学生写作时必定想到“变化”——用不同句式变化着表达。这就是工具性、人文性的统一。

正如王尚文先生指出的，语文课程的目标是形成和发展学生的语文素养，学生的读写听说活动必须指向正确理解和运用祖国的语言文字。这是真实的语文教学的题中之意。

（三）真实，顺应语文教学规律

语文课程是一门学习语言文字运用的综合性、实践性课程。真实的语文教学，必然是一个“以理解为基础，以训练为手段，以运用为目的”的学习过程。语言知识与方法的掌握，不是看会、听会的，而是依据一定的表达规律，在一个个言语实践中通过运用学会的。

“没有生活的语文是死语文。”生活可以为语文提供更加广阔的实践环境，更好地发展学生的语言能力。在语文教学中，讲解一些难懂的语句时，我们常以生活经验为背景列举事例，帮助学生理解、内化。如“人人为我，我为人人”“道德只是个简单的是与非的问题，实践起来却很难”，这些语句一旦放到生活中，就比较容易理解。再如，学生可以练习为竞选班干部写演讲稿，为学校建设写建议书，为学校草坪写一句温馨提示语，为文具店写一句广告语……生活处处有语文。在现实的语境中，语言文字彰显出活力，学生能切实提高语言能力、语文素养。

（四）真实，顺应课堂教学生成

教学生成是课堂互动的必然结果，是教师、学生、文本之间通过对话交往必然进入的新学习境界。在生成性教学中，教师不能用既定的教学设计限定学生的思维走向，束缚学生的自主发展。学生可以在自我理解的基础上跳出老师画定的“圈”，成为学习的主体，成为解读文本的创造者。

课文《麻雀》有这样一段话：“猎狗愣住了，它可能没料到老麻雀会有这么大的勇气，慢慢地，慢慢地向后退。”麻雀靠自己弱小的身体最终吓退了身体庞大的猎狗，你从中读出了什么？学生有的说，老麻雀的母爱深深镇住了猎狗。有的说，是伟大的母爱让老麻雀有了勇气，落在猎狗面前。有的说，原来动物之间的爱也是了不起的。正在大家表达对老麻雀的敬意时，一个学生发表了这样的看法：“我觉得猎狗并非被老麻雀的样子吓退，而是被老麻雀用生命的代价保护小麻雀的勇气感动了。狗是最通人性的，也有同情心。”一石激起千层浪，大家纷纷表示赞同这个学生的意见，有的还补充：“即使如此，猎狗还是能轻而易举地扑向麻雀，可是它没有，它可能认识到自己的错误，不敢再随意侵犯别的小生命了。”“我家就养着一条小狗，它特别懂事，像个人一样，还会关心我。我觉得它真有可能是被母爱感动的。”我也及时表达了自己的看法：“你们的说法我很赞同，猎狗最后不管是被老麻雀震慑住了，还是被母爱感动了，还是内心产生了同情，这都说明了，狗是通人性的、最懂情感的动物。因此，猎狗才会慢慢地后退。”

师生交流互动，是与文本“多元对话”。这一过程是自由的、富有个性的、充满智慧的。在共同分享彼此思考的成果、交流彼此情感与体验时，师生在不断丰富自我，求得新发现。教学呈现出开放、发展、增值的态势。但开放并不意味着教师可以放弃引导的责任，在学生对文本缺乏深度思考，或曲解文本主旨时，教师要果断地给予帮助、指导，浅者深之，误者正之。这才是真正的对话、真实的生成。

站在儿童的视角教语文

一个故事

绘本《山姆和大卫去挖洞》是一本幽默又充满情趣的童书。故事讲述的是山姆和大卫两个孩子为了寻找“了不起的东西”，挖出了超过自己身高的深洞。他们先朝下挖，接着朝另一个方向挖，再分头挖，可是他们总是与大大的宝石失之交臂，令人惋惜。他们带来的食品吃光了，身上的力气用完了。小狗寻找地下的骨头，从洞里掉了下去，接着，山姆和大卫也掉了下去。最后，他们落到了软软的泥地上，说：“真是了不起。”

这个故事，不同的人能读出不同的感受。我们成人眼里盯着的是一颗比一颗大的钻石，可是孩子更在乎这一次了不起的挖洞经历。这是他们从未有过的经历，充满惊喜。成人与孩子有不同的世界观。这个故事告诉了我们，什么才是孩子心目中最“了不起”的东西。对于孩子觉得了不起、给他们惊喜的东西，你要用孩子的视角用心体悟。

一次经历

我听过一节作文指导课《照片里的故事》。其中，课堂教学活动有三个板块：执教老师以一张本班学生集体表演的照片导入新课，出示范文，学生说对哪些画面感兴趣；学生展示自己的照片，描述照片的内容，说出看照片的感受；学生写关于照片内容的习作，师生点评。

印象最深的是，执教老师选择了自己的下水文作为范文。足足七段文字，语言充满诗意，文字功力了得，真不输于一些散文大家，着实让我们佩服。此环节是整节课的重心，花费近半个小时。

我们常说，一个优秀的教师要像一本厚厚的书，翻开任何一页，我们都会被其才情吸引，这样，学生才会心甘情愿地接受教育。这就是古话说的“亲其师，信其道”吧。相信这位教师才情十足，定是爱文学的孩子的偶像。但是，课堂说到底，不是教师秀自己的舞台。课堂上正确的“秀”，应是一种展示：展示教师的内力，展示学生的潜力，突显课堂的张力。而教师的“秀”，是为了唤醒学生的学习意识、展示欲望，让学生成为在课堂上“秀”的人。

可这些范文，别说学生，就是普通的教师也很难模仿，早已超过学生已有的习作经验和生活阅历。课堂上，这位教师展现出较深厚的文化素养，课堂容量相当大，可效果却是“剃头挑子一头热”。试问，出示范文是为了什么？是为了提炼习作方法，告知学生从什么角度描述照片；是利用范文间的比较，让学生明了要运用什么方法充实内容，还要引导学生用批判的眼光去修改、完善习作。事实上，这节课中，这些都没留给学生，学生只是一脸茫然，如坠云雾。因此，作文教学中，所选范文内容要有针对性，要精当，要贴近学生，即使有些拔高，也是“跳一跳”即可摘到“桃子”。

展示习作时，这位教师精心选择的几篇学生习作，没有一篇汲取了范文的精华。在点评环节，师生只能给出“写得真好”的虚假点评。作文教学的点评环节，应是整个课堂最出彩、最能体现教师基本功的环节，也是检验教学效果的最佳环节。这堂课因为没有具体的教学目标，没有一以贯之的内容，没有评价标准，给学生留下太多失望和遗憾。

薛法根老师倡导“三不教”原则：学生已经懂的不教，学生能自己读懂的不教，教了学生也不懂的暂时不教。每一堂课的设计都要以学生为主，教师要真切了解学生的学情。学生原来是什么水平，通过这节课的指点与训练，能达到什么水平？课堂上学生能够成长，这样的教学才是有效的教学。高估学生的水平，必然造成“一切让学生自己体会”的教学误区。

这位教师的设计乍看起来颇有道理，可仔细斟酌，你便会发现环节设计的偏颇。这些设计都忽略了语文教学最基本的要素，致使语文教学主体缺席。语文学习活动不是教师讲简单的概念，而是学生亲身经历，在阅读、体验、思考、实践、改进中不断提升，这才是真正的语文学习。

这样的语文课，引发我对当下小学语文教学的些许思考。

一些思考

教师常以成人的眼光对文本进行深入挖掘，而不是用儿童的视角和眼光审视文本，为了追求所谓的有密度、深度、广度，使得课堂教学内容臃肿。殊不知，最关键、最本质的问题是，到底为谁而教？语文教育泰斗钱梦龙老师说，他每一堂课的设计，都是以学生的学情为教学的立足点和出发点。“为了鼓励学生自学，我当时备课首先考虑的不是怎样‘讲’文章，而是站在学生的角度怎样‘读’文章。每教一篇课文之前，我总要反反复复地读，或朗读，或默诵，或圈点，或批注，直到真正品出了味儿，才决定教什么和怎样教。”教师切不可自说自话，要关注学生的学习经历。

第一，还给学生学习的自由。

新课程倡导“以学生发展为本”，语文教学应以学生需求为主，关注学生学习的基点，考虑学生学习的起点，明了要朝什么方向发展，如何发展。教师须留给学生自由发展的时间，让学生真听、真说、真写、真思，努力做到“还给学的自由，让学生经历学习的过程；还给读的自由，让学生学习阅读的方法；还给写的自由，让学生感悟习作带来的快乐”。

可现实教学中，很多教师依然主宰着课堂，滔滔不绝地说、不厌其烦地讲，以教师的理解代替学生的理解，以教师的教代替学生的学，学生只是被动的接收者。结果，教的与学的不一样，学的与评的不相同，造成教学效能低下。缺少真实的经历，何谈遇见“了不起”的东西?

语文课程设置中，自读课文的教学更能体现教师的放手意识。如四年级上册《母鸡》一课，阅读提示中明确提出这样的要求：比较一下《母鸡》与《猫》在写法上各有什么特点。学生展开回忆，老舍笔下的猫古怪又可爱，而他笔下的母鸡开始时那么讨人厌，到后来，他不敢再讨厌母鸡了。这是内容上的区别，学生很容易找到。写作特点上的区别，学生不一定能准确表达。教师此时不能急于付出，必须留出充分的交流时间，学生在倾听发言的过程中可能会得到启发，并产生自己的想法，这时再交流，课堂质量必然会更高。当然，“等到学生实在不能用自己的力量去了解功课时”，教师再帮着提炼、整合、总结，学生对于两篇文章在表达上的异同就会渐渐明晰。

魏书生老师说过：“教师不替学生说自己能说的话，不替学生做学生自己能做的事，学生能讲明白的知识尽可能让学生自己讲。”要让学生自己嚼出馒头的滋味，嚼出麦子的香甜。课堂还是要以学生为主体，教师为主导，切不可换位。

第二，站在儿童的视角教语文。

（一）关注学习的兴趣点

学生是语文学习的主人，研究学生，要及时了解学生的心理需求，这是教学的起点。教师要关注学生已有的基础，找准起步的基点，实施“跳一跳”就能达到的教学策略。

我在执教《石榴笑了》时，一改平时课堂朗读时个别学生展示的方式，以“错读”引导学生正确朗读。学生在听读时更用心，因为他们想当“小老师”，指导老师正确朗读。第一自然段中妈妈说：“石榴一笑，就可以吃了。”我故意读成很凶的语气，到第二段，则故意将两个问句读成陈述句的语气，第三自然段“呼——呼——呼——，秋风来了”，故意读得声音很大，语速又快。

学生发现我读错了妈妈的语气、忽略了标点符号的提示时，兴奋不已。这样有趣的朗读教学，学生更易接受，更加喜欢。“用儿童喜欢的方式教朗读”，必定会收到良好的效果。

（二）关注学习的难点

从学生实际出发，科学分析学情，把学生能够理解和接受的语文元素挖掘出来，力求使教学深入浅出、简洁高效，符合儿童的认知规律，调动每一个学生学习语文的兴趣，应是每一个语文老师的追求。

二年级上册《一封信》中，课后有十七个生字。这么多生字，如果集中认识，会让学生有畏惧感。如果随文识字，操作不好必会使课文“碎片化”。我们一定要分析学情，关注学生已有的，找准基点。学生在学习一篇课文前，并非一无所知。通过提前预习，加上已有的课外阅读积累，学生能够认识其中一些汉字。如果教师在教学中忽略了这一点，会既浪费学生的学习时间，又使学生丧失学习兴趣。

识字学词环节，本着选重点、挑难点的想法，我采用“归类识字、形成组块”的教学策略，依次出示三组词。第一组是数量词“一沓纸、一团纸、一束鲜花、一支圆珠笔”，第二组是动宾短语“削土豆、刮胡子、修台灯、揉纸团”，第三组是有月字旁的“朝向、胡子、肩膀、星期”。这三组词是按照活动的目标指向来分的，看似单一，实则一个内容实现多个教学目标，充分聚焦于学生的学习活动。这说明，教师在设定教学目标时，应该目中有人，只有契合学生的“最近发展区”，才能最大限度地促进每一个学生的发展。

（三）关注学习的遗漏点

季羡林先生的《夹竹桃》中有这样一句话：“然而，在一墙之隔的大门内，夹竹桃却在那里悄悄地一声不响，一朵花败了，又开出一朵，一嘟噜花黄了，又长出一嘟噜。”学生阅读这样的散文，理解文字表面意思并不困难，因此常常自以为读懂了。学生缺少的是一双会阅读“美文”的眼睛。很多教者都忽略了这一句，未发现背后的深意，这样的阅读所得就极其有限。季羡林是散文大家，朴实寻常的文字背后往往蕴藏着丰富而真挚的情感，非用心不能体察。

教师的责任正在于教给学生在“寻常处”看到“不寻常”风景的本领，让他们在“寻常处”问道。“悄悄地一声不响”不是前后重复吗？这么一问，再一比较，就把“悄悄地”与“一声不响”的细微差异辨别出来了，也把两个词语叠加后产生的独特意味品咂出来了，还把常用词语的不常用法问出来了。“败了……开出……黄了……长出……”不是违背花开花落的自然秩序吗？这么一问，就把汉语用语序表达语义的秘密破解了。这样的问，是让学生看到语言运用之妙，领会语言运用之道，更从怎么写的视角，揣摩出作者要表达的深层含义和情感——对夹竹桃“韧性”的赞美。如果教师没有深入浅出地“问”，学生很容易就从语言的表面滑过去，难有惊喜发现与深刻感悟。

第三，学生会学是教学的终极目标。

课堂需要“看得见的成长”，学生在充分的自主阅读、相互交流的活动中，形成新的知识和见解。在设计活动前，需要判定教学的起点与终点，并在起点与终点之间找到教学的落点，将“流程”设计变成“过程”阶梯。教师的责任在于提取文本中的语文元素，化繁就简，以简驭繁，设计连续、有关联的学习步骤，具体展开教与学的过程，让学生在语文实践中正确地理解、积累和运用祖国的语言文字。

薛法根老师执教《庐山的云雾》，根据起点与终点的“差距”，设置学生需要经历的三个学习台阶。课堂呈现出逐层递进、逐步深入的学习过程。现展示如下：

台阶一：分类识记描写云雾的词语，体会云雾的特点。

特点：变幻无常、千姿百态、瞬息万变

姿态：笼罩、缠绕、弥漫、遮挡

变化：随风飘荡、一泻千里、四蹄生风

感觉：腾云驾雾、飘飘欲仙、流连忘返

台阶二：引读，发现描述的准确与比喻的形象。

1. 引读：（师）那些笼罩在山头的云雾，就像是——（生）戴在山顶上的白色绒帽……

2. 填表，区分描述与比喻。

特点	本来的样子	看起来的样子
千姿百态	笼罩在山头	戴在山顶上的白色绒帽
	缠绕在半山	系在山腰间的一条条玉带
	弥漫山谷	茫茫的大海
	遮挡山峰	巨大的天幕

	原来的样子	后来的样子
瞬息万变	随风飘荡的一缕青烟	一泻千里的九天银河
	一匹四蹄生风的白马	漂浮在北冰洋上的一座冰山

讨论：（1）“笼罩、缠绕、弥漫、遮挡”与“白色绒帽、一条条玉带、茫茫的大海、巨大的天幕”，哪一组词语更能给人深刻的印象？说一说理由。

（2）删去“转眼间”“还没等你完全看清楚”，句子的意思有什么变化？还可以用哪些词语表达这样的意思？

（3）朗读并背诵。

台阶三：练写，体会语言的准确与形象。

观看一段自然景观的影像，填写表格，然后描写景观的姿态和变化。

本来的样子	看起来的样子

学生已具有阅读写景文的基本经验，能领会云雾“千姿百态”和“瞬息万变”的特点，但对于一连串贴切的比喻手法缺少自觉的关注。从薛老师这个课例可以看出，教学是遵循由易而难、由浅入深的渐进规律，设计连续性的学习步骤，直达教学终点：能理解并运用“准确与形象”的描述性语言。课堂在学习和实践中，实现了“化知为用”，真正促进了学生语言运用能力的发展。

课堂是学生灵性成长的家园，课堂的主人是学生。在朗读、理解、分享、交流中，要展示的是学生的才情和智慧，教师要退居二线，甘心做学生学习的帮手，在点拨引导中，充分发挥学生的主动性与创造性。课堂要呈现出教与学的平衡，这样才能使教师的教与学生的学有效互动起来，才能有“不教”的痕迹，才能实现“教是为了不教”“学是为了会学”的终极目标。

本真而智慧的语文课堂

——探寻贾志敏老师课堂教学实践的密码

特级教师贾志敏常说："我的课堂并不热闹，更谈不上'精彩'。"这是大实话。

奇怪的是，恰恰是这看似不够"精彩"、不够"热闹"的课堂，成了学生的言语实践场所。学生主动探究，高声朗读，积极思考，畅所欲言，听说读写能力明显提高。人们不禁发问：贾老师除了语文功底深厚，教学经验丰富之外，还有什么秘密？

带着疑惑、思考和尊重，我走进他的课堂，探寻其教学的成功密码。

密码一：选取合适的教学内容

毋庸讳言，"课文内容"不等同于"教学内容"。对于一篇课文，教师可以教的内容必定很多，如果面面俱到，样样都教，势必蜻蜓点水，浮光掠影，不见实效。那么，教什么？我们要遵循教学规律，还要读懂教材，分析学情，从文本入手，挖掘教材中的语文元素。哪些是需要学生理解的词句？哪些是需要学生朗读的章节？哪些是需要学生积累的知识？……这些是教学之前的必备功课。

令人叹服的是，贾老师有着一双慧眼，总能从看似繁杂无序的内容中发现语言实践点，然后设计相关练习，最大限度地发挥课文的作用。

他在教学《给予树》这一课的时候，着重指导学生概括课文主要内容。他先从"并不宽裕"这个词出发，让学生找出课文中表示"并不宽裕"原因的句子，并试着运用"因为……还因为……"的句式概括第一、第二自然段的意思。学生在了解“如愿以偿”之意的基础上，继续迁移，围绕关键词“如愿以偿”分别将第三、第四、第五自然段概括为一句话，内容涵盖“谁的愿望”“是什么”“怎么实现的”。

此部分连句概述，由扶到放，步步推进，教学方法巧妙。学生在一次次训练中，语言更加简洁，方法运用更加熟练，教学目标圆满达成。

贾老师的语文意识，在这篇课文的教学内容选择上得到充分体现。这样做，既符合课标年段要求“能初步把握文章的主要内容”，学习概括主要内容的方法，也遵循了“一课一得，得得相连”的理念，从简单的一个个标点、一个个词语、一个个句子开始，更新学生的学习经验，构建新的言语世界。

密码二：设计简洁的教学板块

贾老师的课看似简单，其实独具匠心。简单并不意味着枯燥乏味、刻板机械，背后其实蕴含着深刻的内涵：对课标的准确把握、对文本的深入解读、对学生的充分了解……大道至简，大巧似拙。板块简单了，课也精练了，实在了，有效了。这样做，学生有足够的时间，与老师一起走进文本。课堂展现了一个重点突出、环节清晰的触摸语言的过程，学生在“简单”中收获“不简单”。

贾老师善于整合繁杂的教学目标，组合零碎问题。儿童诗《爸爸的老师》的教学板块简单明了：从节日导入课题，联系生活组织字词教学，以多种形式指导朗读，概括课文主要内容，巧妙进行语言训练。五个板块相互关联，整合成了一个内在的板块。课堂没有过多分析，没有无效提问，更没有无端煽情，只是在训练学生的语言感受能力和表达能力。

贾老师的语文教学实践告诉我们，小学语文教学没有必要搞得那么复杂，设置多个障碍，让学生手足无措。简洁的课堂，环节不多，目标更加明确集中。这样的语文课也许不好看、不大气、不时髦，却厚重、睿智、有效，总能给人以豁然开朗之感。学生乐学，旁观者乐听。

密码三：开展有效的学习活动

贾老师的语文课堂之所以与众不同，还在于每个教学环节都充分开展学习活动，形式丰富多样。学生是课堂的主人，他们在语言实践活动中相互交流，相互启发，相互学习。贾老师只在关键处点拨，在困顿处引导。“讲”是为了更好地引导学生理解，“问”是为了更好地促使学生深入思考。在教师善导、学生善学的双向互动交流中，学生“学语习文”，得言、得意、得法。

贾老师的课堂，教的活动与学的活动相互协调，达到教与学的平衡。这种和谐有序的平衡之形成，非一日之功，教师得“眼中有学生，胸中有语文”，要为学生创设轻松自如的表达空间，让每一个鲜活的个体在课堂上说话、思考。

比如《科利亚的木匣》的教学，其主要分为三个环节。第一，读通课文。学生学习多音字，朗读课文。贾老师没有给出标准答案，没有死板的规定，而是营造互动学习的氛围，让学生成为真正的学习伙伴，在互读、互说中不断改正错误，相互鼓励，相互学习，并利用榜样的力量予以正确示范。

第二，概括课文。贾老师解读文本有独到的方法，发现了常人忽略的关键词“那一天”，引导学生前后关联，寻找文章暗含的线索，并从“那一天”究竟是“哪一天”入手，引导学生按照时间顺序概括文章的主要内容，将文本语言内化为自己的语言。学生的语感在一次次积极转化中得到强化。

第三，语言训练。转换反问句与陈述句，联系生活感知句子内涵，这些对于学生来说既是难点，也是重点。通过示例引导和反复实践，学生熟记方法。特别是理解具有哲理意味的“主题句子”时，贾老师以朋友的身份，调动学生已有的经验，给予学生充分的“言语自由”，让学生多角度理解，让课堂闪烁智慧的火花，开拓了一条从课本到生活的“绿色通道”。

这些活动形式多样，言语实践目标指向明确——培养学生正确理解和运用语言的能力。课堂上，每个学生都能从被动的学习状态中解放出来，积极参与其中。这是因为，贾老师的语文教学设计，不是教师要做什么、怎么做，而是学生要做什么、怎么做。这些实践理念与王荣生教授提出的观点不谋而合，即“以‘学的活动’为基点的设计，在确定教学内容的时候，着重考虑学生需要什么；在设计教学环节的时候，着重考虑学生怎样学才好”。

教学以学生为学习主体，以“读写听说”为引领，教与学达到动态平衡，课堂有效和谐推进，呈现开放性、活动性、自主性全新形态。这种课堂形态，因贾老师简单、得体、真诚的评价语变得更有魅力，更加美丽。它像是润滑剂，使学生心中充满着美好的期待，敢于积极地展示自我；像是添加剂，让问题进一步发散，揭示文本的内在含义；又像是催化剂，让智慧进一步萌发，让个性化理解更具灵性。

“相信学生，就会给予学生充分展示的机会，学生在言语实践中就会悄悄爱上语文。”贾老师如此坚守着自己的语文课堂。这份坚守是对语文的热爱、对课堂的敬畏、对学生的尊重；他的课堂体现语文课程意识，具有语文教学特征，遵循儿童学习天性，关注动态生成。正是因为以此为基点，才会有贾老师课堂教学实践的精彩。这样的课堂，正是陈先云会长期待看到的“目标明确、全员参与、创新高效”的理想课堂。

只在诗文中　情深知何处

——《黄鹤楼送别》教学简评

《黄鹤楼送别》这篇课文是一篇诗文兼美的“文包诗”。诗文浑然一体，可谓别具一格。

本文讲述了大诗人李白在黄鹤楼送别好友孟浩然时有感而发，写下脍炙人口的《黄鹤楼送孟浩然之广陵》的故事，从文到诗，紧紧扣住一个“情”字。李白与孟浩然之间的一丝依恋、一点伤感、几许惆怅，是人生中最富有诗意的送别。

“依依惜别”是本课的文眼、情眼，最能体现出友人之间的相互尊重、相互敬仰。抓住这个教学切入点，可以让学生置身文本之中，通过朗读、品析、表演、补白体会友情、亲情、豪情、离情之美。

一、用朗读感受情意美

“文包诗”融“语言美、意境美”于一身，是学生进行朗读训练、提高语文素养的好课文。读是思的凭借，是悟的前提，是说的储备，是写的基础。在“文包诗”课文的教学中，要凸显语文学科的特点，让“读”成为课堂的主旋律，用“读”为学生营造一个绿意葱茏的心灵花园，让学生走进文本，品味文字，领悟内容，体验情感。

这篇课文读来如流水般顺畅，如玫瑰般醇香，特别是几处语言简洁的景色描绘。“暮春三月，长江边烟雾迷蒙，繁花似锦……”暮春时节，烟雾迷蒙，这是朦胧之美；繁花乱眼，似云似锦，这是缤纷之美。“黄鹤楼俯临长江，飞檐凌空。”黄鹤楼气势磅礴，凌空欲飞，这是仙气之美。“岸边杨柳依依，江上沙鸥点点。”杨柳沙鸥似通人性，景随心动，这是不舍之美。

“一切景语皆情语。”景物描写为两位大诗人的送别营造了朦胧、难舍的意境，读来是那么亲切自然。通过理解阅读、创设情境，学生入情入境地读，每读一句，心中都会有一幅画面出现。

优美的环境也为李白写《黄鹤楼送孟浩然之广陵》提供了感情的伏笔、灵感的源泉。深厚的友情凝聚在四句诗中，读来透着淡淡的伤感、深深的祝福。

二、用品析体悟情意美

“一字未宜忽，语语悟其神。”教师需要引导学生扎实学习字词句，再次触摸文本，与文本更深入地对话——先读进文字里面，再读到文字背后，最后读到人物内心之中，体悟李白和孟浩然之间的深情厚谊。

一个“藏”字引导学生思考：为何“藏”？在品味过后，学生必悟出两位大诗人“此时无声胜有声”的心境，他们不忍分别，宁愿自己难过，也不想让朋友难过。

六个“您”字，让学生体会到大诗人李白对孟浩然深深的敬仰，进一步理解和感受他们之间的深厚友谊。两个动作——“伫立”“凝视”，由行动直入内心。此时此刻，诗人的心情令人回味。如果没有这些丰富的情感，又怎么会白帆已逝还依然“伫立”？如果情谊不深厚，又怎么会久久“凝视”？如果不是此时心潮起伏，难抑深情，又怎么会“一江春水浩浩荡荡”流不息？诗人内心的怅惘，有力地撞击着我们的心灵，让人品味到友情的可贵。

一首诗——《黄鹤楼送孟浩然之广陵》，巧妙地将情与景完美融合，正所谓“不见帆影，唯见长江；怅别之情，尽在言外”。一个“辞”字，饱含深情，极具吸引力，孟浩然向李白拱手作别的情景仿佛就在读者眼前。一个“孤”字，情深意远，诗人唯见孤帆，眼中只有友人，离别之情、敬仰之情、依依不舍之情、孤单寂寞之情在心中来回激荡。

师生、生生、人本之间在不断地进行思维撞击，学生对文本的理解更加丰富，更能深入诗人的内心世界，感受诗人情感的波动，体会那份分别之时的情意美。

三、用补白绽放情意美

善教者，一定会在文本的空白处巧做文章，或引入课外学习资源以充实文本解读，或引导学生展开丰富想象以填补文本的空白。善教者与文本融为一体，引领学生走进文本深处，走进人物心灵深处，有深度地解读。

在学习李、孟“饮酒话别”的段落时，执教老师将李白的《赠孟浩然》作为补充资料展示出来。这样既扩大了学生阅读文本的视界，又深化了学生对孟浩然的敬仰之情。

为了能由外在的“遥望”走进两人的内心，执教老师安排了以下层次性补白训练：

岸边繁花似锦，李白望着孟浩然的船渐行渐远，心里默默地说___

____

江上沙鸥点点，孟浩然望着李白渐渐模糊的身影，心里默默地说

____

岸边杨柳依依，李白再也看不到孟浩然了，心里默默地说______

____

江上波涛汹涌，孟浩然同样看不到李白了，心里默默地说______

____

学生在不断补白的过程中进入了送别的意境，情感与文本产生共

鸣，更能体味两人的情意。

四、用表演展现情意美

“人分千里外，情在相送中。”一千多年前李白和孟浩然的这场离别，演绎着细腻深情，依然能够直抵我们的内心。

执教老师说：“道不完的离别情，叙不完的朋友谊，让我们再现这感人的话别场面，让它深深地印在心底吧！同学们，请你们在班级中找到你的好朋友，一个演李白，一个演孟浩然，可以用上文中的语言，也可以发挥想象，用自己的语言。”

表演课本剧，是促使学生通过语言、想象再现情境。任何一次情境还原都是进一步深入语言、走进语言内部和活化文本语言的过程。学生转换角色，展开对话，与人物进行心灵沟通，与其产生共鸣。李白与孟浩然的浓浓情意浸润在孩子的心中。

在教学时，这些方法并不是孤立的，而是交叉的、相融的，共同起作用。以情赏读，以情悟文，以情感人，师生与文本进行心与心的对话交流。学生在教师的引导下渐入佳境，诗文中处处流淌着真情，教学充满了诗意。

关注“学的活动” 重建课堂形态

细细品味贾志敏老师的课堂，你会发现，其教学设计不是教师要做什么、怎么做，而是学生要做什么、怎么做。这些实践理念与王荣生教授提出的观点不谋而合，即“以‘学的活动’为基点的设计，在确定教学内容的时候，着重考虑学生需要什么；在设计教学环节的时候，着重考虑学生怎样学才好”。

贾老师备课时，从教学内容到教学方法，都是以学生的学情为起点。课堂上的大部分时间里，学生都是沿着贾老师的设定，自主进行多种“学的活动”，如自主阅读、概括复述、仿写表达、有感情地朗读、交流质疑。贾老师只是引导、启发，作出必要的纠正。最后，教学达成预设的目标，“教”与“学”完全契合一致。

贾老师每堂课成功的关键，不仅仅在于构建以“学的活动”为主的课堂形态，还在于以下几个方面：教学内容指向语言文字的理解与运用，以发展学生言语智能为目标；教学环节简洁明朗，通过核心教学达到培养学生语文能力的目标；教学策略简便灵活，以追求学生自主参与、乐读会读为原则。贾老师设计的都是语文训练活动，学生做的都是关于语文的事情，因此，课堂才能纯纯粹粹、扎实高效、其乐融融。

领悟了贾老师的教学精髓——一切围绕着学生的学习来展开教学活动后，我也尝试着在自己的教学中践行。

老舍的《草原》是一篇经典课文。我基于学生学情设计了第一自然段的教学活动，重点关注文本自身的特点，侧重于让学生感受语言的魅力。下面，我以此为例，谈谈“以‘学的活动’重建课堂形态”

的做法。

第一，聚焦“不同”，交流想象。

“这次，我看到了草原”，老舍先生来到草原，惊喜不已。为何如此？我们一同随着老舍先生的文字走进大草原。“请你默读第一自然段，老舍看到了一个怎样的草原？与别处有什么不同？请你把相关语句画下来，并试着写阅读感受，简单批注在旁边空白处。”“与别处不一样”一下子激起学生的阅读期待，他们像探寻宝藏一样兴奋地走入文本，去发现，去体会。这个学习过程是主动的、愉快的。

草原与别处的不同，一是天更可爱。学生从“那么……那么……”体会可爱的特点。二是“一碧千里”。学生从具体的短语和句子“平地是绿的，小丘也是绿的”“无边的绿毯”“绿色渲染”“翠色欲流，轻轻流入云际”，体会绿的不同。三是“并不茫茫”。“茫茫”让人想到荒凉，想到“天苍苍，野茫茫，风吹草低见牛羊”。从哪儿看出来“并不茫茫”呢？学生自己在文中寻找答案。

学生主动探寻语言文字的魅力，从不同方面感受草原给人带来的惊喜。学生积极参与，或品悟，或补充，或质疑，或发现，或朗读。我在开放的交流空间里，充分调动起学生自主学习的热情。

第二，品味“境界”，抒发情感。

一是朗读，指导学生读好抒发情感的语句，如“使我总想高歌一曲，表示我满心的愉快”。二是比较，让学生思考如果把这些饱含情感的语句去掉，文章在表达上会有什么不同。三是迁移说话，让学生说说在这情境里，还有什么也沉醉其中。

比较是学习活动中的发现过程，学生发现不同写法的不同表达效果，发现语言文字的妙用，发现文字里的一份温度、一些情感。想象练说是学生的亲身体验活动，他们从文字表层到内心都沉醉其中。

第三，指导背诵，积累语言。

通过“引读”让学生明了写作顺序：抬头看天—又放眼望去—再定睛一看。这是作者的观察顺序，也是写作顺序。这个顺序是从上到下。学生顺着写作思路尝试背诵。“引读”的学习活动，让学生发现背书有方法、写作有顺序，一举两得。学生在贮存言语材料的时候，也习得了方法。

第四，感悟形式，对接生活。

学生交流，品读比喻的表达效果。作者把羊群比作白色的大花，把草地比作无边的绿毯，让人有身临其境的感觉。这不仅写出了景，还写出了由景产生的情，能让人想象到作者当时的心情。由此，我引入情景交融的写作手法。

最后，让文本与生活对接：“凤凰山上牡丹花开放时，我们一起去游玩过，你能将看到的美景按顺序写出来，并试着加上你的情感吗？”这是以作者的言语体验唤醒学生自己的言语体验。积极地与生活对接的读写活动极大促进阅读主题的深入与发展。从最后呈现的学习效果来看，学生的言语实践作品给我们带来一次次惊喜，语言内容与形式巧妙融合。这样的活动，刷新了学生对言语活动的认识。

这个教学片段中，我更关注学生的学习活动，包括学的状态、学的过程、学的方式、学的成效等。课堂形态悄悄发生变化，语文课堂由此得以重建。我发挥文本提升语文素养的多层面作用，积极组织丰富多样、结构完整的学习活动，使“学的活动”得到充分展开。这些学习活动，正是在语文实践（理解、积累和运用）中不断推进，让教师的教更合理，让学生的学更有效。下面，我具体谈谈理解、积累和运用。

理解，融会贯通知其意。理解是语言内化的前提和基础，包含两个层面：一是对语义的理解，对语言文字表达的思想内容的理解；二是对语用的理解，即对语言文字表达形式的理解。

上面的教学片段中，我通过核心语言引导学生潜心会文，用心体味文字的情趣，捕捉文字背后的意蕴。活动的落脚点在“阅读”和“思考”上，“学的活动”占了大部分时间。课堂上，我并不是将自己对课文的理解和感受“奉送”给学生，而是组织学生有效地学习，让他们自己谈理解、感受，相互交流、相互补充、相互丰富。此环节的学习，学生积极主动，讨论热烈。

当然，“授之以鱼”不如“授之以渔”，要教会学生运用阅读方法自己读懂课文，比如理解词语的方法、背诵积累的方法、结合文字展开想象的方法、通过朗读揣摩文章表达形式的方法等。切实地将理解课文内容与揣摩表达形式融合在一起，更有助于学生对文中生动形象的表达产生切身体验，提升感受语言魅力的能力。

积累，腹有诗书语自华。朗读和背诵是积累语言的不二法门，是语文学习的精髓所在。学生立足文本，多背诵规范优美的语言，不仅有利于深入理解课文的内容和情感，更有利于语料的积累和语感的形成。语文学习需要实实在在地读、背，才能聚沙成塔、兼收并蓄，才能“使其言若出吾之口，使其意若出吾之心”。

上面的教学片段中，教者指导学生背诵时，有意识地结合课文内容和语言表达的特点，给予一些学习方法的指导，学生既积累了语言文字，也学习了写作方法。读背的形式让学习过程由抽象变得具体，这样的积累事半功倍。长此以往，学生的语言“仓库”储备越来越丰富，他们可以随时调取需要的材料与信息。一个人语文素养的高低，取决于他背诵的文章篇数与质量。丰富语言积累，从读背开始。

运用，笔有千钧任翕张。中高年级除了落实基础教学内容，还应教授新的语文知识和阅读写作方法，当然，也需要进行必要的语文技能训练。上面的教学片段围绕语文本体性内容，展开“认知—实践—迁移”读写互促的“学的活动”。教学由学生熟悉的生活入手，在学生理解文本语言特点的基础上，搭建起运用语言的阶梯，让他们仿照课文的表达形式写作。学生经历了从言语积累到言语发现，再到言语表现的过程，由认知到实践，再迁移到生活实践，从而实现从“知”到“能”的转化。

解开“自读课”的死结 架起课内外的桥梁

2000年课改后，课标中不仅重现“略读”一词，还明确了“学会精读、略读”等要求。随后，多个版本的教材将讲读课文、课内自读或阅读课文分别调整为精读课文、略读课文。

这一更改，让很多一线教师混淆精读课与略读课的本质区别，甚至有些名师也将略读课上成了精读课，教学活动和课堂形式引来了很多异议。如执教略读课时，为说明略读课文的教学理念，教师直接引用课标中的内容：“学习略读，粗知文章大意。”“能较熟练地运用略读和浏览的方法，扩大阅读范围。”殊不知，这里的略读与默读、浏览一样，同属阅读方法。略读与略读课，是两个不同的概念，分指阅读方法与课程形态。二者的性质、定位不同。教师表现“昏昏”，学生必定不会获得“昭昭”认识。如此，不利于教学形式的效仿与实践，不利于教学策略的研究与开发，不利于发挥课程设计的真正意图。

为了严格区分两种课型的不同教学方式，以免引起误解，温儒敏教授在2015年人教版义务教育小学语文教科书培训会上，谈了教材改革的一些相关内容，其中包括课型的改变，课文名称更改为“教读课文”与“自读课文”。这预示着教材对两种课型的教学定位指出了明确的方向。

笔者根据多年教学经验，对教读课与自读课进行了一种形象诠释。教读课上，教师须亲自挂帅，率领一批“小士兵”在“战场”上驰骋，课堂颇有欣赏性。而自读课上，“将领”需在后方指挥，“士兵”根据“作战计划”，充分领会“将领”的意图后独立“作战”。如遇困难，要及时与“指挥营”联系，得到必要的帮助。这种说法看似好玩，却清楚地表述出“教读”与“自读”本质上的不同。教读，重在体现教师的主导地位，教给学生语文知识、语文方法，选用适当的言语实践培养学生的语言运用能力。自读，意在弱化教师的指导作用，凸显学生的主体作用，主要训练学生“自能读书”的能力，学生独立意识更强。

当然，如此表述也难以改变一些教师根深蒂固的教学观念。笔者认为，面对教学不分精略、混为一谈的现象，有必要再次说明自读课教学的性质与形式。

一、教学要则

1.自读须体现培养独立阅读能力的责任

课标要求：“培养学生广泛的阅读兴趣，扩大阅读面，增加阅读量，提高阅读品位。提倡少做题，多读书，好读书，读好书，读整本的书。”增加阅读量，仅依靠课内的少量课文是无法达到的，必须借助大量的课外阅读。

“课内求方法，课外求发展”，这是学语文的硬道理。要想实现这个目标，必须搭建好课内外的桥梁——独立阅读能力。“教读课文”是积蓄能量，“自读课文”是运用实践，培养阅读能力须经历“教师扶学—半扶半放—放手学习”的过程，完全依靠教师扶学是无法抵达放手学习的彼岸的。由此可见，半扶半放的自读课就显得格外重要，是必不可少的一种桥梁般的课程。叶圣陶先生曾指出，如果只注意精读课（教读课），功夫便做了一半。其弊害我们能想象得到，学生遇到需要阅读的文章、书籍，因没有教师的详细指导而无法入手。

2.自读须体现阅读教学方法的运用

阅读课通过对语言文字的揣摩品味，帮助学生得意、学言、习法，进而培养学生理解和运用语言文字的能力。自读课也是阅读课，虽教学课时是教读课的一半，但没有理由不经历这样的学习过程。自读课并非只需粗略地读，粗略地讲。叶圣陶先生曾对此类课型的性质与教法有明确的阐释："学生从精读方面得到种种经验，应用这些经验，自己去读长篇巨著以及其他的单篇短什，不再需要教师详细指导。"教读课上，学生在教师的指导下完成学习任务，在自读课上则运用阅读方法，举一反三地学习，最终"运用从精读课文所学到的知识与方法去学习自读课文，培养'自能读书'的能力"。课后，教师应有意识地推荐"阅读链接"，可以是相关的文章或书籍，引导学生将所学的方法落到实处，将学生引向浩如烟海的书香世界。

3. 自读须体现学生独立学习的地位

自读课与教读课最大的不同是学习主要靠学生自己独立完成。在教学中，师生的教学关系有所改变。教师要还课堂于学生，给予学生足够的独立读书、思考、练习的空间；要充分发挥设计作用，让学生采用默读的形式，便于他们快读并有针对性地思考；多设计一些动笔的机会，不一定是写片段，也可以写批注，写评语……这些"学的活动"能充分彰显学生的独立性，体现出自读课的半独立阅读的性质。

评价自读课教学的优劣，不应依据教师在课堂上的表现，而要看学生在教师的指导下是否能独立学习，是否掌握了学习方法，是否在独立阅读方面获得发展，取得进步。

二、 教学形式

自读课的教学仍须依据课程标准、单元主题及课文特点合理取舍内容，总体任务不能太多太难。教无定法，自读课没有固定的教学模式，在课堂上，学生须利用从教读课文中学到的方法尝试自主学习。常见的教学形式有：

1．学案导读式

自读课文的导读不容忽视。它起到指导性作用，学习可围绕提示内容完成。如人教版五年级上册《珍珠鸟》，可围绕阅读提示中的三个问题深入学习。一是“从人和珍珠鸟的交往中，我们又能获得哪些启示呢”，二是“想想‘我’是怎样逐渐得到珍珠鸟的信赖的”，三是“结合生活实际，和同学交流对‘信赖，往往创造出美好的境界’这句话的体会”。前两个问题从课文主体内容入手，让学生了解“我”与鸟建立关系的过程，了解文章如何通过“时间词的顺序、动词的变化”一步步体现人与鸟亲密关系的推进，并立足于课文，让学生用一两句话表述读书感受和启示。这些问题解决后，就能很好地过渡到第三个问题，学生联系已有的生活经验，将课内外沟通起来，了解课文主旨。

这一课的教学设计极其简单，按照阅读提示解决从“内容到主题”的问题即可，这是任务型学习方式。

2．方法迁移式

人教版五年级上册第六组单元主题为“感受父母的爱”，《慈母情深》与前一篇教读课文《地震中的父与子》的表达形式及情感内容类似。像这样的主题单元的教学，就可以运用“方法迁移式”教学模式。其基本步骤大致如下：第一，总结前一篇课文的学习方法，导入新课；第二，理解难懂的词句，整体把握课文内容；第三，学生带着问题读书，运用教读课中习得的方法，独立解决问题；第四，学生交流学习心得，教师适当点拨评价；第五，总结延伸，链接课外阅读，鼓励学生完全独立阅读。

3．质疑解疑式

钱梦龙老师的“导读”教学法，能给我们上好自读课以启发。比如教学《桂花雨》这篇课文，学习生字词、了解课文内容，这些无须教师教，学生自能完成。哪些知识要教师教呢？可以先让学生提出问题，教师总结归纳有价值的问题，如“作者童年时代在故乡的‘摇花乐’，其中的乐有哪些？”“桂花寄托着作者什么样的情感？”“为什么母亲会说‘这里的桂花再香，也比不上家乡院子里的桂花’？”三个问题分别指向文本内容、情感及写作主旨。学习是一个从有疑到无疑的过程，疑问由学生自己提出，学生讨论交流后解决。课堂上的学习培养了学生自行阅读思考的意识。

这一堂课的教学，重在让学生在教师的组织引导下自主学习、合作探究，充分体现了自读课的教学宗旨。

4．比较阅读式

人教版教材以主题单元为主，选文的不同多数表现在选材和写法的差异上。对于起桥梁作用的自读课文，大多可以通过与相关文章比较而展开探讨。

（1）推进图式

《学会看病》《剥豆》同是作家毕淑敏的作品，分别安排在人教版五年级上册第六组单元和选读课文中。第六组单元前几篇课文多从语言、动作、外貌描写表现父母对儿女的爱，这两篇课文也是表达此种情感，但表现手法不尽相同。它们从母亲的语言与心理角度出发，写儿子成长过程中的故事。我们可用情感历程推进图来对比。

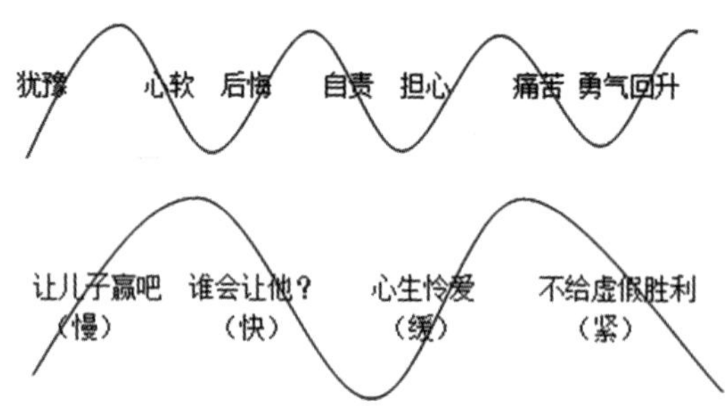

推进图展示了母亲在事情发展过程中内心的矛盾、“瞻前顾后”

的心态，以及情感的起伏变化，是我们学习新的写作方法“抓住心理活动描写表现人物情感”的一种辅助手段。

与学生共同完成推进图，更易于比较这两篇课文的写作方法及情感表达的异同，同时还可以水到渠成地完成拓展迁移活动——仿写，即选择一个片段，结合语言、动作特点描写人物的心理活动。学生课外可自读毕淑敏的其他相关作品，如《孩子，我为什么打你》《血玲珑》《写给女儿们的散文》等，进一步学习。

（2）表格图式

人教版五年级上册第八单元《青山处处埋忠骨》《毛主席在花山》，让学生继感受伟人风采后，走进主席作为普通人的情感世界：他是慈爱的父亲，他是普通的百姓。两篇课文可以融合在一起教学，互为补充，更能让学生体会主席与普通人一样有丧子之痛，但也有不同于普通人的宽广胸怀。

文本研读	《青山处处埋忠骨》	《毛主席在花山》
哪些事情让你由衷敬佩？		
你能发现两篇课文的表现方法有哪些不同吗？		
你还了解毛主席的哪些故事？		

自读课，不是“学会略读方法”的课，而是训练学生“自能读书”的课。上好自读课文的关键是教师敢于放手，充分放手，给予学生独立阅读的时间和空间。如此，才能架起课内外阅读的桥梁，才能解决学生课外阅读中的困惑，才能保证足够的阅读量，才能使语文素养的提高成为现实。

关注教学细节 优化语文课堂

最近，有幸观摩了多节优秀的小学语文展示课、研讨课。课堂上，执教老师们从容淡定，课文解读深入浅出，教学手段运用恰当，教学方法灵活多样，着实让我好好学习了一番。在这几近完美的课上，老师们无意中忽略了一些小细节。如问题刚提出，学生尚未思考，老师就按捺不住急切的心，要求学生作答；在学生思考探究的过程中，老师不断“积极”给予解释、暗示、强调和引导等“帮助”；老师牵引得太多，学生自主感悟、学习实践的时间太少……这些都是因执教老师对学生缺乏了解、缺乏尊重、缺乏耐心而导致的影响课堂教学的不和谐的乐音。下面，我谈谈自己的思考。

一、教学内容安排得充实并不一定好

在语文课堂上，优化教学过程，提高教学效率，提升语文素养，是每个教师对课堂的追求。在很多课例中，教师过于追求极致——听说读写、字词句篇等训练面面俱到。教学内容安排得特别充实，教学环节一个紧接着一个，教学容量非常大。超负荷用足四十分钟，必然导致教学节奏非常快。教师为完成教学任务，只能一味地开“快车”，留给学生内化知识的时间很少，屏蔽了学生的思维。

一节课总要有所取舍，那么，要如何安排？教师各有各的做法。有几位教师的课堂虽没有多少高潮、亮点，也许只完成一两个教学目标、几点教学内容，但整个课堂里思维暗暗涌动，师生从容不迫，静心学文。学生的思维得以伸展，学生的话语权得以显现，学生的语文素养得以提高。因为教学设计立足于学生，立足于课程特点，立足于学习规律，所以课堂把握准确，恰到好处。我更欣赏这样的教学安排。

二、回答问题速度快并不一定好

因为教学内容有难易之分，学生思维水平有高低之分，认知能力有强弱之分，所以课堂教学不能急于求成，教师要对学生充满信任与期待，留下足够的时间和空间，让学生进一步思考、探究和表达。

不少课堂上，教师提出了一个问题，学生立即把注意力投入文本之中。教师迅速扫视了一下学生，急急忙忙追问："谁来回答？谁来回答？"由于问题本身太难或学生学力水平不足等原因，学生在没有作充分思考的情况下，基本上答非所问或哑口无言。这样的问题不管多么精彩、多么切合课堂教学，都是无效的问题。可见，教师课堂语言依旧过于强势。教师在课堂上不停地追问，在学生间不断地穿梭，让整个课堂变得急躁不安，没了学语文应有的恬静。正如苏霍姆林斯基指出的："教师总想让孩子快些回答问题，他不管孩子怎么思考，要不要思考，他要的是学生立即说出答案并给予评价了事！"教师急功近利，收获的必将是青涩的果实。

但在一些较有经验的老师的课堂中，我们欣喜地看到了这令人舒心的场景：连续五分钟乃至更长时间，学生静静地读、默默地想，拿着笔批注、阅读。学生通过探究、发现、解读，在思索、领悟中豁然开朗，课堂的走向、情境的发展也由学生掌控。课堂真正达到"春色满园关不住"的境界。可见，学生只有静心品读、自主学习，才能更好地阅读理解、发散思维，阅读效果才能得到保证。

三、评价得早并不一定好

思源于疑，疑源于错，示错得体，犹如一石投入学生脑海，必将激起思维的浪花，荡起智慧的涟漪。

在这些课例中，我们经常看到这些现象：当学生回答问题出现差错时，教师急于修改、更正，说出了正确的答案；当学生说得很是精彩时，教师给予了终结性评价。学生一说，教师马上点评，这种即时的导向会影响、限制学生的思维。

这时，我们最明智的处理方式就是停一停、等一等，让学生自己感悟、纠正。其实学生对问题的回答是多元的、有个性的。学生答错了，教师不要急于提醒，而要耐心地让学生相互启发，让更多同学的思维绽放“火花”。教师只需“微笑等待”，为学生创造宽松的研读文本的空间；只需点拨、鼓励，给学生充分的思辨、交流的时间，让学生对问题的理解变得更有深度。

对于学生的精彩回答，教师须肯定表扬，但不要急于满足，不要见好就收，而要见好不收，让课堂“广开言路”。教师要因势利导，根据学情深入引领、点拨指导，让学生充分地读、思、议，思维在这个过程中相互撞击。教师在等待中赢得“众说纷纭”，直到更为精彩的思考亮出以后，才给予高度评价。学生在这样的学习过程中，必会无拘无束，尽情地抒发自己的内心感悟。

四、关注优秀学生较多不一定好

展示课上，学生发言精彩，必定会让课堂增彩；学生一问三不知，也必定会使课堂冷场。这就导致了在课堂上，教师将回答问题的机会给予那些自信地举起小手的学生。这也许是为了保证课堂进程的平稳与顺利。

其实，教师不仅要关注学业优异的学生，更要关注弱势学生的发展。教师要凭着敏锐的视觉，猜度哪些学生有话要说，然后再投以期盼的目光，示意该生说说自己的理解。每一个学生都有各自不同的生活经历，对于不同问题的理解会有不同的侧面及深度，这就是丰富多彩的教学资源。在教学中，我们要重视每一个学生，关注每一个学生的生活体验。只要我们用心关注每一个学生，对他们实施有效教学，每一个学生都会得到较好的发展。

细节决定教学的成败。教育要关注学生生命的成长。教师不仅要对学生的一节课负责，而且要对学生一生的发展负责。如果我们在平时的课堂教学中，多以学生为主，多尊重他们的学习感受，多倾听他们心灵的声音，课堂会变得真正扎实而有效、灵动而有活力。

发展言语智能　提升思维品质

——观薛法根老师课例的思考

我们常听人说，某个人语感真好，“思维缜密，逻辑清楚”；也常遇到一些人说话前言不搭后语，听了半天都没弄清他要表达什么。语言离不开思维，思维也离不开语言。“当人们在头脑中思考问题时，是运用语言在进行思维加工。”离开了语言，思维将陷入混乱，人会语无伦次。同理，没了思维，语言也就没了意义。

有专家认为，语文学习中的听、说、读、写等言语活动都依赖逻辑思维，因此，思维的过程就是语文活动的过程，语文活动的结果就是思维的结果。但部分教师认识不够全面，教学定位不够准确，偏重于知识技能的传授，忽视了言语能力和思维能力的培养。因此，有人断言，当今教育成了一种“过度言语化的教育”。长此以往，学生学了六年语文，仍不会提问，不会批注，不会思考，更没有获得语言表达的技巧。

语文是一门综合性、实践性的课程，要通过语言文字的理解与运用来提升思维能力。培养理解、运用语言的能力，实质上就是培养运用语言表达自己的想法和通过语言理解别人的能力。也就是说，在语文学习中，学生只有语言和思维同步发展，才能更好地理解与表达。

细读薛法根老师的课例，你会发现，他善于借助语文教材，有意识地训练学生的逻辑思维能力。课堂以语言实践为基础，进行想象、分析、推理、概括、比较等认识活动，学生了解、研究、发展、完善思维，并通过有层次的综合性语文实践活动，提升言语智能，培养语言思维能力。可以说，薛老师在培养学生言语和思维能力方面，为我们做出了很好的榜样。

一、想象，激活形象思维

“想象力的培养比知识积累更重要。”对于低年级的小学生来说，最能激发想象力的，莫过于创编童话。梅子涵教授认为，想象、创编童话“对孩子的语言、思维，还有观察力、描述能力，都有好处”。学生在创编过程中再现故事情境，想象人物的对话、心理，续编故事情节，有助于感受某事物与其他事物的联系，养成多角度认识事物的习惯。

《猴子种果树》续编故事的板块中，薛老师组织学生根据故事结构，共同编写结尾，比一比谁的想象更丰富，内容更精彩，情节更合理。故事续编框架如下：

正当____的时候，一只____对猴子说：“______________”

猴子一想：“__________”于是就______________

这样“化用结构，续编故事”很有挑战性，不仅发展了学生的语言能力，还引发了深层次的思考，最终实现学生思维能力和语言表达能力的同步发展。

形象思维训练是阅读教学的一种重要形式。在《九色鹿》一课的教学中，薛老师用“听读语段”来调动学生已有的表象储备，激活他们丰富的想象，唤起情感体验。学生“从文字看到图画，从文字还原生活”，就是发挥形象思维的作用。古诗文课中，将文言文、古诗词改写成一个个小故事，也是同理。在运用联想和想象的过程中，学生的思维能够不受限制地发展与扩散。这既增强思维广度和灵活度，也体现思维的个性和创造性。

二、概括，发展抽象思维

从三年级开始，课标有明确的要求，即培养学生初步的概括能力。在平时的教学中，教师常问“这篇课文主要写了什么”，接着找两三个学生说说，不管他们说的话是否完整、简洁、通顺，最后都含含糊糊，匆匆而过。“作者思有路，遵路识斯真。”概括课文，是讲究方法和策略的，概括不同文体的文章，着力点是有区别的。概括能力是一种高级的思维能力，学生能准确地进行概括，说明他已掌握这篇文章的内容与结构。

《剪枝的学问》一课的教学中，薛老师先问“作者几次去王大伯家”，借助显性的时间词，帮助学生理清写作顺序；再以“每次进入桃园看到什么”为主线，找出关键词，引导学生有序概括。三年级的学生处于形象思维向抽象思维转化的过程。薛老师善于发掘、抓住学生思维发展的“连接点”，并借助概括课文促进学生抽象思维能力的发展。

三、讲述，增强逻辑思维

中低年级的童话故事，言语表达是有规律的。课文中常见的是“三段式结构”的故事情节，如《小露珠》《小壁虎借尾巴》《棉花姑娘》等。学此类课文，薛老师常运用讲述故事的方法，训练学生的表达能力。

《猴子种果树》的课例最有意思。薛老师先依次出示“树名、鸟名、农谚、叫声”四类词，接着让孩子们反复地竖着读、横着读。让学生读这些词是“别有用心”的。这些词，竖着看分成了不同类别，横着看“每一行都是一个故事”，而且这些故事结构都是相同的：鸟儿怎么劝说，猴子怎么想、怎么做。薛老师深谙讲故事之法，先让学生听自己讲述第一个故事，接着让学生模仿，讲述第二、第三个故事。在薛老师的示范、指导下，学生借助这些词，绘声绘色地讲出有趣的故事。

故事，是将多项貌似不相关的事物通过想象连接起来。而讲述故事，就是将这些事物合成的想象绘声绘色地表述出来。故事中的语言、思想、情感，会为学生的言语生长与能力提高提供良好的契机。这种练习，符合儿童的言语认知特点，顺应儿童学习的天性。在这样的语言熏陶下，学生由开始对语言表达感到陌生，到最后自觉运用语言。只有长期进行这样的语言训练，言语经验才能转化为言语结构，继而达成逻辑思维能力的提升。

四、转述，唤醒批判思维

《哪吒闹海》一课，以故事教学贯串始终，分三个板块：概述故事、讲述故事、转述故事。在转述故事环节中，薛老师让学生分别以龙王和哪吒的身份向李靖转述事情经过，再引导他们将自己讲述的内容与作者讲述的内容进行对比，从中发现“龙王在告状，哪吒在解释，编者在颂扬”，由此体会到：故事中人物的身份不同，意图不同，讲述的重点也随之变化。

转述，就是打破学生的固定思维，让他们进行发散性的理解与思考。教学要落实到转述“点”上的不同。薛老师用心设计的语言训练活动，隐含着可贵的破解思维定式的创造火花。我们不仅仅看到表面的话语或文章，也挖掘出隐藏的思维教学点。薛老师引导学生多角度创造性地思考，变单向性思维为多向，让思维多维发散，能开发、锻炼学生批判思维的能力。

五、比较，培养分析思维

没有比较就没有鉴别。俄国教育家乌申斯基认为：“比较是一切理解和思维的基础。”在教学中，我们常用比较的方法，进行词语的删改与替换，题材的比照与鉴赏，章法的区分与剖析……

如《唯一的听众》最后一个板块的学习，薛老师设计了一项语言训练活动，让学生想象“我心中的秘密在妹妹的惊叫声中真相大白，接下来会发生什么呢”。学生根据续写提示写了多种可能，交流评价过后，薛老师出示作者的原文，提出这样一个问题：“编辑教材的老师为什么把这么有诗意的语言，这么感人的倾诉，用一个省略号来代替呢？你觉得原文好，还是用省略号好？”通过比较，学生感受到省略号能给人更多想象空间，如同文章的留白，“言已尽而意无穷”，更如“唯一的听众”那一汪如深深潭水的眼神，为文章平添一份神秘的色彩。

多运用比较的方法揣摩文章的关键处，是启发思考的最佳策略。它可以帮助学生掌握阅读与写作此类文章的思维方法，也可以帮助学生增加有效思维的长度，让他们科学地、有效地进行思辨性思考，提升分析思维的品质。

六、重组，促进创造思维

语文课堂上，重组语言训练就是从研究课文内容转向研究语言、研究表达。重组，不是让学生在课文语言上踏步或对其进行模仿，而是引导学生积极组织语言，“开垦”出属于自己的一片言语天地。

薛法根老师的经典课例《第八次》，其中一个语言训练板块是：“布鲁斯看蜘蛛织网后，会怎样动员、号召人们起来抵抗？以‘苏格兰的父老乡亲们，饱受侵略的同胞们’为开头，写一份积极向上、振奋人心的动员稿。”此项练习不是要学生简单复述，而是要基于情境进行再创造。在汇报环节，学生创造性地利用这个故事，写出振奋人心的号召语，用上颇具说服力的名言，从自身获得的启示谈起，把自己当作蜘蛛，与之同悲同喜……在这样的体验中，学生运用积累的语言与思维技能，把书中的文字与储备的文字结合起来，再还原、拉近，进入再造的语言世界，从而达到对课文内容深刻的、个人的、创造性的理解。只有多开展这样的练习，才能促进学生主体性的发展，提升其对事物的认识，从而实实在在地促进学生创造性思维的发展。

朱绍禹教授说过："语文科是语言学科，同时也是思维学科。"从薛法根老师的课例中，我们不难发现，教师是思维训练的主导者、引领者，更是课程开发者。教师不仅要储备一些专业的知识性内容，还要对文本思维能力训练点有敏锐感受力，要敢于创造性地使用教材，善于在教学中融入有助于启发和培养学生思维的材料。思维训练点的把握、挖掘、运用极为重要，这是决定思维能否有效延展的关键。这也是对当下语文老师的一大考验。

综上所述，在平时的语文教学中，只有科学地、有意识地强化言语和思维训练，才能有益地促进学生思维发展，提高其思维能力、思维品质。这样，我们的课堂将如薛老师的课堂一样充满魅力，散发智慧的光芒。

口语交际课的实践价值：让学生愿说、会说、乐说

【案例一】教室里，一个小女生趴在课桌上伤心地哭着。两个好朋友在旁边劝着："你不要哭了，你不要哭了！""你哭了好长时间啊，不要哭了。"小女孩抬起头来，看了她俩一眼，还是哭得很伤心。

【案例二】班上一名成绩优秀的学生拽了拽我的衣袖，指着《课堂练习》对我说："我也有五颗星，你怎么没看见？"听到她的问话，我不敢相信这是学生对老师说的话。

案例一中两个好朋友的用意是好的，她们是在劝小女生不要哭泣，可劝说的语言不恰当，小女孩依旧哭泣。案例二中的学生向老师反映情况，表达方式极其没有礼貌，语气也似乎是在责问。从这两个案例可以看出，一些学生说话能力较低。张鸿苓教授也曾在文章中提到我国中小学生口语交际现状："时常会发生'生人面前羞于开口''不分对象胡乱说话''别人谈话任意插嘴'等问题。"其实生活中，很多大人也是不分场合、不分对象，想说什么就说什么，语言不文明，行为不优雅。我不禁自问，是现在的人太过"自我"，不会从别人的角度思考，或是站在对方的立场说话，还是他们根本不知道如何去劝慰、问路、道歉、请求？作为教师的我们，是不是该承担起责任，完成口语教学的任务呢？

当今的语文教学"重书面，轻口语"，导致很多教师从未将口语交际课放在本该属于它的位置上。即使上口语交际课，也是几个人说一说，走走过场，未起到指导学生说话的实效。口语交际课须让学生乐于表达、善于表达，在提升其表达能力上做文章、下功夫。小学阶

段是发展学生语言能力的最佳时期，教师要抓住这个关键阶段，利用多种形式、各种渠道提升学生的语言表达能力。当然，一节口语交际课不应该只有“说什么”，还应该有“怎么说”，让学生用语言表达出自己的独特想法和内心感受。

一、模拟真实的生活情境——让学生愿说

课标中明确指出语文学习的外延与生活的外延相等，让语文学习基于真实的生活情境，是语文教学的重要指导思想。这就要求一线教师将语文学习融入鲜活的语文生活，让语文课走出书本、走出课堂、走进生活，让语文学习实实在在地为生活服务。这样，学生的语文学习才是真实的、有用的、有趣的。

口语交际的“根”是生活，选题须来自生活，贴近生活。有了真实的生活体验，学生才有话可说。教学中，可以选择日常生活中常见的话题，创设熟悉的情境，比如问路、购物、道歉、待客、打电话等，实实在在地解决生活中的问题，同时提高学生的口语交际水平。

由于教学场所限制，模拟真实场景是口语交际课上常用的教学策略。教师应尽量做到自然逼真，否则难以达到激发学生交际兴趣的效果。比如，我在执教《打电话》时，精心创设了以下生活情境：

（事先和一个学生商定好，让她课上装出肚子疼痛的样子）

生：老师，我肚子疼极了，您能帮我打电话给我妈妈吗？

师：可以呀。可老师在课堂上不能接打电话，我们请一个同学帮忙，好吗？

生：好的，谢谢老师。

师：哪个同学愿意给乐乐的妈妈打个电话？（学生纷纷举手）这么多热心的同学呀，谁能把话说清楚，就把这个光荣的任务交给他。

请你（装肚子疼的学生）做最后的裁判。

这样的情境虽是安排的，但很逼真，一下子把学生带入自然的交际语境。他们纷纷举手表示愿意帮忙，表达欲望极高。看来，话题越是结合学生生活实际，越能调动学习积极性，越有利于发挥学生的主体作用，学习效率越高。

二、创设交际的活动情境——让学生会说

教师在模拟真实情境时，是组织者、指导者、参与者、协调者。小学生模仿力强，教师可以示范引路。如“请听一听，想一想：我说的与你说的有什么不一样”这个问题，不仅指向需要表达的内容，还引导学生倾听教师的示范，与自己或同伴的发言进行比较，从而梳理、调整发言的内容。教师的示范只是一个样本，并不是用固定的句式箍住学生的思维，而是重在强调语言与礼仪的规范——把话说清楚，说完整；态度自然大方，有礼貌。吴忠豪教授曾指出：一堂课下来，学生在原有基础上没有长进的口语交际课是无效的。因此，教师示范也是在教学生运用语言文字的方法，在言语表达、互动交流中提升学生的语言运用能力。

口语交际是听与说的双向互动，是师生、生生间的多向交流，但教材中还有一些交际性不太明显的话题。如“有趣的动植物”这类介绍性的表达，课本中的提示要求是：“把看到或了解到的有趣的动植物讲给同学听，听了后有什么想法，大家交流交流。再评一评谁讲的内容有趣，谁说得好。”如果仅仅按照这些要求去实施，课堂呈现的教学流程不过就是“讲解—交流—评议”，容易出现独白式表达，交际局限在评议内容与交流想法方面，会造成生生、师生之间缺乏交际互动的局面，学生参与面少，大部分学生成为优等生的陪衬。

此时，教师要大胆地变换教学形式，根据年段特点及实际学情创设“交际”机会，多设置一些活动性教学环节。比如，设置“我说你来猜”的环节，以抢答的形式开展教学活动，比比谁先猜中；谁先答对，谁就是获胜者，可以得到“大拇指贴”。学生必须精神高度集中，用心倾听同伴的表达，边听边回忆已储备的动植物知识。也可以设计“趣味擂台赛”环节，学生带着自备的头饰，扮演自己喜欢的动植物，作为擂主与攻擂手相互“PK”。想获胜，不仅要清楚说出有趣之处，还要认真听对方的发言，能“接招”，大方有礼貌地辩论。这一环节，课堂气氛既热烈又紧张，不仅考验学生的表达能力，也考验应对水平。

形式是外壳，互动是灵魂。通过适当调整教学要求，拓宽交际渠道，学生多角度的“交际”活动就得以实现，课堂将变得情趣盎然。

三、运用互动的激励评价——让学生乐说

培养学生自信大方、文明有礼地交际的习惯，也是口语交际课堂的重点。教师应处处作示范，对于说得好的、认真听的学生，要及时表扬或奖励“微笑贴”；给声音响亮又自信的学生，佩戴“你真棒”的奖励牌；对于敢于发表不同声音的学生，要给予更大的展示平台，让他们来到讲台上展示自己。

课标中明确了口语交际教学的目标：有表达的自信心，积极参加讨论，对感兴趣的话题发表意见。课堂上，学生表达时，其他学生应在认真倾听的基础上，针对这个学生的发言积极地点评，自由发表意见，对说得好的地方给予由衷的赞赏，对表述不完整的进行补充，纠正错误的地方，有不同意见则大胆分享。如一节课上“我该怎么办”的教学环节中，学生间的交流就散发出独特的魅力。请看：

“老师，我跟他的想法一样，但是他说得比我流利多了。”

“谢谢你的夸奖！”（生面带微笑，很有礼貌）

“我有不同看法，如果这位先生真是爸爸的好朋友，怎么办？直接打110，我觉得不好。”

“是啊，我怎么没想到呢！”（生拍拍脑袋）

“老师，我想给他补充。”

“你直接给他补充吧！这是你们之间的交流，我只是一个静听的观众。”

“留下字条后，还应该对叔叔说，等我爸爸回来，我一定让爸爸给您回电话。这样，爸爸的朋友就会放心。”

课堂上这种积极交流、自主评价的过程，也是口语交际的训练。每一个学生都有机会做交际的主人。此环节既能促进学生思维的发展和交际能力的提高，也有利于学生进一步端正听说态度，养成良好的语言表达习惯。关注“听”，让对话真起来，让情境活起来；关注“说”，让课堂灵动起来，让交际生动起来。

儿童影视表达训练课程的开发与实践

摘要：本文意在探索儿童表达课程开发的新视角，从“课程标准、身心特征、思维发展”角度探寻影视表达训练课程的起点。本文充分提取有益于学生学习、成长的元素，挖掘影视表达训练课程的核心点，关注“以教材为训练的原点，以生活为训练的基点，以影视为训练的支点，以语言发展为训练的重点”四个基本要点，设计“口语交际课、读写迁移课、影视习作课、体验实践课、综合展演课”五种课型，彰显影视表达训练课程的生长点。

关键词：儿童影视资源；表达训练；课程；开发；实践

表达课程的研究与实践虽得到前所未有的重视，但课堂收效甚微，仍存在观察无目的、表达不充分、情感不真实、逻辑较混乱等问题。这说明表达教学还未走出效率低下的困境。这与教材对表达类训练序列无整体架构、无分年级细化的训练目标、无丰富的表达资源拓展等因素有关，以致教师在具体操作中无所适从，只关注自由表达，而忽略了学生思维、表达能力的训练。

我们进行了“儿童影视表达训练课程的开发与实践”课题研究，创造性地开发与利用儿童影视资源，在训练形式和训练内容上有所突破，力求在“言语表达能力”“表达思维能力”两方面下功夫，设计科学的训练序列（智力与能力相结合）和体现语言学习规律的表达训练系统。

一、探寻影视表达训练课程的起点

1．切合课程标准的要求

《义务教育语文课程标准（2011 年版）》第三部分“实施建议”中“课程资源的开发与利用的建议”明确表示：“语文课程资源包括课堂教学资源和课外学习资源，例如……电影、电视、广播、网络，报告会、演讲会、辩论会、研讨会、戏剧表演……”[1]将影视资源引入儿童表达训练，是课程生活化、多元化、一体化的要求。资源维度越广，儿童熟悉的语境就越广，儿童语言的适切性、灵活性就会得到更多的锻炼。

2．契合学生身心的特征

孩子拿到习作任务时不知从何说起，原因不是缺乏生活体验，不是缺少感受意识，而是缺乏储存的素材，缺乏观察世界的能力，缺乏感悟生活的能力。影视资源可以充分调动各种感官，充分激活创作灵感，有利于激发学生的兴趣，引发其内心的共鸣，降低表达难度，让学生易于动笔、乐于表达。同时，它能有效地改变以教师为中心的诸多教学弊端，有利于促进学生均衡而有个性地发展。

3．适合学生思维的发展

心理学家认为：“学生生理、心理以及语言能力的发展具有阶段性特征，不同内容的教学也有各自的规律，应该根据不同学段学生的特点和不同的教学内容，采取合适的教学策略。”儿童每个年龄阶段心理和思维的特点，由这个阶段主导的活动决定。因此，语言训练方式和重点要随之改变。低年级应以想象性童话为主，重在复述与模仿；中年级应以素描性写实为主，重在观察与描述；高年级应以实用性记实为主，重在调查与探究。[2]

二、挖掘影视表达训练课程的核心点

学生从开始学习表达到具备一定的语言表达能力，需要经历一个漫长的过程。在一年多的研究中，我们觉得不能单单使用影视媒体资源，而忽略语言学习的最好途径——教材。在实验中，我们扎实地利用好三个资源——教材、生活、影视，三点为一线，统一在一个训练序列中。基于此，影视表达训练课程开发有四个基本要点：以教材为训练的原点，以生活为训练的基点，以影视为训练的支点，以语言发展为训练的重点。

1．以教材为训练的原点

教材是学生学习语言文字的根本。这里的教材不仅是我们每学期一册的语文书，还有老师推荐的课外阅读材料。将教材作为训练原点，能让学生多向汲取语言营养，开拓写作视野，丰富认知水平，促进语言水平提高。

比如，一年级教材主要以充满童趣的语言为主，多选自儿童文学作品中的名篇。在学生听读文章、进行复述后，我们要求教师帮助学生领会、学习教材中的某种语言表达方式，进而在儿童影视表达专题课中灵活运用，进行语言实践的迁移。

2．以生活为训练的基点

“生活犹如泉源，文章犹如溪水，泉源丰盈，溪流自然活泼地昼夜不息。”（叶圣陶语）充分发挥影视资源的丰富性，强化生活和活动的要素，催发学生自我表达的欲望、自我表现的写作兴趣，是我们一直以来执着追寻的理想、目标。

中年级表达训练课上，教师播放资源库中的纪录片《捕蝇草捕食》，教给学生“分步观察、抓住重点”的方法，让他们叙述捕蝇草捕食的过程，鼓励学生带着方法步入生活，观察蜘蛛结网、蚂蚁搬家、牵牛花攀藤……记录观察的点点滴滴，形成观察日记。在语言实践中，学生经历了“体验生活—表达生活”的真实过程。

3. 以影视为训练的支点

伯莱恩发现：信息的刺激性会成为诱因，唤起人们特殊的好奇心。影视资源有形象感，有趣味性，可刺激学生学习的欲望。要让学生主动表达，关键是激发学生学习的内在驱动力，促使他们想说、乐说，从根本上变“要我说”为“我要说”。比如看了动画片，小朋友们都纷纷表达自己的意愿、想法，谁也无法捂住他们的嘴。利用影视资源可感、立体的优势，是优化表达教学的一个行之有效的良方。

4. 以语言发展为训练的重点

美国学者哈雷尔的一项研究发现，小学低年级学生的口头语言和书面语言没有本质的区别，这两种语言活动的本质差别在少年期才出现。也就是说，一年级学生的书面语言落后于口头语言；到二、三年级，书面语言才赶上口头语言；从四年级起，学生书面语言的发展将超过口头语言。伴随着书面语言的学习，语言表达样式也有变化，从口语交际性表达转变为书面独白式表达。[3]

影视表达训练按照听、说、读、写次第发展，原先是听，而后是说，再到读写阶段。一年级教学关注句子概念的形成，从单句起步，逐渐加大难度，直到学生能说一些常见的复句。从二年级开始，教师尝试指导学生提笔写句群，用具体的词语或简单的情境指导其写出前后连贯的几个句子。中高年级关注段落与篇章的训练，即一系列由连续的语段构成的语言整体。

三、彰显影视表达训练课程的生长点

把丰富的儿童影视资源引入表达训练课，解决了“写什么”的问题；设计一系列的训练，则很好地解决了“怎么写”的问题。

1．写什么——教学内容

为了更有效地利用儿童影视作品，课题组研究出“影视表达排排队”式的训练序列。当然，利用教材、影视资源开发的诸多训练必须前后连贯、循序渐进、逐步提高，呈现螺旋式组织架构。每个年级的训练点由易到难、由浅入深，逐级发展，上下关联。

比如，针对“写事”的专项训练大致是这样设计的：

写事的六要素训练（一、二年级）—把事情的经过写清楚（三年级）—修饰开头与结尾（四年级）—写事与写景、写物相结合（五年级）—多件事叙述的综合训练（六年级）

再如，单项训练中的“动词训练”是连贯推进的。一年级下学期学准确选择动词，二年级下学期学借助动词将几个行为表达清楚。如播放《没头脑和不高兴》后，选取“没头脑”去捡被风吹走的帽子，把书包忘在路边的一段情节，要求学生运用所学，用上恰当的动词，将几个动作连贯起来，说出几句话。高年级运用“夹弹珠游戏”视频作为表达素材，要求学生准确灵活地运用动词，描写场上队员与观众的表现。

2.怎样写——教学方法

影视表达训练从学习内容、学习兴趣、学习语境、学习体验入手，关注群体，分层施教，基本课型为：口语交际课、读写迁移课、影视习作课、体验实践课、综合展演课。

（1）口语交际课

口语交际能力是语文素养的一个重要方面，是一个人必须具备的语文能力。在影视表达课上，教师充分挖掘教学素材的交际内涵，选定具有交互性的话题。这种话题为学生的自我构建创造条件。选择的内容越有趣，越能激发他们的交际兴趣。开发课程时，我们常利用影视作品中的一个发散点创设口语交际情境，引导学生无拘无束地、多个回合地进行口语交流，使其既发展了语言，也发展了思维。

比如，教师根据动画片中的小兔因未正确了解图标含义造成身体伤害的情节，设计出口语表达话题“认识图标”。学生先集体观片，再在了解公共场所图标的基础上，按照“我（在哪里）看到过这个图标，它告诉我们（什么意思）”的句式正确表达，最后回归影视，模拟对话情境，重新演绎剧情。

（2）读写迁移课

在教学中，教师引领学生借鉴教材中谋篇布局、遣词造句的特点，吸取教材中文句或技法的精华，融化为自己的东西表达出来。这是常用的读写显性结合方式。

三年级的教师带领学生学习《富饶的西沙群岛》后，开展随文训练，让学生运用并列式的表达方法仿写。课上，教师播放影视材料，指导学生多角度观察、感受画面。这既锻炼了学生的观察力、想象力、思维力，又使其得以具体清晰地表达。课后，学生再将所学迁移到生活中，自主观察身边的每一处景，运用并列式表达方法，写出其与众不同之处。

（3）影视习作课

影视让学生从封闭的课堂走向开放的社会，为其提供了取之不竭的表达素材。可以让学生从新闻调查中认识社会，从影视剧中了解生活，从纪录片中探索科学……影视资源利用得好，就不怕学生无话可说，无情可抒，习作内容也不再单一、雷同和无趣。

为了降低习作难度，增强学生自信，我们还为学生提供了必要的习作支架。

一是“训练支架”。如给低年级学生提供“以词语、句式搭桥”的方法，降低难度，激活思维；运用填空式的表达帮助学生复述动画片《孤独的小猪》的故事，提供关键句式，让学生模仿句式，迁移运用，叙述整个故事情节。

二是“阅读支架”。教师设计了“作前读”和“作后读”两种阅读形式。比如，四年级的观察表达训练课上，教师借助影视资源让学生细品雾凇，根据自己的观察及想象，结合纪录片的文字介绍，写出“我眼中的雾凇”。欣赏课上，教师出示几篇范文，有学生写的优秀作文，有名家的文章，也有教材的选文，学生品读后再修改习作，效果不同。这充分发挥了“作后读”的功效。

影视与文学在表现手法方面有许多相通点。我们在习作教学中，尝试帮助学生汲取影视营养，提升习作技巧，了解具体方法，如倒叙、插叙、补叙的表达方式，前后照应、情节过渡的写作手法，环境渲染、心理描写的方法等等。

（4）体验实践课

为了发展高年级学生根据不同对象施加影响的语言能力，教师开展了体验、交流、探究、调查等实践性活动。这是孩子们最乐于参与的。

五年级学生观看《小鬼当家》系列影片后，开展了一次夏令营活动。学生用摄像机记录活动点滴，用手机拍下精彩瞬间……在表达环节中，学生借助影视资源回顾夏令营生活，尝试多角度、多维度、多层面的语言实践，形成多篇极具个性的习作。《夏令营手记》就此诞生。在这个过程中，小组一起合作选材、编辑、录制、撰稿、展示，经历“体验—回放—表达”的过程。这培养的是学生的语言思维，点燃的是学生的表达激情，丰富的是学生的写作体验。

（5）综合展演课

周五下午的电影欣赏课，多数播放由名著改编的佳片。以往，教师喜欢要求学生用传统的“三段式”的写法写读后感。这不仅束缚了学生的思维，更不利于学生在佳片的影响下，拓宽思维的广度与深度，不利于学生回味经典台词与情节。

在此背景下，我们开发了“综合展演课”，主要有五种形式。

一是人物心连心。如观看《绿山墙的安妮》《城南旧事》，学生以同龄人的身份走进电影，主人公遇到烦心事，不由得为她担忧；主人公碰到开心事，不由得为她高兴……学生与角色融为一体，融入情感，写出自己的想法，写出自己的疑问，写出自己的敬佩……

二是经典演一演。在排演实践中，学生设身处地地从角色的内心出发，运用独白、表情和肢体语言等一系列手段，声情并茂地表达自我，展示自我，发挥潜能。

三是情节编一编。改编或续编故事时，学生和剧中的人物一起历经千辛万苦或度过美好时光……学生尽情表达个人独特感受，言之有物，言之有情。

四是作品辩一辩。学生观看精彩的影片后，选择有价值的论题开展辩论比赛。这种实践表达训练，给了孩子更多表达机会，提高了学生的表达技巧，培养了其敢于质疑、批判的精神。

五是生活连一连。影视创作以生活为蓝本，情节折射出生活现象，呈现出生活的根基。生活中不缺乏一些影视人物的影子，学生到生活中寻找敢于表现自我、有爱心的“安妮”，敢于挑战、不断战胜自己的“鲁滨孙”……“我笔写我心，我笔述生活”，学生以身边伙伴为原型，写出了一个个散发着浓郁生活气息的剧本。

美国名师雷夫·艾斯奎斯是《第56号教室的奇迹》的作者，他的教育理念改变了很多人对生命的态度。他主张每年带领学生观看100部电影，因为电影的教育功能是无法低估的，其对人的影响也是无法估量的。

“博观而约取，厚积而薄发”，将影视资源引入语文课堂，使语文课程与影视课程交相辉映，互为补充，不仅可以提高课堂效率，提升教学效果，发展学生的语文素养，还能给语文教学带来生机与活力。学生期待聆听精彩的故事，盼望观看优秀的影片，渴望参与激烈的辩论，走进生活实践的大课堂。

儿童影视表达训练课程利用较为集中的分年级专题训练，在关注“自由表达”的基础上，聚焦于学生阅读视野的开拓、语言思维能力的培养、语言表达能力的锻炼。在各项训练实践中，学生牢牢抓住语言的根，深深地爱上语文，爱上表达。

参考文献：

［1］义务教育语文课程标准（2011年版）［M］.北京：北京师范大学出版社，2012：33.

［2］吴立岗.小学作文教学心理学研究［M］.郑州：文心出版社，1991：90-131.

［3］董蓓菲.语文教育心理学［M］.上海：上海教育出版社，2006：226-234.

［4］吴立岗，杨文华.以培养学生交际能力为目的开展作文教学［J］.小学语文教师，2015（3）.

影视，带给你不一样的语文课

——小学语文教学利用影视资源的有效实践

摘要： 丰富的影视资源拓展到语文教学中，以其生动形象的画面感为创新教学提供了有利条件。阅读课上，影视资源搭建实践的桥梁，丰富阅读的宽度，延展阅读的长度。表达课上，单项表达训练、习作专题训练、综合性学习训练、影评创作训练创造性地开辟了一片表达实践的空间。

关键词： 小学语文教学；影视资源；有效实践

著名教育家苏霍姆林斯基说过：“人的心灵深处，都有一种根深蒂固的需要，这就是希望自己成为一个发现者、研究者、探索者。”作为受多媒体技术影响的新时代教师，我们不仅要使自己成为教材使用者，更要成为教学资源开发者，积极拓展学用渠道，将合适的课程资源带进学科教学中。随着网络世界的发展，我们发现许多优质影视资源出现在生活之中，很多有识之士尝试将其引入小学语文教学，使课堂发生质变，教学内容呈现方式、师生互动交流方式也随之发生了变革。这如同为语文教学注入新鲜活水。可以说，影视资源的引入，是探索信息化技术与语文学科整合的教学实践新模式。

一、一场美丽的邂逅

课堂上，与影视资源的接触是如此偶然，又是如此美妙。

为了准备区作文教学研讨活动，我煞费苦心，翻遍所有作文书籍及教学笔记，仍找不到灵感，无从下手，苦闷不已。突然，电脑屏幕上跳出一个新闻页面，其中“小猫照镜子”的视频逗得我忍俊不禁。我脑子里灵光一现，有种“蓦然回首”的顿悟。对，就指导学生写一写小动物。

我以“小猫照镜子”“小狗照顾主人”的视频引入新课，一下子调动起学生学习的兴趣，激发起学生的写作冲动和创作灵感。学生的作品令我欣喜，学习效果颇为明显。课后，学生们仍沉浸在习作中，急于将内心的想法付诸文字，纷纷模仿老舍、丰子恺笔下的《猫》《白鹅》，写下一篇篇讲真事、述真情的作文。就连平时咬断笔头写不了几行字的作文“困难生”，也写下了四百字。我知道，是影视资源为他们带来的各种间接体验与感悟，使他们有了这份文思泉涌的喜悦。正如叶圣陶先生所说的：“心有所思，情有所感，而后有所撰作。”

初次尝试，小小的甜头让我兴奋至极。这一次课堂经历，对于四年级的孩子来说，是一场多么珍贵的学习之旅；对于我来说，是一次挑战，也是一次创新，坚定了我将影视资源引入语文教学的实践信心。

二、“赏影视，学阅读”的实践

影视是一种综合性的艺术，题材广泛、内容丰富，超越时空，沟通古今。它通过美好的画面、经典的音乐、动人的语言、流动的故事直观地滋养儿童的心灵，润泽儿童的生命。可以说，优秀的影视作品也是精神内涵极高的艺术品，可以影响一代人的精神世界。

《义务教育语文课程标准（2011 年版）》指出：“义务教育阶段的语文课程，应使学生初步学会运用祖国语言文字进行交流沟通，吸收古今中外优秀文化，提高思想文化修养，促进自身精神成长。”引入影视资源，主要是为语文教学服务，以便更好地遵循语用原则，帮助学生领悟课文表达的秘妙。教师要精准地找到语文与影视的契合点，真正做到巧用而不滥用，务实而不务虚。

1. 搭建实践的桥梁

对于文学性较强的课文，巧借影视资源丰富学生的感知，补充文字无法传递的空白，对突破难点起到事半功倍的作用。如《黄果树瀑布》这一篇课文主要从形态与声音两个方面描写瀑布之美，用了大量的笔墨写瀑布声，可见作者的用意在声而不在形。教学除了要引导学生体会比喻中隐含的情感，还要帮助学生品味表达之妙。我设计了想象说话的环节，让学生仿造比喻句，培养其联想能力。请看以下教学片段：

师：作者通过一连串比喻传达出瀑布的生命活力，更传达出内心的张力。假如你也听到那哗哗的水声，可以把它比作什么声音呢？

生：那哗哗的水声，像千万匹战马的奔腾声。

生：那哗哗的水声，像千万头战象的奔腾声。

生：那哗哗的水声，就像千万头雄狮的怒吼声。

师：看来，同学们的想象都停留在动物的叫声上，能不能再想一想，生活中还有哪些声音与水声相似呢？

（生沉默）

师：没关系，咱们来看一段视频。相信你只要用心看、用心听，一定有不一样的感受。

（播放黄果树瀑布由远及近的视频，声音由远及近，越来越有震撼力）

生：那哗哗的水声，就像千万人的欢呼声。

生：那哗哗的水声，就像万炮齐发的轰鸣声。

生：那哗哗的水声，就像千万架低音提琴的奏鸣声。

生：那哗哗的水声，就像潮水般经久不息的掌声。

想象训练看似不难，教师在操作过程中却常常遇到拦路虎。只通过文本的传达，很难激发学生内在的情感，更难打开他们言语的思路，这在我预想之中。黄果树瀑布的视频插入课堂中，激活学生的想象，唤醒他们的视觉、听觉、感觉后，学生感受不一样，联想发散的维度也就不同，语言表达便更加精彩。

有人说，你是什么样的人，你笔下就会流泻出什么样的文字。小学生生活经验不丰富，做不到用文字表达生活世界和情感世界时，教师可以利用教学资源，为学生的言语发展加入新鲜的血液。这个案例足以说明影视资源引导力量的强大。这样的教学，让我们看到学生真实的成长痕迹，真是赏心悦目。

2．丰富阅读的宽度

课标指出：“阅读教学是学生、教师、教科书编者、文本之间对话的过程。”教师应当处于主导地位，引导学生理解、掌握文本。

如“接天莲叶无穷碧，映日荷花别样红”这一诗句，可以说是描写夏日荷花的名句，教学时如果能播放与诗句相关的视频，有助于学生理解文字。这一“红”一“绿”产生强烈的视觉效果；这“接天”与“别样”，在镜头的推移中逐渐清晰。

现行的小学教材，还有不少课文具有很强的时代印迹，与学生的生活相隔甚远，即使学生对文字烂熟于心，也无法理解当时的思想文化，想象课文描写的情境，或是感知作者的真实内心。比如，《开国大典》记叙的是开国大典的盛况及人们激动、兴奋的心情。小孩子不易理解当时宣告新政府成立的伟大意义，也难以感受当时人们高涨的热情。此时，如果将视频与文字结合在一起，再深情地朗读，能帮助学生把握和理解开国盛典的历史意义及人们的爱国情怀。这样的教学不是枯燥无味的，学生始终处于一种兴趣盎然的学习状态中。他们在加深对文本内涵的理解的基础上，进一步拓展了文本阅读的宽度。

3. 延展阅读的长度

影视与名著虽是不同的艺术形式，但两者之间存在着无形的联系，只要找准切入口，适当地点拨、引导，就可以调动学生课外阅读的兴趣。

根据语文教材主题单元的编排特点，我精心开发了与单元主题相配套的影视资源课程，通过影视欣赏、组织交流、训练表达等活动来提高学生的认识，从以前的随意观看提升到更高层次的影视欣赏，发挥影视作品的多重功效。

如人教版五年级下册第七组课文，主要以感受名家笔下鲜活的人物形象为教学重点。语言文字的力量是微妙的，也是巨大的，但仅凭一段文字认识一个人物、了解一种表达，还不够全面。我从海量影片中精选出一些合适的影片，作为语文学习的补充，也算是对学习的一种促进。

单元主题	课题	影视资源	语文教学价值
“作家笔下的人物”	《小嘎子和胖墩儿比赛摔跤》	电影《小兵张嘎》第二次摔跤的片段	让学生体会人物动作描写，通过延伸的影视片段进行仿写，并与原文比较，感受作家的精准表达
	《临死前的严监生》	《临死前的严监生》动画片段	让学生体会如何通过正面与侧面描写展现人物的吝啬
	《“凤辣子”初见林黛玉》	王熙凤出场的影视片段	让学生进一步了解王熙凤这个人物，通过原著《红楼梦》及对王熙凤的评价激起学生阅读原著的兴趣
	《金钱的魔力》	电影《百万英镑》片段	让学生感受语言大师马克·吐温如何运用夸张讽刺的笔触，通过托德的笑容、老板的语言，淋漓尽致地刻画出见钱眼开的势利小人的丑恶嘴脸

四篇文章的教学都引入相应的影视片段，并与名著阅读同步，从而达到“观看影视作品—形成感性积累—增强阅读兴趣—提升语文素养”的目的。

三、“借影视，习表达”的实践

“光影世界”能成就“笔尖的繁星”。影视资源不仅能增加习作乐趣，丰富习作素材，拓宽表达空间，而且能创造形式多样的写作活动。

1. 单项表达训练课

为了呈现知识学习的递进性，在一年级下学期学生学会准确选择动词的基础上，二年级下学期，我设计了借助动词将几个行为连贯表达清楚的单项训练，要求学生运用所学的方法，用恰当的动词将几个动作连起来，说几句话。以下是我设计的三个活动：

活动一：认识动词。播放《三个和尚》，学生自读作业纸上的故事，圈出动词。

活动二：选填动词。播放《小鼹鼠》，学生结合文字叙述，试着填写动词。对于难度较大的，给几个词语供挑选。

活动三：写话实践。继续播放《小鼹鼠》。学生先交流后练写，教师点评后出示自己写的下水文，让学生进行对比，再次感受动词运用的准确性。

三个情境活动由“平移”转向“阶梯”，不是简单重复，而是一个板块活动推进另一个板块活动向更高的教学目标迈进。这样的学习如登山般，容易使学生获得成功感。在此过程中，得益于动画视频的播放，学生的学习热情高涨。有了视频这个载体，学生写话的素材也更加丰富。

2. 习作专题训练课

观察是写作的第一基本功，观察得仔细、准确，作文才能写得具体生动。很多孩子因为对事物缺乏了解与认识，觉得观察是枯燥的，新知难以获得。“未见意趣，必不乐学。”激起学生观察的兴趣，是至关重要的一步。

四年级习作课《我的观察》的教学，目标是教会学生运用好眼、耳、心等，从细节着手，从不同角度观察。为了有效达成此目标，我尝试将影视带入课堂，先播放资源库中的纪录片《捕蝇草捕食》，创设一个活动性、开放性的情境，让学生自己感受，并教学生按照“分步观察、抓住重点”的方法，一步步叙述捕蝇草捕食的过程。学生在教师的指导下，先交流后练写。最后，我鼓励学生带着方法步入生活，观察蜘蛛结网、蚂蚁搬家、牵牛花攀藤……记录观察的点点滴滴，形成观察日记。在语言实践中，学生经历了“体验生活—表达生活”的真实过程。

选择恰当的影视画面，充分调动学生学习兴致，增加课堂的趣味性，是帮助学生打开习作之门的有效途径。学生在观察中，也能掌握一定的方法，培养仔细观察的能力。

3.综合性学习训练课

为了发展高年级学生的语言能力，我开展了体验、交流、探究、调查等实践性活动。这是孩子们最乐于参与的。

我组织开展了一次夏令营活动。学生用摄像机记录活动点滴，用手机拍下精彩瞬间……在表达环节中，他们借助影视资源回顾夏令营生活，尝试多角度、多维度、多层面的语言实践，形成多篇极具个性的习作。《夏令营手记》就此诞生。在这个过程中，小组一起合作选材、编辑、录制、撰稿、展示，经历“体验—回放—表达”的过程，培养了语言思维，点燃了表达激情，丰富了写作体验。

“博观而约取，厚积而薄发”，将影视资源引入语文课堂，使语文课程与影视课程交相辉映，不仅提高了课堂效率，改善了教学效果，发展了学生的语文素养，还给语文教学带来生机与活力。

教材·读本·活动

——探寻习作教学新常态

摘要：纵观当今一线教师的习作课，教学内容及形式过于单一狭隘，与学生丰富多彩的生活及培养学生语文素养的理念不匹配。从课标的要求及儿童习作的现实需要来看，教师不能局限于单元习作内容，要以大语文观为引领，探寻习作教学新常态。教师要立足于课内，与教材关联，关注文体的语用情境；要迁移至课外，与读本关联，拓展多元的习作思维；要走进生活，与活动关联，构建真实的交际语境，让习作教学更接地气。

关键词：习作教学；教材；读本；活动

评价一个人语文能力的标准，并不在于其了解多少语文知识和现象，而在于他的思维能力与表达能力如何，是否能以恰当得体的方式将思想情感准确形象地表达出来。可见，习作教学对于一个人的发展及语言习惯的形成有着至关重要的作用。

正因为当今课程设置以教材为凭借，以阅读为核心，许多教师仍未走出教学误区，还停留在课文词句分析、课文内容理解及情感内涵感悟上。这不利于学生学习运用语言，造成阅读教学与习作指导严重脱节，学生表达能力的提高不明显。又因当前习作教学内容主要依托于单元习作选题及内容，与学生生活联系不多，再加上缺乏有效的指导，习作教学陷入进退两难的地步。如何最大限度使用好教材，又不局限于教材呢？笔者认为，教师要以大语文观为引领，将习作教学与课内外读写结合、与学生生活关联，激发学生的写作动力，扎实推进习作教学。

一、立足课内，与教材关联，关注文体的语用情境

吴忠豪教授表示：“小学学习语文最重要的任务就是积累语言材料，丰富学生语言表达经验，具体说，就是学习如何恰当用词，如何把句子写得通顺、富有表现力。”我们所用的教材选文大多文质兼美，是积累语言、学习言语表达的范例和样本，便于学生模仿创作。“语文教材无非是个例子，凭这个例子，要使学生能够举一反三，练成阅读和作文的熟练技能。”阅读中的语言学习是感悟、品味，而习作中的语言学习是实践、体验，两者互为依存，必不可少。“通过阅读学写作”应该是当今语文教学的主流思想。

1．研究学段表达特点

语文教学的核心点必须立足于言语形式的理解与运用，“同样的言语内容可以采用不同的言语形式表达”。教师只有教学生认知、理解、积累、运用多种言语形式，才能实现“教是为了不教”的目的。当然，学生掌握的言语形式数量越多，程度越高，表达效果才越好，教学才越能体现语文的本质。

如教学《赶海》，一位教师将重点定于“学会使用叹词”，通过比较、鉴别，帮助学生感性地认识叹词的作用；接着，分梯度设计两次运用叹词的练习，一次在句子中，一次在具体语境中，引导学生体会不同的叹词表达的不同思想感情。叹词运用，不仅是这一课的“这一个”，也是年段学习的一个知识点。如果经常进行此类读写训练，一定可以丰富学生的语言经验，提高其语言表达质量，解决学生写作文时没有丰富词语的问题。

有效的学习，不仅在于关注课文的独特表达，还要关注学习目

标——这是教学的前提与保障，是习作教学的灵魂与支柱。根据学生认知特点制定的不同年段的习作目标似一个个螺旋形的阶梯。从中年级开始，需要重视语段结构的学习，体会句与句、段与段之间的联系，揣摩构段方法等。三年级上册《秋天的雨》《富饶的西沙群岛》的教学中，教师要有意识地引导学生发现作者围绕中心意思表达的构段方法，其规律是总起句位于句首，分述句之间大多是并列或连接的关系。经过引导后进行语段训练，学生有章可循，仿写目标会更明确。到了高年级，应侧重对篇章结构的整体把握，如体会《穷人》一课中环境与心理描写在表情达意方面的作用;《刷子李》一文通过第三者的视角，呈现出“一波三折”的小说起伏效果。

教学课文，要引导学生从整体把握课文的篇章结构，要精心选择最恰当的语言片段，让学生悟出写作方法，进而进行迁移性的句式与语段仿写训练。这是训练学生作文基本功的一种非常有效的方法。

2．关注文体表达意识

对于文体问题，部编版教材的主编温儒敏教授曾说过：“对文体关注的缺失，可以视为语文教学进步停滞的根本顽疾。”文体划分越明晰，文体特征越突出，言语表达的教学程序越高效，因为不同文体的结构、语言、表现手法有其独特之处。在学习不同文章时，要根据文体选取适宜的教学内容，选择相应的教学方法，如此，才能准确把握课文呈现出的语言价值与语言魅力，进而传授此类文体的表达要领。

比如，薛法根老师执教苏教版五年级下册的《谈礼貌》一文，通过“事与理有什么关系”“事与事有什么关系”“理与理有什么关系”三重比较，引导学生探究作者“如何以事说理”。学生在比较理解中，知悉今后写此类文章该如何选择事例、揭示事理。

再如，故事体课文的语言实践点，可以落到讲述上。《女娲补天》

是一篇神话故事，学生在熟读课文的基础上，如何将故事正确、连贯地讲出来？教师需要一步步引导。故事框架搭建好后，教师可以示范讲故事，要求学生练说时把故事细节讲出来。学生正是在不断讲述、倾听的过程中，感受神话的结构、语言与思想。

3．创设生活语用情境

儿童学习语文，最需要的是语文经验的积累，但积累不等同于“死记硬背”。教师要基于具体的语言情境，引导学生主动获取语言材料，并在大量的读写实践中，掌握语言运用规律，因为“实践经验的积累比方法规律的指导更重要”。

检索《姥姥的剪纸》一课的教学，大多执教者只关注某一个句式的模仿，如“你姥姥神了，剪……像……，剪……像……，剪……，剪……”。这种练习属于简单机械的句式模仿，对于学生言语智能发展的作用微乎其微。纵观全文，作者是如何写姥姥剪纸技艺高超的呢？有“剪出事物”的逼真，有“捂住双眼”的娴熟，有“唰唰几下”的快速……多角度描写出姥姥剪纸的“神”。我们身边也有很多技艺高超的人，该如何描写呢？教师可以创设这样的语用情境——“……的……神了……”，指导学生运用“先概括后具体”的写作方法，结合一两个写作点，夸赞技艺的高超。此环节的言语实践将习作与生活融为一体，学生在解决实际问题的过程中，萌发出语言运用的自觉意识。

再如，老舍的经典文章《草原》以亲身经历和感受描写出蒙古草原的景色美及人情美。老舍在描写美景的同时，抒发出独特的个人感受，“一切景语皆情语”。把握好这一课情景交融的写作方法后，读写的侧重点应放在作者将景物与感受紧密结合的写法。十年前，笔者选取“如果你站在这样的草原上，会看到什么样的景色，感受如何”

为训练点；十年后，笔者带领孩子们走进附近的植物园，要求他们不仅要细致欣赏美景，还要记录下自己的真情实感，进行寓情于景的仿写。对比此课的两次设计，第一次设计看似在进行情景交融的练习，但这种练习其实没有什么意义。没有生活体验、情感基础的练习是无效的。第二次设计创设了真实情境，与生活对接，语言的迁移练习形成能力。学生上交的习作质量很高，其中不乏精彩之语。

二、迁移课外，与读本关联，拓展多元的习作思维

《义务教育语文课程标准（2011 年版）》明确提出："要重视培养学生广泛的阅读兴趣，扩大阅读面，增加阅读量，提高阅读品位。提倡少做题，多读书，好读书，读好书，读整本的书。"有专家指出："写作能力是从阅读中培养的。"仅仅靠课本，学生无法满足阅读需求，提高写作能力。温儒敏教授指出："教学中，不一定照搬教材的作文教学体系，最好能依托自己的经验，并面对你们的学生，从实际出发，选择某一种体系作为基本框架，加以调整，形成自己的写作计划。"基于这些理念，笔者立足于教学行动研究，结合单元主体目标，对学习内容进行了二度开发，开展了一系列主题式学习活动，真正践行"习作是认识世界、认识自我、创造性表述的过程"。

九月第一周学习《蟋蟀的住宅》时，笔者推荐了汪曾祺、迟子建等名家笔下的虫子世界，没想到，一下子调动起学生的兴趣。他们研究虫子世界的热情空前高涨。在大家的提议下，我们围绕"虫子"开展了"昆虫世界"主题教学活动。

第一主题：绘本故事创编

《想当虫子的米罗》绘本故事带着孩子们进入一个有趣而神奇的世界。米罗喜欢虫子，对虫子产生了各种奇异的想法，幻想自己成为

友好善良的蜘蛛，成为清洁环境的屎壳郎……每一次想象，都激起孩子对虫子世界的极大兴趣，激起他们深藏的一颗“虫虫的心”。学生纷纷拿起笔来创作，模仿文本中精彩巧妙的语言形式，写出心中的幻想，读与写形成无痕联动。

《好饿的毛毛虫》是简单的绘本故事，教师在四年级介绍它，重在引导学生发散思维，向作者学习如何经过巧妙构思，将毛毛虫变成蝴蝶的过程讲得有趣生动，且将语言、科学知识有效融合。在模仿阶段，学生也以虫子的成长过程为内容进行创编，一改以往绘本习作的碎片式学习。教师引导学生将自己的生活体验与绘本内容关联起来，选择一两个重点，展开想象，具体描写，图文结合，用自己的语言、情感表达自己的想象，进而创作属于自己的有个性的故事。

课堂上，我们一起感受了故事的魅力、想象的力量：水虿在水中经历春夏秋冬的美妙变化后，化羽成蜻蜓；白白胖胖的虫子长大后竟变成了金龟子、天牛、兜虫、独角仙等甲虫，怪不得小时候的它，总是找不到自己的妈妈……绘本资源与习作教学有机结合，想象空间张力变大。学生在体验创作乐趣的过程中，既有视觉的享受、语言的建构，也有思想的启示，开启了表达的崭新空间。

第二主题：儿童诗歌仿写

“儿童天生就是诗人。”苏霍姆林斯基主张鼓励学生创作诗歌，理由是“语言的美在诗歌中体现得最为鲜明”。学生写诗，可以激发想象力，提高语言素养。

笔者将巩孺萍的《我的第一本昆虫记》带入教室，精选出一些小诗与大家分享。这些儿童诗，除写虫子的样子、食物、品质、习性外，还加入作者的情感，让小诗变得暖暖的。在作者笔下，蜣螂的粪便也变得那么可爱，“我的小粪便，拿什么也不换”；蝗虫的两条腿，“专门用来和妈妈抱一抱”；象鼻虫嘴巴的优点是，“我想亲我妈妈，不用跑到她近旁”……有了丰富的感性材料，学生们纷纷拿起笔来，写自己熟悉的、喜爱的小昆虫，还和作家大“PK”，比一比谁的语言更形象，构思更巧妙。可馨同学写下这样美好的文字：“我是一只花蝴蝶，你是一朵蝴蝶花。你看着我，甜甜地笑。我看着你，轻轻地吻。你喜欢我，我喜欢你，我俩永远不分离。”

诗歌的世界是奇妙的，充满灵气的语言能让每个孩子找到自己的快乐。一首首小诗充满了童真童趣，他们用自己创造性的想象诠释着对昆虫世界的认识。虽然语言有些稚嫩，但读来总能令人感动。这何尝不是为他们的成长增添一抹色彩呢？在成功的喜悦中，我们共同编成了属于我们的诗歌集《昆虫的小世界》。

第三主题：童话故事创作

齐遇编绘的《法布尔昆虫记》改写自法布尔的《昆虫记》，将科学知识变成一篇篇有趣的童话，用拟人化语言揭示昆虫的生活习性，孩子喜欢，大人也喜欢。在作者笔下，没骨气的跳高能手磕头虫勇救小蝼蛄，并用磕头的招式击败了三只蟋蟀，成了大家心目中的英雄。被管虫总爱把自己打扮得漂漂亮亮的，是一个名副其实的爱美的小裁缝；金龟甲竟是一个贪吃的公主，因贪吃失去了很多美好的时光……

童话，为孩子们打开了一扇扇异彩纷呈的幻想之窗，是他们成长中不可缺的“朋友”，正如儿童文学作家梅子涵说的：“童话很像彼得·潘，孩子都愿意跟着他飞。”孩子的模仿能力是惊人的。尤其是面对喜爱的作品时，他们总会回味遐想，久久“难以自拔”。虫子还会有怎样的故事呢？笔者鼓励孩子们展开想象的翅膀，大胆创作，像作家齐遇一样写下动人、离奇的故事。

有了实践空间，孩子们的作品相当精彩。在他们笔下，萤火虫为了寻找离家出走的妹妹，历经千辛万苦，用那盏生命之灯点亮孤寂的寻亲之路，最终唤回了妹妹的心，还赢得了其他小昆虫的友谊。卷心菜毛虫成了不劳而获的懒汉，把朋友们的劝告当作恶毒的诅咒，作茧自缚，最终害死了自己。蝈蝈是一个爱慕虚荣的歌唱家，因肆无忌惮地和别人比高音，毁掉了自己的好嗓子……

第四主题：“观察习作”练习

阅读不仅使人减轻对写作的恐惧，还能帮助人们培养写作风格，积累词汇，增强语言敏感。引导学生感受不同作家的不同语言风格，也是培养学生个性化习作思维的过程。

朱赢椿的《虫子旁》，像是看图写话，只不过这写话的基础是真实世界里的细心观察。他不错过小小的细节，不止步于简单的猜想，还常常把自己置于其中，揣摩情感。朴素的文字总能引发读者的思考，让人一边笑一边走进虫子的生命里。出于对这本书的喜欢，学生会主动模仿作家的语言风格及写作方法。

第一阶段，读文改写。书中每一次与虫子的邂逅，都是那么真实、感性。读着读着，你一定会不知不觉地成了书中的人物，置身于其情境中，内心与虫子形成共鸣。学生们纷纷要求选择一张自己喜欢的图片，观察想象，进行仿写。不同的学生，创意也不同。有的将《求爱的西瓜虫》改写成警察追踪小偷并成功将其抓获的故事；《放牧的蚂蚁》中的两只小蚂蚁，拥有了林黛玉多愁善感的性格，演绎出一首《葬花吟》；《骑金龟子的蜗牛》中，长长的昆虫队伍被学生想象成一支庞大的迎亲队伍，金龟子是蜗牛的婚车，蚂蚁们是送亲的队伍，哭哭啼啼……给予学生平台，他们总能一次次让你“惊艳”。

第二阶段，迁移创作。学生围绕单元习作“观察日记”的要求，结合《虫子旁》的写作方法写观察日记，于是就有了很多创意仿写小习作。请看博文的《螳螂大战蚂蚱》的描写片段：“蚂蚱遇到强敌，竟趴在那里一动不动，是吓傻了，还是在盘算着作战计划？螳螂不管三七二十一，迅速弹出大刀，向可怜的俘虏砍去。这一刀下去，不致命也致重伤啊！再看这蚂蚱，只伸了伸腿，就撒手人寰了。我真不忍心再看下去了，赶紧离开，估计此时螳螂正在美美地享用它的美餐呢。”

学生尽情汲取课外读本的精华，能激活创意思维，收到意想不到的结果。不少同学用此方法写起了小动物，致远写小野猫捕捉蝴蝶的场面，诗芸写小金鱼你追我赶、“谈情说爱”的画面，旭阳写母鸡不自量力地与公鸡“单挑”的情景……这都是得到课外“习作老师”指导的结果。

如此习作，不拘于一种文体，形式多样而灵活。学生在丰富而开放的语言实践活动中，不仅获得了丰富的言语材料，而且促进了主题的内化。

三、走进生活，与活动关联，构建真实的交际语境

国外写作课程标准格外强调写作的交际语境功能，提出“为读者而写”“为不同的目的写”“根据情境、目的和对象调整写作”，而我国的习作教学，缺乏的正是对写作的“读者意识”“目的意识”“文体意识”的关注。

学生对待老师布置的每一次习作任务，“无动于衷”“无话可说”“无从下笔”，这是习作教学困境的症结所在。小学教材的习作要求，经常是让学生写熟悉的事物，比如写“熟悉的一种小动物”“熟悉的一种玩具”，看似贴近生活，降低习作难度，实际上背离了写作的真实性。此外，也有让学生写“难忘的一件事”“导游词”的。为什么要写？写给谁看？目的在哪儿？学生说不清、道不明，只为完成任务而已。

其实，写作的本质是交流。任何一次写作行为都可以被视为一场特定语境下的对话交流。教师可以根据习作话题、目的、对象，设计实实在在的交际环节，将习作情境与现实生活有效联接。学生不是完成任务，而是“我手写我心”，进行情感交流。

1.选题鲜活，让话题情境更“贴”生活

李斌老师《跟帖》的教学，针对“根据最严校规，学生手机被砸”的新闻，指导学生借助跟帖的方式，发表自己的意见。这是一个很有意思的选题，内容契合儿童心理、符合生活需求。李老师在创建的拟真状态中，刺激了学生的交流意识。在“跟帖”过程中，学生观点鲜明，语言鲜活，有的以打油诗的形式表达观点，风趣幽默；有的以诗歌形式展现想法，真挚而有诗意；有的引用名言、歇后语，增加说服力……有了表达的内在驱动力，有了明确的角色意识，学生更易于倾诉内心的真实想法。

2.多向选择，让习作表达更有个性

我校教师执教关于“身边的艺术”的课文，课前组织学生观看纪录片《年糕的亲情味》，引导学生明了其中的叙述方式：将普通人的生活故事穿插其中，将美食的做法、味道以及人们品尝美食的场景与心情一一呈现出来。学生进一步借鉴解说词，学习语言表达技巧。周末，教师带学生到民俗村开展社会实践活动，细细品尝地方特色美食，随时记录自己的点滴感受。有了最真实的体验，再结合多角度的话题设置，学生的习作视角变得更加开阔。习作要求如下：

（1）选取铜陵的一种特色美食，拍摄一个微视频。可以模仿纪录片的叙述方式，写一段解说词。

（2）假设你的笔友远在新疆，用写信的方式介绍一下我们家乡的美食。

（3）周末，与教师一起在民俗村看民俗、吃美食，你愿意将自己的所见所感告诉家人吗？形式不限，诗歌、记叙文都可以。

（4）选取几张喜欢的照片，在微信或微博中，以微日志的形式配图写文，让“微世界”成为言语表达的平台。语言形式不限，可以邀请好友来点赞、点评。

学生可根据自己的喜好，从中任选一种，用自己擅长的文体形式表达。这改变了以往单一任务型指向的习作形式，利于调动每个学生的习作热情，激活他们的写作冲动。这样多角度创设开放性的交际语境，提供交流展示的通道，为学生打开了多向习作视角，帮助他们实现了个性化表达。

3. 创设平台，让习作评价更有亮点

交际语境下的评价主体，已从教师转向同学、亲友、陌生人，习作讲评过程成为交际过程。交际平台有很多，如班刊、校报、文集等纸质媒体，微信、微博等网络平台，它们都能为学生们创造更多、更好的展示空间，让他们接受读者的直接反馈，让交际功能达到理想效果。习作内容可以是对学校发展建言献策，给校长写“关于开辟课外实践基地”的建议书，也可以是与远方同年级小朋友建立友谊互通桥，通过写信的形式交流。教师还可以利用亲身实践，让学生身临其境，感受交际的魅力。比如，学生以小主人的身份，为来校嘉宾介绍我校的发展历程、布局构造、特色活动等；以导游的身份，用上自己写的导游词，拿起小喇叭，为游客介绍家乡的风景与特产。在真实的情境下，学生能感受到习作的价值，体验习作带来的荣耀。

小学习作教学应基于“真实学习”的理念，让“教”真正发生，让“学”真实呈现。教学中，教师作为课堂教学组织者，须关注学生的习作需求，打通习作与生活的界限，充分利用课内外阅读建构语境，创设出真实或拟真的交际语境。在此基础上的习作实践，更能激起学生内在的表现欲望和参与交际的动力，进而促使学生迸发出个性化的言语智慧，给学生带来写作的成功体验。

参考文献

[1] 义务教育语文课程标准（2011 年版）[M]. 北京：北京师范大学出版社，2012.

[2] 叶黎明. 写作教学内容新论 [M]. 上海：上海教育出版社，2012：278-289.

[3] 李斌. 交际语境写作，我们的应然追求——习作指导课“跟帖”磨课经历 [J]. 语文教学通讯，2015（9）.

[4] 余晓伟. 儿童习作“交际语境”的缺失与归位[J]. 小学语文，2015（6）.

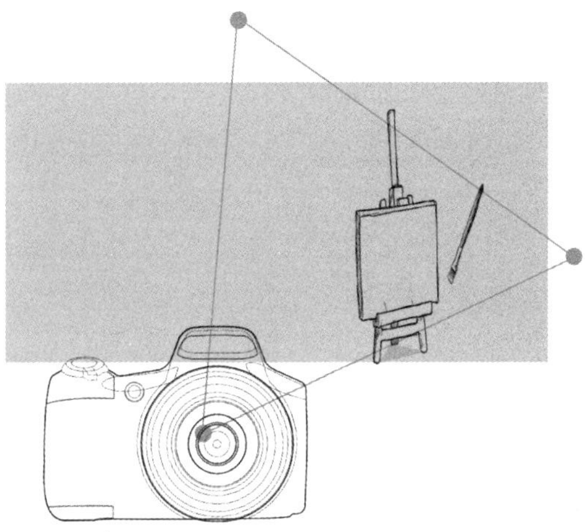

三、语文教学小角落

——我的语文教学感悟

永葆赤子之心

课堂上，老师正在教一首儿童诗《小小的船》。

“请同学们展开丰富的想象，闪闪的星星像什么呢？”大多数孩子都给出这样的答案——像钻石、像眼睛、像小灯……一个小男孩急得小手直挥，看样子肯定有不一样的答案。果不其然，他的答案与众不同——“闪闪的星星像小海鱼。”话音刚落，老师立即否定了。老师一定觉得海鱼不发光，又那么大，怎么会像亮晶晶的小星星呢？

老师，你可知道，“闪闪的星星像小海鱼”，这是一个多有创意、多富有想象力的答案啊！蓝蓝的天空不就像无边无际的大海吗？那一颗颗星星不就是大海中的小海鱼吗？那些银鳞闪闪的小海鱼在碧蓝的大海中自由自在地游着，多像闪光的星星啊！可这样一个有灵性的回答，却被老师轻率地否定了，课堂的精彩戛然而止。

这么好的教学时机，老师为什么未能敏锐地捕捉？因为老师曾经拥有过的童心，已经被岁月磨钝了，甚至丢失了。因此，他们已无法走进儿童的“心”，也就无法理解儿童心中那个绚丽多姿、奇妙无比的世界。在儿童的世界里，鸟儿会唱、鱼儿会说、花草会笑、桌椅会跳……在一次又一次的“异想天开”中，稚嫩的语言不仅描述着奇妙的世界，也在儿童的心中催生艺术和科学创造的嫩芽。

低年段教材中的文本，大多符合儿童的审美心理与阅读趣味，它们用形象化、情趣化的语言，为孩子们打开了丰富的想象空间。儿童耳濡目染，形成了自己的语言姿态，也爱用奇思妙想来表达他们对世界独特的认知和理解。你看：

云像一只快乐的小鸟飞来飞去……云也像丑陋的巫婆，哦，那是一朵乌云。

雨中的小红伞是一朵小花……雨中的我是河里的一艘小船，划来划去。

太阳是个调皮的孩子，追得我汗流浃背……太阳是个热情的朋友，陪我直到天黑……太阳是个不听话的孩子，感冒了就没精打采。

草莓戴着绿色的小帽子，偷偷笑红了脸……香蕉懒得都不愿伸直腰背，身体都黄了，还没站稳过。

人云亦云，只能算对，不能算好。没有独到的视角、独特的想象、独创的表达，不会给人耳目一新的感觉。“儿童天生就是想象家。”在他们如三月的和风、清晨的阳光一样清新柔和的文字里，我看到了多姿多彩的世界，听到了孩子自由奔放的歌唱，感受到了童真童趣中蕴含的生命活力与张力。

老师要真心守护儿童内心最真实的体验，要深情呵护儿童每一次美好的想象，让儿童在奇妙多姿的世界里展开想象的翅膀，自由飞翔。而要做到这些，老师必须拥有一颗“童心”。清代诗人袁枚在他的《随园诗话》里说：“诗人者，不失其赤子之心者也。”（赤子之心就是孩子的心，就是童心。袁枚套用了《孟子·离娄下》的句子，原句是：“大人者，不失其赤子之心者也。”）在袁枚看来，诗人要永葆一颗赤子之心，因为它意味着无比瑰丽的想象和无穷无尽的创造。同样，我们也能说“教师者，不失其赤子之心者也”。因为，老师就是在中华大地上，挥写教育诗篇的“诗人”。因此，老师同样需要永葆一颗赤子之心，这样才能从儿童的立场、儿童的视角走进儿童的心灵，把儿童丰富的想象力、创造力提升到更高的境界，升华为艺术创造和科学探索的兴趣和动力。

让我们永葆赤子之心吧！这样的语文老师才是富有魅力的语文老师，这样的老师上的语文课才是儿童可亲可近的语文课。

春的悸动

（一）找春天

初春时节，气温像过山车一样忽高忽低，身体有些难以适应。幸好还有一些春天的文、春天的诗相伴。

第一课《找春天》，小朋友们在文字里感受春天，回味留在记忆里的美丽画面。

> 小草从地下探出头来，那是春天的眉毛吧？
>
> 早开的野花一朵两朵，那是春天的眼睛吧？
>
> 树木吐出点点嫩芽，那是春天的音符吧？
>
> 解冻的小溪叮叮咚咚，那是春天的琴声吧？
>
> 春天来了！我们看到了她，我们听到了她，我们闻到了她，我们触到了她。……

那就让我们到大自然中去寻找吧！一起用眼、鼻、耳、手，去看、闻、听、触摸它吧！

周末，很多家长带孩子去梅园，欣赏疏影横斜的梅花。阳光下，欣然绽放的梅花显得有些娇嫩。很多孩子引用王安石的名句“遥知不是雪，为有暗香来”，满园已是暗香浮动，更显出梅在初春稍冷的空气中的另一番悸动。梅花美在花形，美在香气。

（二）春天是大还是小

两周一次的儿童诗课堂又来到我们的教室，孩子们特别兴奋。我们一起读了《春天说了什么》，这首诗内容比较简单，容易模仿。小朋友们纷纷围绕着“听话”，根据春天事物的特点，仿说出一个个动人的句子。

接着，来一首难度大些的，王宜振的《春天很大又很小》。为了让他们能快速理解，我边读边解释着作者为何说春天大，大在哪里，又为何说春天小，小在哪里。从他们略有思索的表情及小声的议论中，我知道他们大多已明了诗意，顺势丢出问题，延展思考：“我们周围的事物里藏的春天也是这样的，你觉得春天是大还是小呢？想想，哪些事物里藏着你心中的春天呢？”

因为诗歌有难度，本以为学生说不出什么令我惊艳的诗句，没想到孩子的语言一次次击中我心，令人感动。也许是这两周的学习让孩子们心中溢满春天的诗意，就等着这个机会赶紧释放出来吧。

鲍淑贤的句子很有意思，特别符合她的性格。“春天到底有多小？问问小柳树，也许会知道。柳树说：‘她躲在我的芽苞里，和我说着悄悄话。’”

张可馨说的也是柳树，只是爱舞蹈的她，看到的是另一个画面。“春天到底有多小？问问长柳枝，也许会知道。柳枝说：‘她拉着我的手，和我一起荡秋千。’”好形象，好有意境啊！那就是一幅美美的春景。

杨语薇的小脑子里总是藏着好多惊人的发现，你听——“春天到底有多小？问问小树叶，也许会知道。树叶说：‘雨儿落下时，她躲在我的身体下避雨。’”好佩服哦，这是我也想不到的，怪不得说“儿童天生就是诗人”呢！

再来看看这一段，多有趣啊！“春天到底有多小？问问小蚱蜢，也许会知道。蚱蜢说：‘春天蹦到我的背上，让我背着她一起跳远。’”好有生活气息的玩耍画面。能与春天一起跳远的那一刻，小蚱蜢内心是极其快乐的。它一定会尽情展现自己的自由快乐，愿意跳多远就跳多远，愿意跳多高就跳多高，如果跳到天上去，也没人管。哈哈，趴在他身上的春天会不会也被感染，是不是现在还在哈哈大笑呢？哦，对了，这是赵林浩斌的诗句。

都在说春天小，春天难道不大吗？

王欣怡告诉我们："春天到底有多大？问问天空，也许会知道。天空说：'我就是春天的小脸蛋，她把我打扮得漂漂亮亮。'"哇，无边无际的天空就是春天的一张小脸，好奇特的想象哦！我没想到，你想到了吗？

看到好多小朋友都得到同学的掌声和老师的表扬、赞赏，有几个学生也高高举起小手，急不可耐。那就一起听听胡祺的创编吧！"春天到底有多大？问问长江，也许会知道。长江说：'心情不好的春天，落下了伤心的眼泪，那一滴就是我。'"太好了，这个想象"只应天上有"，超级精彩！用现在的流行语来表达我此时的心情，那就是"厉害了，我的祺"！长江奔腾不息、浩浩荡荡，这是我们成人固定思维里的印象，而孩子的思考里没有那么多雄伟的定义，只有无拘无束、自由自在，语言偶尔很稚嫩，但想象无人能及，也许只有这个年龄的他们才敢说出如此"惊天之语"。

很遗憾，还有几个小朋友跃跃欲试的心情被无情的下课铃声浇灭，他们没有机会展示自己的话语。没关系，下一周我们还借一节语文课来交流。

语言的“啄木鸟”

（一）

上课已过几分钟，诗芸匆忙冲进教室，对于她的冒失行为，我有些奇怪。平时她乖巧听话，今天是怎么啦？问其原因，她两眼放光，显得特别兴奋，悄悄地告诉我：“钱老师，校园里桂花开了，我坐在树下享受，忘记离开了。”面对这样一个满眼都是美的孩子，你还能埋怨什么呢？

是啊，校园里的几棵桂花树，在这个周末，在无人惊扰的情况下悄然绽放，整个校园好似浸在桂花香中。别说诗芸了，就是我，也忍不住在树下流连，想与它说上一句句情思缠绵的耳语。

下课后，我们随着诗芸的脚步，也来到桂花树下。

“小机灵”语薇说：“老师，老师，这么香的桂花，我们把它写进诗里吧！”

“好啊，好啊！”旁边的几个小女生不停地应和着。

“这样吧，下节课我们就来读读花的诗歌吧！”

“也好，如果只读桂花，确实单调了。”祺儿又似小大人般发表着自己的意见。

带着满满的花香，我们走进教室，一起读《桂花树》。

“金桂树，开金花，银桂树，开银花，秋风一吹，香万家。”

这首儿童诗朗朗上口，又浅显轻快，读着读着，小朋友们情不自禁地打起节拍，有的都已经能熟背下来了。

“老师，我好像又闻到了桂花的香味了！”听博文这么一说，大家都哈哈大笑起来。这小家伙就是那么调皮，总爱逗大家开心。

（二）

“你们知道我们学校什么花最多吗？”

大家异口同声道：“迎春花！”

“我们学校长廊上开满了迎春花，校歌也是《小小迎春花》。现在虽不是春天，但它的花我们都很熟悉，如在眼前。就让我们一起读读《迎春花》这首小诗吧！”

“一朵一朵小黄花，一个一个小喇叭，站在枝头嘀嘀嗒。一朵一朵小黄花，一个一个小嘴巴，站在枝头笑哈哈。迎春花呀迎春花，这么高兴为了啥？肯定是因为春天来到啦！”

读到尽兴时，有的小朋友情不自禁地和同桌做起了动作。

我问大家：“喜欢这首小诗吗？”

小孙说：“我可喜欢了，因为写得很好玩。小黄花像小喇叭、小嘴巴，我怎么没想到呢？”

旭阳说：“这就是在写我们校园里的迎春花，每次我看到它们时，都觉得它们在哈哈笑，我也跟着哈哈笑了。”

“你太有想象力了，快乐真的可以互相感染。”此时的我，也在笑。

“老师，我觉得最后一句，是不是可以改为‘因为春天来到啦’？”俊宇很有思想，这次他又提出了不一样的看法。

“很有想法哦，到底可不可以去掉‘肯定是’呢？你们自己读读，比较比较。”

学生读完后，好像未触动心弦。于是，我主动用朗读的形式传递出我的理解。学生似乎明白了什么，更想发言了。

“我觉得不能去掉，去掉了就不觉得这是小朋友的猜测了。”

“我觉得去掉后，读不出小朋友的那份惊喜了。”

“我还想补充，不仅是惊喜，还有骄傲，好像是他发现了迎春花一开，春天就来到了一样。”

你一言，我一语，大家纷纷说出对诗歌的理解。这告诉我，有时感悟语言，不知如何入手时，还不如就从好好朗读开始。

（三）

我们教室后排摆放着一盆盆茂盛的吊兰，叶片层层叠叠，向四周舒展着，并微微向下悬垂。微风吹来，叶片纷纷随风摇曳，清新雅致，令人赏心悦目。我们又一起读了一首《吊兰》。

“片片绿叶细长，小花朵朵白香，没有牡丹张扬，却是朴素芬芳。”

我一改以往的学习方法，让学生读熟后发挥聪明才智，将六字变成七字，试试他们的语感。于是，大家小组合作，议论开了。

“第一句很简单，变成‘片片绿叶细又长’。”挺好。

“第二句也可以按照同样的形式，改为‘小花朵朵白又香’。”可以。

“如果改成‘朵朵小花白又香’，是不是与上一句更对称？”这个主意真不错。

第三句加个什么字好呢？大家都在思考。

俊宇大声叫道：“加个‘爱’字，没有牡丹爱张扬。”是啊，牡丹过于华贵，确实给人这种爱炫耀的感觉，加上“爱”恰到好处。

“第四句，中间也加上个‘又’吧。”

“不好，不好，我觉得加个‘且’——‘却是朴素且芬芳’，是不是更好点？”这些孩子经过一年多的儿童诗学习，对语言的感觉越来越敏锐。七字《吊兰》就这样诞生了——

“片片绿叶细又长，朵朵小花白又香，没有牡丹爱张扬，却是朴素且芬芳。”

这样集大家的智慧琢磨语言，更加有滋有味。这堂课，不同于往常的仿说仿写，大家把自己当作修改的“啄木鸟”，一句一句去品味，一字一字去斟酌，有了不一样的精彩，课堂也生发出更多智慧的光芒。

希望，下一次诗歌课，你们还能给我另一番惊喜。

期待着……

做一个有诗情的人

晨雨初过，依稀听见几声鸟鸣，顿觉内心一片清亮。春意深浓，徐步迈进我的生活。我惊叹时光竟可以如此从容，四季更迭，依旧温柔有情。而我呢，一个不善回忆，更不爱回忆的人，面对刚刚走过的年华，也能似风景悠悠，也能如水般清淡吗？

煮一壶茶，焚一炷香，静心聆听自己的心跳。往事如画，一幕幕情景，仿若昨天。时光流逝，如浪潮奔涌，起起落落；又如青烟缥缈，渐行渐远。不禁感叹，多少良辰美景，被自己无情虚度。

岁月静好，没有“泪眼问花花不语，乱红飞过秋千去”的怅然，也没有“过尽千帆皆不是，斜晖脉脉水悠悠”的肠断，已感到无比庆幸。我能做到的，只是让心不受惊扰，不“委身成尘”，让心中依旧有值得期待的风景罢了。

（一）

读书，就是在现世的烦躁中寻求一方宁静的空间。也许，每天我们都在做着重复的工作，但读书与不读书的人，一定会有不一样的心境、不一样的情调、不一样的姿态。

古人曾说：“三日不读书，便觉语言无味，面目可憎。”今人也说：“三十岁前，你的面容是父母给予的；三十岁后，你的面容是自己造就的。”此时的我，即将迈进不惑之年。“你现在的气质里，藏着你走过的路、读过的书、爱过的人。”我期待着那种由内而外散发的书香味，随着年龄的增长，逐年叠加。

不禁想到民国才女林徽因，她是温情的，以春天的姿态，在人间四月天，娉婷于百花之间。无论后来遇到怎样的变数，她依然让自己波澜不惊。是什么给了她这份暖、这份情、这份希望呢？我想，有可能就是那一页页书、一首首诗，陪她度过一个个孤寂的月夜吧。

近几年，我也翻阅了不少书，有的书一读再读，“相看两不厌”；有的书翻一翻便丢弃在旁，不会捡起。每次外出，我都会随身带一本小书，闲暇之余，翻上两页，填满空虚的旅程，充实自己的空白。

（二）

读书遇人。我遇到了一位早已认识却未能深知的奇女子——李清照。少女时代的她清秀端庄，无忧无虑，与赵明诚情真意切，志趣相投。本来，她可以就这样“风花雪月”地生活着，可是丈夫的离去、政治的动荡，一次次打击着这位孤独的弱女子。她强打精神，跋山涉水，转移费尽心血收藏的文物。面对一次次劫难，她爱憎分明，个性独立，未失去对生活的追求。这也许是现代人内心最缺乏的一种真性情吧。

对于李清照一生的遭遇，只能感叹“物是人非事事休”，徒留一声叹息。更吸引我的是她的字字句句，有时候真谈不出几个理由，就是莫名地爱上。

我喜欢她笔下寥寥几笔勾勒的生活细节，毫无雕琢却细腻、有人情味。你读着，心里就浮现出一幅幅画面，似乎看见词人从画面深处飘然走来。

“兴尽晚回舟，误入藕花深处。”一个活泼可爱的大家闺秀，陶醉于美酒美景中。小舟不听使唤，直闯入一片荷花丛，惊起的不仅是一滩鸥鹭，还有少女的心，银铃般的笑声随风荡漾。

“倚门回首，却把青梅嗅。”少女的情思动人婉转，“语尽而意不尽，意尽而情不尽”。

“莫道不销魂，帘卷西风，人比黄花瘦。”在这个恼人的重阳，令人销魂的秋夕，无法排解思念。再看看相思的人啊，比那瑟缩的菊花还要憔悴消瘦。

“云中谁寄锦书来，雁字回时，月满西楼。”一个为情所困的思妇，思念、伤感在分别时浸透了她的手帕，萦绕着她，慢慢消散。

“这次第，怎一个愁字了得！”一个真女子的形象跃然纸上，不落俗套。

“生当作人杰，死亦为鬼雄。”我又读出了无所畏惧、颇有浩然正气的人生姿态。

读懂她，真的好难。一个柔弱女子身上那强大的坚韧、那无尽的忧伤，都藏在长长短短的句子中，适合一个人慢慢咀嚼。我也算是个多愁善感的人，每每读她的诗词，就如读到我的心绪一般，真的为之心动。

我喜欢李清照的诗词，却因文学功底太差，不会仿写古体诗词。我不遗憾，因为可以去读去品，这就够了。

（三）

作为一名小学语文老师，我也喜欢童诗。因为童诗闪耀着美，更能让人触摸到生活的情绪。

我喜欢詹冰的《游戏》，最后一句“她什么也不会做，我看——让她当校长算了”，读着，忍不住笑出声来。也许，在孩子的眼里，校长与其他老师就是不一样，不上课，不改作业，不处理日常琐事，看上去好像什么事也不干，就是在校园里逛来逛去。

我也喜欢金子美玲的《心》，妈妈的心里只装进一个小小的“我”，而“我”的心里装进一个大大的妈妈，还有很多很多东西。多么纯净的心灵，多么干净的语言，这就是童诗特有的温度。

一次活动中，我遇到一位多年致力于儿童诗教学的老师，受她的影响，我也走上了教学儿童诗之路。

这几年，我尝试着做自己喜欢的事。每天清晨，我领着孩子们一起读诗，心情共同飞舞，神采一起飞扬。甜甜的微笑、嫩嫩的声音、纯真的问题，令我沉醉。我时常产生错觉，感到在诗里尽情想象的孩子就是一个个天使，总会“惊艳”众人，给人太多“意想不到”。

著名诗人马尔夏克说：“孩子们是最爱诗的，七岁以前，他喜欢带韵脚的诗；七至十一岁，爱有情节的故事诗；十一至十五则喜欢描写英雄人物及有抒情味的诗……”孩子是天生的诗人，有着最纯真的童心，蕴藏着美好的感情、善良的愿望、有趣的情致。他们会同情上了一整天班、累得满脸通红的太阳公公，会担心夜里小鱼儿睡得不够安好，会为小蚂蚁乘上了落叶船去远航而欣喜……

这就是孩子写诗的优势，只不过这优势如同一颗种子，埋在孩子的心灵花园里。如果作为园丁的我们能给予阳光，施予雨露，我想这诗的种子也许就能长成参天大树，新绿的枝头就是那轻舞飞扬的童诗。

于是，我选择一些儿童诗读本，如《日有所诵》《新经典日日诵》，带领孩子们在晨读课上大声诵读。我还给班级读书角买了很多儿童诗集，如《世界经典儿童诗集》《百年优秀儿童诗》……鼓励孩子们利用课余时间亲近儿童诗，感受儿童诗中的美妙和情趣。一个学期后，我又发动孩子们自己搜集儿歌、童诗，让孩子们自己背诵、体会、欣赏。当孩子们的心湖荡起一个又一个涟漪，我也就达到了激起创造欲望的目的。我知道，此时只是读还不够，于是安排了两周一次的童诗课，想借此调动孩子已有的生活积累，开展儿童诗创作活动，让他们享受创造的乐趣。

春天里，我们一起寻找春天，春天是大还是小呢？

孩子们告诉我——

“春天到底有多小？问问小柳树，也许会知道。柳树说：‘她躲在我的芽苞里，和我说着悄悄话。’”

“春天到底有多大？问问天空，也许会知道。天空说：‘我就是春天的小脸蛋，她把我打扮得漂漂亮亮。’”

春天里，还有很多“小伙伴”在发光，在微笑，幸福的我们被春的气息包围着。你听——

小花，你就静静地绽放吧！

让蝴蝶与你共舞，让蜜蜂与你做伴，让春天一直围绕在你身边。

还有下面这首《鱼》，是班级中一个好动的孩子的作品。他妈妈告诉我，自从每日读诗后，这孩子就有了微妙的变化，只在读诗的时候安静下来。真希望他永远都是一条能“自由呼吸”的鱼。

水里的鱼，像飘落的树叶。

飘落的树叶，像摆动的鱼。

鱼是水里的树叶，树叶是岸上的鱼。

不知谁说过：“学诗的孩子聪明，聪明的孩子学诗。”我发现，学诗的孩子对事物的好奇心比一般孩子强，形象思维异常活跃，那好奇的眼睛、纯真的心灵常常在大自然、在日常生活中感受、捕捉、发现和探索，常常流露出“天然去雕饰”的诗性来。

有人说，诗是不可教的，每一个孩子都有一颗慧心。也有人说，诗是必须教的，没有诗意润泽过童年的人生是不圆满的。我想，我不是诗人，童诗课也不是为了培养一个个小诗人。我上的童诗课，不算是在教诗，当然也不能说不教诗。我把世界上最美好、最有温情的文字带给每一个孩子，让他们在合适的时光里、在文字的殿堂里尽情翱翔。

为了让孩子们在诗歌路上走得更愉快，在读诗学诗的过程中，我会放大他们的闪光点。一个词、一句话、一首小诗，都是孩子们生命中的发现，只要我的心有一点点触动，我都会竭尽全力，让他们感受到自己有多了不起。我还开展了丰富多彩的活动，为孩子们提供更多感受成功的机会，比如开展诵读比赛、儿童诗小报评比、“优秀小诗人”评选、自制诗集活动……各种形式的活动，为我的儿童诗教学增光添彩。

这几年，儿童诗又为我打开了另一扇教学之窗。

冰心说过：“假如生命是无趣的，我怕有来生；假如生命是有趣的，今生已经足矣。”人生看似漫长，实则匆匆而过，在几季花事、几场大雪中流逝。

只希望每一年，都能如夏花之绚烂，如秋叶之静美。

用"心"实现语文教学的真

听过贾志敏老师讲课的人，常被他简洁的课堂形式、深厚的语言功底和诙谐精准的评价语言所折服。有什么秘诀呢？贾老师说：用心便好。心中有语文，才会在课堂上真正教学生语文；心中有学生，才能真正把学生当作课堂的主体；心中有书，有丰富的知识积累，才能在课堂上随机应变；心中有生活，才能关注细节，让课堂充满温情。

贾志敏老师是我的恩师。2013 年岁末，得知他再次手术，我有点惴惴不安，放心不下。择日，先生随我驱车赶往上海探视。一路风尘仆仆，颠簸不定，终于抵达他的寓所。轻轻叩门，开门的竟是贾老师，虽清癯消瘦，但精神矍铄。

也许我们突然造访，令老人家感到几许惊喜。他盛邀我们共进午餐，还主动下厨烧菜。半个小时后，一桌色、香、味俱全的佳肴端上饭桌，看了令人垂涎欲滴。其中有一盘"群英荟萃"（我起的菜名）——五种菌菇，营养丰富，养生；红黄绿三色彩椒衬托，色泽鲜艳，养眼；油盐酱醋糖，五味纷呈，养胃。

尝上一口，味道极佳！我跷起大拇指，啧啧称赞："真没想到，贾老师不仅教书闻名遐迩，还是调味的名厨啊！"一番话，逗得大家都乐了。贾老师连连摆手说："不能说'名厨'，只能说'老厨'。"哈，贾老师改作文的本色体现出来了。

旋即，一桌菜被"风卷残云"地吃个精光。我问贾老师烧菜秘诀，他呵呵直笑："哪有秘诀？只是喜欢而已。"他思忖片刻，又补一句："用心便好！"

贾老师做任何事情都极其用心，这正是他教语文的秘诀。

第一，用心爱语文。贾老师每教一篇课文，都先读书百遍，做到烂熟于心，倒背如流。每读一篇课文，他都想着如何准确解读文本，如何巧妙地将知识、方法、能力传递给孩子们。如今贾老师虽身体欠佳，却依然奔走于大江南北，以自己的微薄之力做有利于语文未来之事。倘若不用心，怎能达到如此境界？

第二，用心爱学生。贾老师的著作《一个校长的演讲》，由一个个简短的教育小故事构成。其独特之处在于，那些我们司空见惯、习以为常的小事，到了贾老师笔下，都有了不一般的价值，展示着教育智慧，留给我们无穷启迪和心灵触动。我曾问贾老师，这么多生动的故事从何而来？贾老师说："我常和孩子在一起，定期发出请柬，请他们来校长室做客，和他们聊天，向他们了解学习、生活中的苦与乐。"原来如此！只有真正把学生放在心里，才会如此"用心"。

第三，用心爱读书。听贾老师上课，我们都会惊叹于他深厚的语言功底、机智的课堂应变能力、诙谐幽默的评价语言。贾老师"出口成章，下笔成文"的功力是如何炼成的？"问渠哪得清如许，为有源头活水来"，除了用心读书，博闻强记，恐怕别无他径。只要不断从书中汲取养分，融会贯通，课堂语言自然会得天地之精华，变得畅达、生动、丰润、鲜活。

第四，用心爱生活。一个不懂生活的人，是不懂语文的人。贾老师爱身边之一切，比如一些生活琐事。一日，贾老师看到我用"PC"（聚碳酸酯）的塑料杯喝水，多次提醒，说喝久了会变痴呆的。我笑言，只是出门时用而已，不要紧。他看着如此顽固的我，知道劝说无用，索性打开柜子，找出一个崭新的不锈钢杯子，让我立即换掉。小小细节，足见贾老师处处"用心"，令人心存暖意。

正是处处"用心"，造就了贾老师今日之成功。我想，贾老师所倡导的语文教学，其关键正是这份用心。用心爱语文、爱学生、爱读书、爱生活，自然就不会被充满声光电的课堂形式所遮蔽，不会忽视学生课堂上的主体性，不会随意对文本作不负责任的解读，也就自然会获得学生的尊敬和爱戴，让他们真正爱上语文课。语文教学的“真”，需要老师的“用心”。从贾老师身上，我深切地体会到这一点。

贾志敏的课，过时了吗？

（一）

日前，贾志敏老师在某地执教公开课《推敲》。课堂教学正在进行，我身旁，三位青年教师在小声谈论着。

一位说：“贾老师的课太老了，还将生字一个个抄写在黑板上，带着学生一个个地读，一个个地认。”

另一位附和：“是哦，读课文也是，学生一个个站起来读。我看别的名师，好像都不这样上。”

还有一位小声地说：“你们看到了吗？刚刚贾老师还在‘凶’孩子，批评他们读得一点也不好，磕磕巴巴。”

看着课堂，听着议论，我不禁纠结起来：难道贾老师的课真如他们所说，已经过时了，跟不上新思潮、新理念了吗？这种教学行为真的错了吗？

贾老师的课与某些“名师”的课，确实有点不同，没有那么多新奇的教学环节，没有华丽逗趣的教学语言，没有夸张无比的肢体语言，更没有哗众取宠、刻意安排的“小剧情”，呈现出的是本本真真、扎扎实实、朴朴素素的原生态的语文课。

那么，为何他们会有如此想法呢？我思索着。在寻找答案的过程中，我的思路渐渐清晰，我对教学方向的把握更加坚定。

（二）

看课件使用

质疑 1：现在的公开教学，哪里还只是一支粉笔、一块黑板？谁不用现代教学媒体、图画、音乐辅助教学？贾老师却将生字一笔一画抄在黑板上，这是八十年代的老旧教学方式。

我的回应：这两种教学形式的确不同，但这并不能说明贾老师的教学方法“老套”。贾老师将生字抄在黑板上，与我们将生字打在“PPT”上其实是一样的，只是教学媒介不同罢了。贾老师因年龄原因不善用“PPT”，但从不拒绝新型教学媒体。他也曾在课堂上使用过，更勉励一线教师用好现代教学技术。试想，一位老师每天都能将所学的生字词，认真工整地抄写在黑板上，不是最好的写字教学吗？当然，也有老师跟风，以为不用课件就是最朴素的形式。其实，这只是“治标不治本”的效仿。课能不能上，会不会上，与用不用现代媒体是两回事，不可一概而论。

看朗读指导

质疑 2：现在的公开教学，执教者多选择一些趣味性强或难度大的段落，朗读环节精彩不断。而贾老师的课堂，让学生一段段读，读不好的部分，一点点指导，既浪费时间，又没什么看点。这不就是家常课的教学方法吗？人人都会，没什么大不了的。

我的回应：真没什么大不了的吗？朗读不是走过场，更不是课堂的点缀。“读”是教学基础、语文核心，是理解课文、积累语料、形成语感的最佳途径。贾老师在很多场合表达了他的担忧——全国各地会读书的学生不多，教师要静下心来，教学生朗读课文。他不遗余力地大声疾呼：要把琅琅书声还给课堂！

贾老师的朗读教学可是一绝，细细品味，颇有门道。现在，老师们接触的课堂教学形式太多，又没有辨识的高度与深度，导致看得杂、辨不清、学不精。在朗读教学环节，很多执教者为了让课堂好看，并节约时间展示其他能出彩的部分，不花大力气让学生朗读全文，特别是教长文时，尤其如此。在大型公开课上，花时间让学生一段一段地读课文，在重点处停下来慢慢指导，实属少见。

你看，贾老师在课堂上是这么做的——

（1）“课文共有八个自然段，我要请八位小朋友来读。千万不能‘唐——朝——有——个——诗——人——’这样读，这是在唱歌。要这样读，‘唐朝有个诗人叫贾岛’，像播音员一样。会读的，请举手。”

一比较错误的与正确的读书方法，学生就知道孰是孰非。贾老师以此提醒学生该如何读书。

（2）学生读韩愈的语言时，语气并没有多少变化。贾老师此时故意说道：“他真会读书，知道读到人物语言的时候，要换一种语气：‘你为何冲撞我的仪仗队？’”

贾老师借表扬引出自己的范读，不仅给学生示范，也是在鼓励学生。事实正如预料的一样，学生再读时，语气把握得很到位。

（3）一个学生读第四自然段开始的两个字“这时”时，语气好似弧线上升。贾老师立即表扬道：“会读书的孩子一开口就与众不同，这样读，就像是在跟别人讲故事似的。”

这个学生再读第四自然段时，越发有精神，读得更带劲，讲故事的味儿愈浓。指导朗读要善听，并非每句话都要点拨示范，只要选好一两个点，就能画龙点睛。

看到这，你还觉得在课堂上花时间指导学生朗读，是一种浪费，是没有看点的环节吗？

看课堂评价

质疑 3：现在的教育理念强调多欣赏、多表扬，保护每一个孩子的自尊心。即使学生错了，也不能直接批评，而要用符合学生心理的语言委婉说出，切不可硬邦邦地说“你答错了”，要学着用这样的语言评价："读错了，没关系，听听别的同学怎么读。""你说的不完全正确，但也有道理，很好。"

我的回应： 以上评价当然没错，学生爱听，但实效有多少，不得而知。当听到"你读得一点也不好，磕磕巴巴"这样直接的评价时，老师震惊了，这会不会挫伤学生学习的积极性，会不会伤害学生幼小的心灵？我猜测，有这样想法的老师不少，这应是一种错误的评价导向，导致错误的理解。现在我们因倡导赏识教育而不敢在公开课中批评学生，即使学生回答错了，都不敢说错，而是用"你坐下再想想""你有自己的想法很好"之类的模糊语言代替。试问，以生为本的教学，就是让学生无法知道自己的回答是对还是错吗？欣赏并不能取代直接指明对错。真实的教学，错即是错，对即是对，没有那么多模棱两可。

看教学策略

质疑4： 现在公开课形式多样、设计精巧、趣味横生、高潮迭起，而贾老师的课总是认认生字、读读课文、问问问题，既古板，也老套。

我的回应： 贾老师的课的确很传统，这是一代教育者多年语文教学经验的精华。如果你仔细回味贾老师的课堂，便会明白要提升学生的语文素养，老师该如何做。贾老师将"听说读写"教学实践落实到每一堂课中，他的课是语文教学的真正典范，值得用一辈子去学习。

《推敲》一课的教学中几个环节的设置，体现出贾老师精湛的教学艺术与超凡的解读能力。

（1）"'推敲'与'斟酌'都表示写作文时琢磨字眼，为什么课文第六自然段用'我正在斟酌诗里的一个字眼儿'，而不用'我正在推敲诗里的一个字眼儿'呢？"这个问题的设计很用心，需要具备良好的文本解读能力才能解答。"文句间的秘密只有有心人才可知"，学生只有将文章前后关联起来思考，才能明白用词的精准。

（2）“按故事人物出场的先后顺序概括地说说这个故事。”这是一个民间传说，一代又一代人口口相传。复述故事，既是教会学生准确把握文体特点的教学方法，也是训练学生将文本语言内化成自己的语言、提升语言逻辑思维能力的课堂活动。这是当今语文教学最为急需、最应提倡的。

（3）出示一段有六处语病的段落，请学生仔细推敲，找出问题。贾老师用实践操练告诉学生，这就是“推敲”文字。同时，这也是一种语言文字运用的训练。

（三）

经过反复思索，我断定：贾老师的教学理念没有落伍，是我们“雾里看花”，被某些课堂上暂时的笑声、刻意的精彩迷惑了双眼，失去了辨别语文正道的方向感。

贾老师的课堂看似平淡，看似不够精彩，实际上却如此深刻，深入语文的本源、精髓、真谛。这份平淡，不是一般意义上的平淡，是“绚烂至极而归于平淡”，已达到很高的境界。

语文教学已进入“乱花迷眼”的程度，各种流派、各种教法风靡一时。很多年轻教师还没走近语文之门，就被这些花招弄得不知东南西北，无法辨别要往哪里走，该怎么走。每一位教师都要“借一双慧眼”，把这纷扰的语文教学看得清清楚楚、明明白白。

作为一线语文教师，我以贾老师的教学为努力方向，一再提醒自己，只为自我表演而忘记语文课堂，只为精彩出现而背离语文教学本质，只为哗众取宠而丢弃教学责任……这些行为，切不可有！

“我们已经走得太远，以致忘记了当初为何出发。”不忘初心，方得始终。

用“心”聆听孩子们的心声

曾经听过这样一个故事：日本有位著名的癌症医学博士，到他那里看病的人，即使在冬天也能感受到他一双温暖的手。他说：“病人来时，首先碰到一双温暖的手，他就能感受到融融暖意。用‘心’对待，用‘心’聆听，会使病人产生治愈的信心。”这是多么感人的话语，多么美好的心灵，多么深刻的体悟呀！

在这个世界上，我们的确需要去聆听，需要聆听父母的忠告、朋友的劝慰、老师的教诲、孩子们的心声……

那作为一名教师，在课堂上如何做到用“心”聆听孩子们的心声呢？

我想，教师要与学生的心灵平等对话，就要以一种赏识的心态，给孩子们以人文关怀。如果说滔滔河流是两山之间的桥，绵绵细雨是天地之间的桥，那么，浓浓情感就是教师和学生心灵对话的桥。一代名师于永正在一次公开教学中，请一个男同学读课文，这个同学吐字清晰，音质悦耳，读得声情并茂，让人有身临其境之感。于老师走上前，微笑地和他握握手，诚恳地说：“你读得太好了！在这一课的朗读上，我不如你。我和同学们还愿意再听你朗读一遍！”身至此境，师生间“心桥”已架好，“心门”已打开。情，交融了；心，贴紧了。哪有心声不能聆听？哪有心灵不能理喻？哪有心花不能怒放？

用“心”聆听孩子们的心声，还需要教师尊重孩子们的个性化解读，以一种宽容的心态，去聆听孩子们的声音。他们由于知识、家庭背景、经历不同，阅读同一篇课文时，可能会出现“愚人看鹭，聪者观雪，智者见白”的个性差异，但“姹紫嫣红总是春”。

在苏教版四年级下册《我不是最弱小的》这篇课文的对话教学中，我先给予学生足够的时间潜心读书，再组织他们交流读书体会。下面是几个同学的精彩对话。一个说："爸爸赶紧把雨衣给了妈妈，妈妈没有穿，却给了萨沙。显然，萨沙是最弱小的。"另一个说："我觉得妈妈很会教育萨沙。她说，要是你谁也保护不了，你就是最弱小的，其实就是唤醒萨沙去保护纤弱娇嫩、毫无抵抗能力的野蔷薇。"这时，一个女同学很受启发地说："听了刚才的发言，我觉得课文中的这句话应改为'每个人都要保护比自己弱小的'，这样更合适些。"此时，我已控制不住自己的情感，带头鼓掌，为孩子们的深入体悟而激动、兴奋。

在此，让我们一起重温意大利诗人洛利斯·马拉古兹的《不，一百种是在那里》中的片段："孩子有/一百种语言，/一百只手，/一百个想法，/一百种思考、游戏、说话的方式。""一百种世界，/等着孩子们去发掘；/一百种世界，/等着孩子们去创造；/一百种世界，/等着孩子们去梦想。"

课堂是一首绝美的曲子，它是每个孩子用一百种属于自己的音符谱成的绝妙的曲子。用"心"聆听孩子们的心声，"如听仙乐耳暂明"！

拥有一颗发现自我的写作之心

四年级的一次习作检测中，班上一个语文功底较差的男同学咬着笔杆，皱着眉头，始终无法落笔。交卷时，别的同学有说有笑，他却两眼闪着泪花，说：“想了半天，脑子里还是一片空白，没有什么可写的。”

看到学生这种境况，我不免有些着急。小学生怎么可能没有什么可写的呢？有的学生说优等生生活丰富，参加各种比赛、社会实践……他们有富足的时间、空间去感受自然、接触生活，当然有内容可写。可是你知道吗？生活中最有内容可写的，是被老师忽略的学生。如杨红樱笔下的马小跳，就是一个活生生的调皮鬼；黑柳彻子笔下的小豆豆风靡全球，却是个充满奇思妙想的“坏孩子”；日本动画片《哆啦A梦》的主角大雄，不就是学习一塌糊涂、整天惹是生非的“坏学生”吗？

每个人都有自己的“写作金矿”，只是有的学生不知道要去“金矿”里找“金子”；到了“金矿”，也不知道哪些是“金子”，不知如何“搬金子”。

对于学生，“金子”并不是那些惊天动地的大事，而是自己的喜怒哀乐、想法念头。在真实的生活中，鸡毛蒜皮之类的小事也是生活的一部分，也是人们津津乐道的事，可记录在册。比如，今天你掉牙了，那是大事；学习进步了，那是大事；花盆里的花开了，那是大事；外婆从老家带来一只大公鸡，那是大事……每一天，你都是生活的主角，都在演绎着你的“大事”，写习作就是写这些“大事”。“我手写我心”，需要的就是真实的生活、真实的自我！

不同的生活状态，造就了写作素材的多样性、丰富性，没有一个人会完全重复昨天的生活。俗语说得好，生活是写作的源泉。可同学们对生活熟视无睹，不留意身边的生活，让许多有趣的人、耐人寻味的事从身边白白溜走。一写好事，就是“扶瞎子、让位子、推车子”。看到别人写了件有趣的事，总会抱怨：“哎，这么有意义的事，我怎么没经历过呢？”其实不是没经历过，而是缺乏感受、发现，导致记忆库里没有储备的“粮食”。

积累素材关键要“留心观察”，这四个字中，重点不是“观察”，而是“留心”。不将你的“心”“留”在你所观察的对象上，任凭老师怎么渗透写作知识，写出来的东西照样干巴巴的，没有一点味道。

我们熟识的著名作家海伦·凯勒，两眼失明，两耳失聪，照样写出了世界畅销的书《假如给我三天光明》。她靠的不是眼睛观察、耳朵倾听，而是用心发现、用心感觉。

一个情感不丰富的人，看得再多，听得再多，也写不出好作文。一个情感丰富的人，哪怕生活经历不丰富也没关系，也有望成为作家。真正写作的人，是关注内在自我的人，他表达的也是内在的自我。

如七岁儿童郦思哲写的《妈妈回来了》，原文如下：

前段时间，妈妈去杭州学习，去了好长时间，可能有一个月吧。今天，妈妈终于从杭州回来了，我非常高兴！因为妈妈的怀抱很暖和，因为妈妈回来了，爸爸的生日就能过得更好，因为妈妈在家里会给我读书……

妈妈不在家的时候，我很想她。想妈妈的感觉，是一种想哭的感觉。

这篇短文夺得首届“冰心作文奖”小学组一等奖。打动评委的是孩子纯真的感情和宝贵的童心，尤其是“想妈妈的感觉，是一种想哭的感觉”这句话，更是夺人眼球！这也许算不上通常意义上的精彩，而是孩子在说“真心话”，但这份真实最有生命力，最能打动人心。

习作需要的是自然的状态，这样才会拥有“清水出芙蓉，天然去雕饰”的语言。写作中的儿童，如果丧失思想的自由，无异于笼中的小鸟，无论如何扑腾，也呈现不出海阔天空的气势。保持一颗自由的心，精神上才会有灵动的智慧，言语才会创造出“晴空一鹤排云上，便引诗情到碧霄”的境界。

比如，前几天的一个下午，天气骤变，雷雨交加，教室立刻黑了起来。学生们有的焦急地看着窗外，有的吓得捂着耳朵，趴在桌上，有的男生显得格外兴奋，竟欢聊起来……学生千姿百态，各有所思。我索性改变教学流程，以“这一场雨”为话题，让学生自由表达。有了真情实感，学生的作品角度各异，内容相当丰富。有的直接描写雷雨，有的细腻描述内心的焦虑，有的呈现同学的言行，有的大胆想象雨怪兽的预言……

在这场即兴创作中，学生的写作状态是自然的，没有过多束缚，表达更自如，情感更真实。

“比天空更宽阔的是人的心灵”，这绝不是诗意的描述，它是写作的真实写照。每个人的内在都是一座丰富的写作矿藏，要有意识地发现生活的点滴，关注内心的活跃，发觉内在的情感，如此，方能让这颗写作之心永远鲜活地跳动。

想别人没想到的

那是个春天，我与学生们共同徜徉在语文学习中。

“《想别人没有想到的》这篇课文，让我想到了‘踏花归来马蹄香’……”小哲又在展示他的满腹经纶，表述完整清楚，语言生动有诗情。我们眼前好似有了画面，又像是闻到了马蹄带来的丝丝花香。这精彩的发言，赢得了同学们的阵阵掌声。

“嗯，我也想到了一幅画，好像叫作《十里清泉有蛙声》……”小欢不急不慢地为大家介绍着，语言有些啰唆，但到底还是说清了画意。我也作了适当补充：“小欢介绍的这幅画是以《蛙声十里出山泉》为题，妙就妙在以虚写实，由山泉和蝌蚪联想到青蛙和蛙声。”

真好，同学们不局限于课文，能从绘画的意境里体会“想别人没想到的”，这就是别出心裁！

“我们作画需要想别人想不到的，作文也需要。”我又将话题进行了延伸，并出示《摩尔根掉井里去了》的部分段落。我将“当比尔爷爷出场时，大笑起来……”后面的文字抹去，故事戛然而止，吊起学生们的胃口。到底发生了什么？为什么比尔爷爷要大笑？一个个疑问像一个个小泡泡飘了起来。这真是良好的学习契机，就让他们猜猜结尾到底是怎样的吧！

有的说，比尔爷爷大笑起来，肯定是想到了一个好办法。

有的说，比尔爷爷肯定让比尔爬个梯子下去，救起他的朋友摩尔根。

有的说，这个摩尔根有可能是个小动物，会不会是小狗呢？因为狗掉进井里，不会淹死。

一石激起千层浪，这个回答引起了很多学生的共鸣。“对，对！”“肯定是小动物！”……

文思细腻却不善与人交流的小星，总是与众不同。她说的结尾出乎我的意料，与原文结尾有异曲同工之处。她说：“比尔爷爷大笑起来，因为掉下去的是他家的鸡。”

当我出示故事结尾时，大家都笑了，这个结局也太戏剧化了。我为大家解释，这种结尾方式就是所谓“欧·亨利式结尾”，既在意料之外，又在情理之中。欧·亨利的文章正是因为有别人想不到的结局，才受到全世界读者追捧。

我也借这个机会表扬了一下小星，夸赞她就是未来的欧·亨利。教室里一下子沸腾起来，学生纷纷拿着自己的笔记本、语文书去找小星签名。我立即按住大伙儿激动的心，丢了一个问题给大家：除了作文，你觉得在哪些方面也需要想别人没想到的？

大家沉默了，都在思考，可又无法知晓。这也是我预料到的结果。我索性用故事的讲述打破这安静的局面。

我为孩子们讲述了周恩来总理机智应对外国记者的故事。总理的智慧不仅化解了尴尬，也着实让外国记者感到自找没趣。看来，在生活中面对尴尬问题时，要巧妙化解矛盾，也得“想别人没想到的”。

爱科技发明的子涵说：“爸爸也经常告诉我，要另辟蹊径，不能走老路，要打破常规，搞发明更需要这样的创新！”

“是的！希望子涵同学能在发明的路上越走越远！”

这一次鼓励，让小星有了写作的信心。在她的习作里，处处可见用心之笔。写春游，其他孩子写吃、写玩、写景，可她的笔落在同学间互相帮助、鼓励的细节；写亲人间的爱，孩子们写的大都是父母怎么爱自己，怎么鼓励自己，而她，以日记的格式写下对远方妈妈的思念，文字间流露的都是满满的母爱。正是因为想别人没想到的，观察角度不一样，文章就有新意。我很欣慰，有这样的写作角度，相信小星的写作之路会越来越宽。

子涵同学近期的小发明总能吸引别人的眼球，如他发明的擦墙上小广告的铁刷，看似普通，效果却很好。他近期还在研究如何安装为花浇水的自动装置，希望他能成功。这些发明，正是在司空见惯的事情中找到不一样的灵感，想别人想不到的，这就是好的创意。

教学何尝不需要“想别人想不到的”呢？在观摩名师的教学课例时，我总会情不自禁地发出这样的赞叹：“啊，这个设计真是绝了！我怎么想不到呢？”是啊，名师总能选择恰当的内容，运用巧妙的教学策略组织学习，这份智慧令人羡慕。为何他们总能“想别人想不到的”呢？我想，这份智慧来自深厚的内功。这是积蓄多年的理论与实践的功底，是我们欠缺的，也是我们需要执着追求的。

向芳草更青处漫溯

踏一路阳光
撒一路欢笑
芳草萋萋处
幸福绽放地
和着快乐的节拍
唱着语文之歌
寻梦
携起你的手
向芳草更青处漫溯

芳草小学之名，早已听说，却几次错过与之相遇的机会。今日一见，果不其然，巴掌大的地方，精致地布置了每一个角落，令人惊喜。

喜欢上芳草，不仅仅是因为其错落有致的布局、清新明亮的环境，更是因为那群热爱教育、活力四射的老师，自信大方、文采飞扬的孩子们。我被他们深深吸引。

我随着贾老师一同走进课堂。轻松自在、和谐美好的氛围让我流连。

《小马过河》的课堂里，二年级的孩子能有序地进行每一个教学活动。瞧，他们读得那么有滋有味，表演得那么惟妙惟肖，让人如何不爱上这群小可爱？《城南旧事》的阅读交流课上，针对一个同学的发言，同学们针锋相对，发表自己的看法，课堂气氛极其热烈，让阅读更加立体，并走向深处。走进《阅读与演讲》的课堂，你会产生错觉，以为来到了《超级演说家》的录制现场，六年级孩子阅读面之广、阅读量之大，令人叹服。为了争取仅有的几个宝贵发言席位，他们个个使出浑身解数，传递着智者的能量。“演说家”的风采足以吸引你的双眼，让你不由得为他们喝彩助威……

听着，看着，我的心里涌起了一股幸福的芳香，这份芳香来自真实的课堂。

真实源于孩子们敢于表达、乐于分享的自信。我发现每个孩子的眼睛都会发光，身体里似乎都有个随时迸发的小宇宙。智慧的火花在你来我往的讨论中不断碰撞。有的从欣赏的角度赞美别人，激励着大家舒展心灵，尽展潜能；有的从改进的角度提出自己的意见，“一石激起千层浪”，无形中掀起一个又一个高潮……字字珠玑，句句箴言，闪耀着的是智慧，是灵气。

真实源于“厚积而薄发”。芳草的孩子是幸福的，老师们尽可能让他们少做题，让他们多读书、读好书、读整本书。书读得多了，语言自然丰富了，说话自然精妙得体了，表情达意自然准确了，语文素养也自然提高了。课堂上的精彩之语处处可见，采撷一两句与你分享——“刚开始上课时，发言的人并不多。但贾老师上着上着，班上发言的人越来越多了。我发现贾老师是和蔼可亲的老师。”“看着大屏幕上老师们的留言，我发现原来语文就在我们身边。”

真实源于“让每个孩子做不同的自己”。在包容、欣赏、肯定中，每个人、每棵树、每朵花都有最适合自己绽放的地方。小小的芳草支撑起一片个性的天空。“个性与创新相统一，理性与感性相融合”，孩子们愉悦的表情与睿智的语言，完美地诠释着芳草独特的办学理念。芳草的孩子拥有的是“文学家的文采、哲学家的风采、思想家的神采”。这美好的景象，也只有在芳草才能领略。

雅斯贝尔斯说得好：“教育的本质意味着：一棵树摇动另一棵树，一朵云推动另一朵云，一个灵魂唤醒另一个灵魂。”对于孩子的优秀起到推波助澜作用的应该是老师。

芳草的老师是一本本厚重的书，对语文充满炽热的爱恋，用自己的一腔热情去感染学生，唤起他们热爱语文的情感。你有了深厚的语文功底，必然同时拥有教学的底气和才情。学生会仰慕你，会心甘情愿地接受教育，这就是“亲其师，信其道”吧！

芳草的老师是一群 “腹有诗书气自华”的教者，一言一行，一颦一笑，皆是语文。她们以书影响学生，学生对语文“知之”“好之”“乐之”。

芳草的老师是一个个点灯人，为学生创设自主学习、大胆表达的机会，用一次次鼓励点燃孩子们的自信心。学生对自己、对课堂、对学习都充满无限信心。渐渐地，孩子们爱上了语文，觉得语文学习好玩、有意思、有意义。有了这份情感，学生就如痴如醉地学习语文，享用语文。

在芳草的日子里，我深受其感染，也多了一份雅致，添了一些从容，备了一点才情。在语文路上，我也想放歌。

雪花·QQ·欢乐

寒风凛冽，滴水成冰。

据说，这是近七十年来难得一遇的寒冬。

清晨，雪花儿像精灵一样，飘落到人间。

“千树万树梨花开。”此时，我惬意地躲在暖暖的屋子里，挑选那本赫胥黎著的《科学和希伯来传统》，一边翻阅，一边静听下雪的声音。

雪花儿，终于停住了匆匆的脚步。

窗外热闹异常，我依稀听到孩童的嬉笑声，于是探头望去。啊！原来，赶来了一群“雪孩子”。有孩子的地儿，就有生趣；难怪人们说，冬日里的暖阳，就像是被孩子们笑出来的。

“只拣儿童多行处。”雪花儿打开了魔盒之门，越来越多孩子涌向这片欢乐的天地。他们蹲在雪地里堆雪人、打滚儿、投掷雪球……成为雪景中可人的剪影。

突然，脑海里蹦出一句孩子的诗：“雪人大肚子一挺，顽皮地说——我就是冬天。”正值寒假，不能与孩子们一起“玩雪”，恰恰可以通过网络平台与孩子们分享冬天的快乐呀！

我通过 QQ 群，为孩子们布置了一项趣味活动：“和爸爸妈妈一起玩雪吧。堆雪人、打雪仗、滚雪球……只要开心就好！别忘了记录下精彩的瞬间哦！”

不一会儿，咱们的群里边欢腾一片！父母纷纷晒出孩子的欢乐镜头。不爱说话的澄子，趴在雪上舒展双臂，张着大嘴，似乎在喊叫：“我是飞人！”奔跑中的小志，手捏雪球，笑得连腰也直不起来了，好像在释放心中的快乐。“这雪，爽呗！”笑笑这孩子，提着个雪球想干什么？莫非要将雪球塞到伙伴的颈脖上吗？那个帅哥浩斌穿着一身红色羽绒服，站在寒冬素雪中，格外耀眼……

照片中，还有爸爸妈妈的身影，与其说他们是在陪同孩子玩，还不如说是在寻觅自己的童年。家长和孩子在游戏中交流，一定胜过其他言语沟通。此时，我也想去堆雪人，为它取名“亲子暖冬”。

回过头来，瞥见读中学的儿子正埋在作业堆里苦读，我一手拽着他的衣袖，与他一起奔向雪的世界，肆意疯狂。

那一刻，大人和小孩，都笑得很真诚、很惬意，都忘却了自我。孩子应该有一颗“童心”，我们成人也需要。做教师的，更不能没有它。稚心无欺，夫复何求。

晚上，我陆续收到一些孩子用文字记录下的快乐。孩子的世界很单纯，心灵很素洁，描绘出的就是一幅幅素描画。

喜欢写诗的可馨，她的文字总能带给我惊喜——“雪儿，给大地穿上皮袄，雪儿，为高楼戴上毡帽。雪儿，给汽车披上外套，雪儿，把害虫杀个精光。”

我还喜欢伊娜的描绘：“妈妈说，雪花像柳絮，像鹅毛。可是，我总认为，雪花像白糖。然而，我用舌头舔了舔，一点儿也不甜。”

“玩雪”是孩子们的生活。有生活，才能有内容可记叙；有快乐，才会产生思想的火花。虽然天地间滴水成冰，但是，孩子们照样可以玩出自我，这就是兴致。不管写了多少文字，有多高的立意，只要是孩子的发现、孩子的感受，就比什么都好，因为真实最有力量。

莫将假期当作学期的延续，莫把渴望自由的孩子，禁锢在乏味的作业之中。引导他们走向生活、走向社会，解放孩子，放飞心灵！

有时候，遗憾比完美更好

我对插花艺术感兴趣。经学习实践，对此略有心得。成果得到众人夸奖，心中沾沾自喜。

一次，我大胆构思，设计了枝、叶、花三者高低错落的构图，自然灵动，我对此煞是满意。岂料，指导老师思忖后，说：“颜色搭配、花样选择方面很有想法。遗憾的是，你的花插得太满了。”“满吗？我觉得正好啊，疏密有致，挺有层次感。”“你说得很对。可就插花来讲，双双对对为‘死’，太满。一三五七九为‘生’，虽不尽美，却更有打动人心的力量。”闻其言，不甚理解，不完美怎会有力量？这真是个难解的谜。

前段时间，我参加一次习作教学研讨活动，并执教一节三年级的作文指导课《我的自画像》。学生的感受各有特点，作文自然也大相径庭。

在教学时，我发现班上有一对孪生兄弟，尽管外貌极其相似，但仔细观察，就会发现两个人细微的差别。窃以为，这是良好的教学资源，接下来，若是巧妙运用，定会出彩。

几个孩子发言之后，一个小男孩小手举得高高的，嘴里嘀嘀咕咕，一股急于表现的劲儿。我虽稍有迟疑，但终究还是给了他展示习作的机会。

小男孩的习作问题颇多，句子不通，用词不当，未抓准特点，实属不合格。经过五分钟的耐心帮助，他似乎明白一二，主动要求读修改后的习作。虽然他读得磕磕巴巴，但可以看出他非常努力。这一次，句子通了，用词准了，形象活了，叙述清了。他的努力和进步，获得同学及听课老师的热烈掌声。他满意地坐下，微笑中带着自豪的神色。我也心头暗喜，因为我不仅保护了这个孩子的积极性，也看到了他实实在在的提升。

由于时间不足，我不得不放弃原先的“如意算盘”，错失出彩的良机，遗憾万分。

学生离开会场时，那个小男孩竟跑到我身旁，给了我一个灿烂的微笑，说：“谢谢钱老师，我会写‘自画像’了。钱老师，我会永远记住你的！”说完，他转身跑进队伍中，还不时回头向我摆手，表示再见。说真的，那一瞬间，我心里的激动无以言表。带班老师也走过来，向我表示感谢。这个小男孩在班里一向成绩落后，上课别说发言，就连听课都不老实。没想到，今天他却给大家一个大大的惊喜。

此时的我，不再为没能呈现“亮点”而懊恼。课堂虽不如期待中那样精彩，但毕竟给了一个孩子展示自我、重拾自信的机会。教师的光芒暗淡了，学生的希望之光却被点燃了。我开始庆幸自己的选择，并为此而欣喜、感动……

这一次经历令我顿悟，也让我解开了埋在心底的那个谜。

罗密欧和朱丽叶的爱情之所以荡气回肠、令人感慨，正是由于生离死别带给人的莫大遗憾；梁山伯与祝英台的故事之所以家喻户晓、流传广远，正是由于化身为蝶的凄凉悲切。生活中有太多遗憾和缺陷，或许完美本来就只是一种无法抵达的境界，那么，又何必太在意这些遗憾和缺陷呢？

因为转瞬即逝，流星才愈发美丽；因为有风雪侵袭，蜡梅才愈显芬芳；因为有了断臂，维纳斯才更显神秘。世间万物正是因为有遗憾才更具魅力。

当“价值取向”偏离时

教学《九色鹿》这课时，学完全文后，我设计了一项说话训练：“你想对九色鹿说些什么？”学生大多都赞美九色鹿高尚的品质，课堂气氛轻松愉悦。突然，一个孩子发表不同的看法：

“我要对九色鹿说：‘你冒着生命危险跳进湖里救调达，可后来这个小人竟见利忘义，背叛了你。你救他时也太草率了，真不该救他，你真是自找倒霉。’”

这个异样的声音令我吃惊，居然还有不少学生表示赞同。学生虽然表达了心中独特的想法，但在文本价值取向上已偏离了轨道。面对学生的执着，我意识到这个问题并不是个案，有必要在课堂上作出引导，给学生指引正确的方向。

怎么办？简单的说教是无法真正说服学生的。情急之下，我给学生们讲了一个故事。一个在河边钓鱼的人，听到苏格拉底落水呼救的声音，却对他置之不理，一走了之。过了不久，苏格拉底与学生在河边散步时，救了一个落水之人。大家看清那人正是上次不伸援助之手的钓鱼人时，纷纷说：“要是知道是他，我们无论如何也不救！”苏格拉底却平静地说：“不，救他，正是我们与他的区别。”

讲完故事后，有的学生似有所悟地点点头。刚才那个发言的学生又站了起来：“哦，我明白了，九色鹿正如苏格拉底一样。这就是小人与君子的区别。看来，我还是努力去做个君子吧！”一席话，引得学生哄堂大笑。在笑声中，我已明白学生们都已学有所获。

课标特别强调，“阅读是学生的个性化行为”，“不应以教师的分析来代替学生的阅读实践”。这就意味着教师要真正地将学习主动权交给学生，引领、激励学生潜心会文，品味感悟，把握文章意蕴，受到情感熏陶，充分展示才情与智慧，丰富人文精神，提高语文素养。但在尊重学生个性化阅读的同时，我们也不能对其放任自流，要巧妙引导，给学生正确的价值导向。如果怕影响学生的个性化阅读而不敢强调正确的价值观，导致学生虽学到了语文，却没学会做人，那才是教育的悲哀。

因此，在鼓励多角度、有创意地阅读理解的同时，如遇到一些有失偏颇的解读和体验，教师不应放弃指导、引领的责任。要根据教学内容的价值取向对学生循循善诱、因势利导，这才是“个性化阅读”的真正意义所在。

“接地气”的故事吸引人

“老师，我觉得这个故事不真实！”一个异样的声音打破了课堂教学的“宁静”。

“请问，哪里不真实？”老师语气很温柔，给予学生大胆表述的机会。

“那么多官员还不如一个七岁的曹冲呀？我在电视上看到，古时候的大官员个个都很聪明，怎么会想出这么蠢的办法？”

真是“一石激起千层浪”，班上立马炸开了锅，孩子们都想表达自己的意见。老师此时不知如何是好，脸色有点难看。令人欣慰的是，这位刚上岗一年的老师并没有制止孩子们的“无理取闹”，而是让举手的同学一一发言。

“是啊，是啊，我也觉得，还把大象宰了，那它不就死了嘛！哈哈……”

“用大树做秤杆，哪有那么大的树啊？”

“还有，还有，谁能抬得动啊？”

…………

这是我观课时记录下的片段。《曹冲称象》这个妇孺皆知的故事，漏洞百出，令人疑惑，就连孩子都觉得与真实生活太远。不是我们的教材不好，而是这类故事为了说明一个道理或是夸大一个人物的才能，总爱假借一些名人之口，再借助“绿叶”的陪衬。这种死板教条的方式，早已跟不上时代潮流，不顺应孩子学习的天性，不符合孩子表达的语言规律，更不符合新时代人才培养的精神。

无独有偶，我在一本杂志中看到了另一则称象故事，其中借助母子日常对话，用童趣十足的语言，精心编了一个故事。妈妈以国王为了感恩，要送给穷人们与大象一样重的银币为由，引出称象的问题。孩子们都很好奇，该怎么知道重量呢？妈妈并未直接说出答案，而是在关键时刻戛然而止，只告诉孩子们一位老海员解决了称象的问题，鼓励孩子独立思考，自主解决问题。这种一波三折的讲述，说的是生活中的平常小事，与孩子们的生活经验极其贴近，这就是我们常说的“接地气”。

“不怕不识货，就怕货比货。”一对比，《曹冲称象》的不足显而易见：不够真实，不能再现生活的情境。其实，故事是生活的影子，无须高深莫测，无须僵硬说教，而应浅显易懂，充满生活气息，使人易于接受，并从中得到收获。

诺贝尔文学奖获得者莫言先生把自己定义为“讲故事的人”。因为讲故事，他从一个迷恋故事、充满想象力的孩子，成长为用自己的方式讲各种故事的文学家。莫言先生钟情于讲故事，并将故事讲到了瑞典文学院。“因为讲故事，我获得了诺贝尔文学奖。……今后的岁月里，我将继续讲我的故事。”

大家都为莫言先生讲故事的本领惊叹、佩服，你可曾留意他讲的故事内容。只要你认真聆听，一定会发现莫言先生讲的都是自己的故事，自己身边发生的一件件小事。因此，你才会觉得这些故事是那么亲切，听起来格外有味。

教师是培养儿童语言能力的奠基人，更应该会讲故事，因为这是修炼语言、进行艺术教育的最佳辅助手段。大教育家苏霍姆林斯基的优秀，不仅在于其总结了很多教育理论，还在于他肚子里有无数个故事，让他成为一位名副其实的教育实践家。一次学校组织野营训练，学生两两结对，唯独一个平时狂傲自大的孩子无人理睬。此时，说教对这个孩子显然没有多大效果，于是苏霍姆林斯基为他讲了一个“菊花和葱头”的故事，立即让这个小男孩认识到自己的问题，懂得了人与人之间应真诚交往……大教育家用一个个故事培养出一个个“真正的人”。

其实，讲故事是一种艺术、一种能力、一种本领。一个会讲自己故事的人，才是真正会讲故事的人。一个真正会讲故事的人，一定会成为受欢迎的人、优秀的人。

我们身边就有这样一位故事大王，他就是贾志敏老师。贾老师的教学理念已广为人知，可他讲故事这个本领，知道的人却不多。早年出版的《一个校长的演讲》，就是由一个个简短的教育小故事构成的，事例全部来自生活，贴近学生，被誉为“教育的诗篇”。

贾老师讲起自己的故事，那更是一绝，吸引人的程度不亚于北京茶馆里的评书。贾老师把自己的一次次经历，比如飞机遇险、遭遇骗子等等，以故事的形式讲述出来，该慢则慢，该快则快，火候掌握游刃有余，张弛有度，语言诙谐幽默，思路清晰，思维敏捷，显示了其讲故事的深厚功底。再看听者，到紧张处，个个凝神呼吸，心都提到了嗓子眼；到有趣处，开怀一笑，内心也随之畅怀。偶尔的停顿，把人急得呀，真是跺地喊天，生怕故事戛然而止。

贾老师为什么这么会讲故事？来听听贾老师是怎么说的吧！

“讲故事的能力不是一蹴而就的，需要长期训练。比如杂志社约我写的每一篇卷首语，我都是在脑子里想了一遍又一遍，然后再口述给熟识的朋友听，让他们评评语言是否通俗易懂，是否有讲故事的感觉。如果大家都听懂了，那就说明这篇故事性的卷首语合格了。”

贾老师说得多么朴实。故事有了生活味，语言才有了着落点，这样才会尽显故事的魅力，让故事变得更加吸引人。

朋　友

口语交际课上，我选择了孩子们比较愿意说的话题《说说我的朋友》。

朋友，对于孩子来说就是玩伴。你听——“我有个好朋友叫×××，我天天和他一起玩，他也天天到我家玩。”这也许就是他们心中的朋友。能在一起玩，不就是朋友吗？

为了让话题内容更丰富些，我提出了一个问题：“你的朋友有什么特点呢？可以是长相方面的，也可以是爱好、优缺点等，只要你能说出一个方面，就说明他是你真正的朋友。”

在我的引导下，孩子们的语言越来越丰富。有的说，她的朋友性格很温柔，说话声音很细。有的说，他的朋友个子很高，学习成绩特别好，每次都考一百分。有的说，他的朋友画画特别好，画的小鸡像真的。有的说，她的好朋友特别能吃，每次来做客，都把好吃的东西全部吃掉了。

小祺心中的朋友给我留下了深刻印象。“我的朋友叫×××。他总爱打人，每次都控制不了自己，打得我很疼，有时都把我弄哭了。可是我不嫌弃他，还是愿意和他交朋友，把好东西拿出来和他一起玩。”

质朴的语言，让我见到一个小孩子的纯洁之心。这种真诚又美好的情感是我们成人难以拥有的，因为我们缺少“不嫌弃、不歧视”之心。这让我想到一个故事。一位母亲在与儿子闲聊时，得知了一件惊人的大事。班上有个小朋友的眼珠子（通过手术安装的假眼珠子）掉了，大家都忙着帮他捡，有的还帮他把眼珠子洗干净。儿子还一直担忧着，这个小朋友的眼珠子会不会小了点，是不是该换颗大点的。孩子说得那么轻松平常，可妈妈却心有余悸，直犯恶心。如果你身边也有这样一个人，你会怎样？会惊恐尖叫吗？如果这样，这个掉眼珠子的小朋友又会怎样？

孩子的世界没有世俗的烦扰，纯净自然。对于这样需要帮助的人，他们不会歧视，不会取笑，更不会欺负，而是真心对待。作为教师，我们更需要一颗“纯真的爱心”，去呵护那些需要精心照料的“花朵”。

柔软的心定能感化世间万物。六年级有个患自闭症的孩子，刚调到我校时，从不跟人说话，头埋得很低很低，永远生活在自己的世界里。班主任章老师对她特别温柔，主动帮助她，经常牵着她的手，和她说着悄悄话。她犯了错误，章老师从来不厉声呵斥，总会细声细语地帮着她。章老师对待她就像对待女儿一样细心，有时还带好吃的给她，帮她梳头发……这个小女孩越来越依赖章老师。班上的小伙伴们看在眼里，记在心上，也学着章老师的样儿，主动呵护她，帮助她，迁就她。这个孩子现在变化特别大，看到老师也敢直视，偶尔还会叫一声“老师好”。她总是穿得干干净净的，在校园里跳着、跑着。小女孩的改变源于章老师春风化雨般的关爱。

“人人平等、一视同仁”，是多么重要啊，这是我们每个人都需要的，是人们成为朋友的前提。教育者要将这样一股热血融入孩子的血液。没有歧视，世界必定更美好！

生命有多美，现场化课堂就有多美

走进教学现场化的课堂，你会发现孩子们在课堂上发言自信大方，语言畅达，观点新颖，智慧四溢。这就是现场化课堂让生命展现出的神奇景象。

一路走来，我深知站在讲台上的我，应是生命的牧者，而不是拉动学生的纤夫。我要在课堂上尽可能“不见自我”，把知识点转化为学习的兴趣点、触动点，创造出更大的空间，迎接学生激扬的学习热情。现场化课堂，更让我懂得了“心中知学生，眼中有学生”是最高的教学境界，让现场化激扬生命，让课堂充满阳光。

苏霍姆林斯基曾说过：“教育技术的顶峰即师生之间心灵交往的和谐境界。”琴瑟和谐，靠的就是演奏师高超的技艺。从某种意义上讲，师生关系这根弦需要教师高超的技艺，才能奏出华丽的乐章。只有尊重、理解、聆听、鼓励、宽容、赏识，才能谱写出师生和谐之歌的重要序曲。

【序曲一】“孩子，你好！”——尊重

尊重学生的本质就是尊重学生的人性，尊重学生的人格，尊重学生的不足，并正确面对与别人有差异的学生。正如著名教育家陶行知所说：“人像树木一样，要使他们尽量长上去，不能勉强都长得一样高，应当是：立脚点上求平等，于出头处谋自由。”从教学实践看，学生的接受能力是有一定差距的，只要学生在原有的基础上有所进步，我们的目的就达到了。况且，教育的根本目的在于育人，而不是获得那一个个鲜红的分数。

我班上有个叫启明的孩子，平时学习非常刻苦，但每次考试成绩都很差。慢慢地，他变得越来越自卑，成绩更差了，考试很少及格。家长和同学们都叫他傻子，我知道这孩子的智商是有点问题，如果我也如实这么说，孩子会多伤心啊，也许会永远自卑下去，再也抬不起头来。于是，我赶紧和孩子的家长沟通，告诉他们哪怕天下所有的人都看不起自己的孩子，做父母的也应该眼含热泪地欣赏他，拥抱他，赞美他，为他而自豪。听了此话，他的爸爸很激动，当场表态要改变错误的想法，重新了解孩子。在班上，我严厉地批评了同学们，告诉他们这种称呼是对别人极其不尊重的表现，我们不能排挤他，而要伸出双手帮助他。我开导启明："其实他们说得都不对，你并不笨，只是学习上没找到很好的方法。"我还跟孩子们说，我小时候，每次老师喊我回答问题时，我的眼睛总是往墙顶上看，大家都说我有点傻，可是我内心知道自己并不傻，只是习惯不好罢了。别人怎么看并不重要，关键是自己要正确地认识自己。我真心地对启明说："每个人的智商并没有多大区别，你一定能行的！"看到我说得这么肯定，他也被感染了，向我保证一定尽力学习。果然，后一单元的质量检测，他真的有了进步。在课堂上，孩子们以热烈的掌声向他表示祝贺。此时，久违的笑容又在他的脸上出现了。可见，学生需要支持和尊重，只有这样，才能使他们鼓起自信的风帆，从自卑的阴影里走出来。

【序曲二】"孩子，你在想什么？"——倾听

每个人背后都有一个故事，每个孩子背后也都有一个故事。我们需要认真倾听、了解，走近他们的心灵，这样才能从根本上解决出现的问题。我们不仅要关心学生的学习和生活状况，更要关心他们的内心世界，关心他们的精神生活，努力成为学生的"精神关怀者"。

班上有一个叫业豪的小男孩，长得漂漂亮亮的，一笑起来，脸上出现两个小酒窝，挺可爱的。可是最近上课，他老走神，状态非常差，下课后也不愿和小朋友一起玩，难得看到他那甜甜的笑容。我知道肯定发生了什么事情。放学后，我便把他喊到办公室，与他聊天，从他喜欢的玩具、游戏、爱吃的零食谈起，渐渐地，孩子的心扉敞开了，和我聊得特别开心。当说到爸爸妈妈时，孩子不说话了，眼泪唰唰地往下流，我边帮他擦眼泪边劝导他："不要难过，有老师这个好朋友在，什么困难都不怕，我会尽力帮你的。"这时，孩子大哭起来，说："老师,你帮我把妈妈找回来吧！妈妈不要我了！她和爸爸离婚了！"我安慰他："爸妈离婚是大人的事，不论他们之间发生了什么，你都要坚信他们对你的爱永远都不会变，因此，现在你一定要把精力放在学习上，不要考虑太多。"他懂事地点了点头。

我后来得知，他非常依恋自己的妈妈。妈妈不在的日子，一切都变了。虽然他心里想着妈妈，嘴上却从来不提，爸爸工作十分繁忙，更没时间管他了。时间一长，孩子就封闭自己了。我很想帮他解开心里的结。在他生日那天，我们在语文课上为他齐唱生日歌，同学们也纷纷送上生日祝福，他笑了；在课堂上，只要他能回答出问题，我都会表扬他一番，他笑了；在元旦联欢会上，他表演魔术后，赢得了一阵阵热烈掌声，他笑了；联欢会结束后，我送了一份新年礼物（一本软面抄）给他，他笑了。

在这笑声中，我明白了，教师要走近孩子的心灵，倾听孩子的"心灵之痛"，与他们平等对话。没有什么比这更能唤起学生沉睡于心底的激情，让孩子健康成长。

【序曲三】"孩子，你真棒！"——赏识

爱孩子，就要赏识孩子。赏识，也许正是打开孩子潜能之门的金钥匙。孩子的潜力真的不可估量，我们需要“打着灯笼找学生的优点、用显微镜发现学生的闪光点”，用肯定的语气、赞赏的语言，用我们的爱去把孩子的潜力激发出来，让学生朝着良好的方向发展。

在深入进行现场化课堂的教学时，如何把学生的内在潜能挖掘出来，培养学生的特长，是每一位有责任心的教师共同关注的问题。在教学中，以情感交流为突破口，深入发掘学生潜能，效果甚佳。比如，一次批改作业时，我偶然发现班上的艳梅同学的作业本里夹着一张剪纸画。这画无论从手工还是花样来看，都很精致。这一发现令我十分惊叹，因为这个孩子有点与众不同，耳朵的听力已几乎是零，只有戴上市残联提供的助听器才能依稀听到一点声音，家长对她的要求也不高，只希望她能在学校这个正常人的环境中生活、学习，说话能力不退化就行了。说实话，我对她也没怎么关注，只要她平平安安，玩得开心就好。看到这张剪纸画后，我的想法变了。我找她谈心，鼓励她继续坚持下去，并送给她一把精致的剪纸刀。真没想到，正是在这种亲切的鼓励下，她不但在剪纸手艺上有了新的提高，而且学习成绩也有了大的飞跃。不信，你翻开她的作业本，清秀工整的字迹会展现在你的眼前；课堂上，你会听到她那虽不清楚但很自信的话语；舞蹈兴趣班上，她优美的舞姿绝不亚于其他任何人。

在教学现场化的课堂里，我深深地懂得孩子如花，他们各自不同的基因决定了他们是国色天香的牡丹，是香气怡人的茉莉，是常开不败的三角梅，还是转瞬即逝的昙花。每一朵花，总有盛开的时候，总会在合适的时机绽放一生最明艳的美丽。我坚信，对于每个似花的孩子，我们只要提供足够的“养分”，然后静静等待，总会看到他们在阳光下绽放出自己的美丽。

扫除繁杂　回归本源

——听钱梦龙老师谈语文

《剪枝的学问》这篇课文告诉我们，要让桃树来年能结出又大又红的桃子，必须在前一年的冬季，减去那些看似长得粗壮却不结果的枝条。原来，剪去是为了更好地生长。

“极简主义”这个观念启示我们，要回归简单的生活，获得最大的幸福，就要学会扫除生活中不属于自己的事物，学会放弃。原来，放弃是为了更好地回归。

学会删减，学会舍弃，就能回归本源，更好地成长。生活如此，语文教学何尝不是如此。

在语文出版社主办的一次教研活动中，当时八十四岁高龄的语文教育泰斗级人物钱梦龙老师语重心长地批评了某些名师在语文教学上过于“炫新逐异”的倾向，发出了“简简单单教语文”的呼声。钱老师认为，教语文关键在于实实在在地提高学生的语文素养，扫除一切华而不实的教学内容和形式，让语文教学回归本源。

如何扫除，如何回归？我认为，教师是关键。教师要把握好以下几点。

敬畏语文

有的教师为了展示自己对文本的“深度”解读，对于一篇读几遍就能懂的课文，非得“无中生有”，用异于语文课程的眼光去挖掘本不是其意的内容，任意解读，完全漠视甚至曲解作者的本意，脱离语文的轨道。

钱老师举出一节《愚公移山》的课例。课堂上，执教老师让学生思考诸多假设和质疑，如“愚公把山移到了朔东和雍南，其实，山阻碍人的出路这个问题并没有得到根本解决”“万一愚公的子孙不愿意移山了呢”“你能保证子子孙孙都是男的吗？万一不小心生了个女儿，就断子绝孙了”……这位教师还在课堂上播放了采访两位外国人的录音，有人评价说：“这是一个愚蠢老人的故事，他有一个荒谬愚蠢的想法——移山。如果在西方，我们不会想到移山，我们会绕道而行。”

这样过度解读，只是教者的“一厢情愿”，无法与学生产生共鸣，无法体现文本的阅读价值。这堂语文课，没有任何有意义的语文训练，只有过度夸大的“人文性”，没有一丝切合语文教学的内容。

这种现象，在一线课堂上竟很常见。教师把语文课上成了地理课、自然课、音乐课、思想品德课，“种了别人的田，荒了自己的园”。如，讲《一个小村庄的故事》，师生共同商定如何保护生态环境；讲《维也纳生活圆舞曲》，课堂在一首接一首乐曲的品味中变成了音乐欣赏课；讲《司马光》，教师完全丢开了课文，要求学生讨论遇到的问题，思考如何像司马光那样积极动脑筋、想办法……对于这种教学，教师要保持清醒的辨别力，不盲从，不跟风，不进行无效的语文活动。

教语文，其实很简单。重要的是要敬畏语文，心中有语文。要用语文的眼光看语文，用语文的视角解读语文，立足于语文来教语文，关注语文的特性，从工具性和人文性达成平衡的高度研读文本，发掘最有效的教学资源。这样既能凸显语文自身的特点，也能使学生的精神世界与言语世界共生共长。

关注语文的本质

语文到底是什么？“语文是语言文字的理解、积累与运用。”

语文学科有其独特性，其他学科只关注“说什么”，而语文学科不仅关注“说什么”，更关注“怎么说”。

极简生活提倡“少而精”，一次只专注做一件事；全面出击、面面俱到，势必顾此失彼、浅尝辄止。2014 年小学语文青年教师教学观摩活动中，小语会提出：阅读系列课、表达系列课都要实实在在地做到“一课一得”，每一堂课都应有明确而集中的教学目标。

其实，每篇课文都有其独特的“这一个”，语言风格及表达方法各具特色。我们只需紧紧抓住语文这根缰绳，帮助学生“正确理解和运用祖国的语言文字”即可。教师要善于从文本中选取“这一个”的言语形式为教学内容，引导学生学习表情达意的方法，并迁移运用，切实训练和提高表达能力。

如《我和祖父的园子》这篇课文，教学重点可定为“引导学生品味萧红散文诗般灵活的语言风格”。如教第十三自然段，可引导学生从“就像……似的”“愿意……就……”“一会儿……一会儿……”的句式变化中，体会语言表达的准确和绵密；接着，给予学生足够的时间运用这些句式，练习口头、书面表达，让学生通过切身的言语实践，体会情感表达与句子形式的密切关系。这样就真正做到用好课文这个“例子”，帮助学生学语言、用语言，从而提升学生的语文综合素养。

预知学情的变化

设定教学目标要根据教材的特点，把握学生身心发展规律，尽可能贴近学生的“最近发展区”，最大限度地促进每一位学生的发展。学生是学习的主体，要从实际出发，以生为本，科学地分析学情，正确地处理教材，调动每一个学生学习语文的兴趣。语文教学要让学生“悄悄地爱上她”，这正是我们常说的从“学会”到“会学”，从“要我学”到“我要学”。

优化教学过程，既要预测学生的已知，选准课堂教学的切入口，又要预测学生可能达到的未知，让他们“跳一跳，摘果子”。这一切预知必须建构在学情的基础上，在教学前，要多问几个问题：“学生的兴趣点在哪里？难点在哪里？盲点在哪里？学生喜欢什么样的学习方式？……”如果多加思考，教学就有针对性和有效性。薛法根老师主张阅读教学有“三个不教”——“学生已懂的不教，学生能自己懂的不教，教了学生也不懂的暂时不教”。这样的教学定位非常合理，既切合小学生的学情，也有利于定准学生的生长点。

教育家杜威认为：“教师从事教学活动，需要精通教材；注意力应该集中在学生的态度和学生的反应上；教师的任务，在于了解学生和教材的相互影响……教师不应注意教材本身，而应注意教材和学生当前的需要和能力之间的相互作用。”语文课堂要极大限度地调动学生的主动性和创造力，展示学生的才情和智慧，教师决不能把课堂当作“秀自我”的舞台，切不可本末倒置。教师才情四溢，学生一头雾水，课堂失去平衡，教师炫技的必然结果是“教着，教着，学生不见了”。

“这些年的教学实践告诉我们，要真正提高语文教学的质量，有效地提高学生的语文素养，就必须排除种种华而不实的语文教学观念和实践，让语文教学回归本源，恢复其朴素平实的本来面目。”只有我们每一个语文老师真的教语文，每一个学生真的学语文，语文教学才能返璞归真、正本清源，这是钱老师对我们的殷切期望，也是语文教学美好未来的愿景。

简约“味”更浓

——听贾志敏老师《卖鱼的人》一课有感

特级教师贾志敏老师，是一位温文尔雅、精神矍铄、永放青春光彩的老学者。他教授的《卖鱼的人》一课，与众不同，给我带来耳目一新、豁然开朗之感。

这堂课没有当今最流行的多媒体课件，有的只是一块黑板、一支粉笔；没有华丽的辞藻装饰，有的只是朴实无华、切入文本的话语；没有深不可测的课文挖掘，有的只是熟练的导学技艺；没有刻意地创新、找亮点，有的只是迭起的教学高潮；没有个人展示的表演舞台，有的只是心中时刻恋着学生的情结。

贾老师就是用这样一种最古老、最朴素的教学形式，领着孩子们走进了语文课堂。简明的教学目标、简单的教学方法、简洁的教学过程，纯、真、实、活、浓的语文味，构成了贾老师追寻的简约课堂。

一、抑扬顿挫，读味足

“语文教学，离开一个‘读’，什么都没有。”在这一课中，贾老师将他的读书理念贯穿于课堂始终。课堂没有繁复的课文挖掘，只有一遍遍朗读。自由读、指名读、比赛读、齐读、范读，读出轻重缓急，读得抑扬顿挫，读得自然上口，读得津津有味。朗读一步步将学生引入文本、领入情境，让学生悟出道理。

在第二段的教学中，贾老师舍得花时间让学生读书。学生用多种形式连读十二遍，贾老师时而点拨，时而示范。每个学生读完后，他都亲切地指出其优点与不足，如“读得有点味道，但不要装腔作势，要自然”“你的声音很清甜，读得很流畅，每个字都读得很正确，但缺少激情”“口齿清楚，读得连贯，该重则重，该轻则轻，为他们鼓掌”“听到吧，就是不一样，这是靠天分，不是教出来的”。多有趣的评价语呀，一句句话如一颗颗小石子，激起了一片片涟漪，孩子们一个个使劲地举起小手，一张张小脸涨得通红，生怕失去朗读展示的机会。读书热情高涨，课堂气氛活跃，学生在自然、轻松、愉快的氛围中将朗读进行到底，读出了浓浓的语文味。

二、含英咀华，品味浓

“教师不要‘教教材’，而要‘用教材’，要灵活地、创造性地‘用教材’。”贾老师这么说，也是这么做的。他敏锐地把握文本隐含的意蕴，迅速地捕捉那些表情达意、画龙点睛的关键词语，引导学生去发现、品析、揣摩、感悟，并融合、贯通，形成对文本的整体理解。

课始，贾老师从课题中的“人”字说起。

师：在常用字中最容易写的字就是这由一撇一捺构成的“人”（板书：人）。人属于动物，但区别于一般动物。人能思维，有思想，能创造一个文明的世界。人还追求目标，有理想。告诉我，你心中最崇敬的人是谁？

（生谈自己崇敬的人）

师：这些都是值得我们崇敬的人，为什么？因为他们在某一个方面取得了成就。这些名人做了很好的事情。普普通通的老百姓做普普通通的事情，过着跟我们一样的生活，他们身上也有许多值得我们学习的地方。

课末，贾老师又以“人”字总结。此时，学生们已在贾老师的引导下，抓住“奇怪、疑惑、不太明白、想不通”四个关键词语，品读课文语言，挖掘文本的情感，感悟出语言文字背后的内涵，体会到卖鱼的人诚信的品质，更明白了自己应该怎么做。贾老师水到渠成地设计了以下结束语。

师：卖鱼的人讲诚信，诚信是卖鱼的人的高贵品质。不但卖鱼的人要讲诚信（擦去“卖鱼的”），每个人都要讲诚信。如果没有了诚信（擦去“诚信”），这个一撇一捺，还存在吗？没有了，死掉了（擦去“人”）。

板书中的字一个个写上，又一个个擦去，相信在擦去的那一瞬间，学生的心灵会受到一次震撼，其意蕴定会深深留在他们心间，甚至刻骨铭心。

贾老师善于结合文本特色，努力捕捉课文的闪光点，抓住课文精妙之处，巧妙地运用不同的品词析句方式，引导学生在品悟中感受语言的优美、精妙、丰富，品味出语言的魅力，品味出浓浓的语文味。

三、真情流露，写味实

贾老师曾说过：“我们的语文课就是老师在课堂上借助课文例子来教会孩子说话、写话，就是要看学生的水平有没有提高。”

在听、说、读、品的过程中，卖鱼的人诚信的品质已跃然纸上，学生对“诚信”有了新的认识，正急切地需要一个平台将满腹情怀倾诉出来。此时，贾老师恰到好处地进行了这样一项写话训练。

师：同学们刚刚说的只是片言只语，不具体、不生动。现在我们就来写一段话，写三个部分的内容。第一，什么是诚信？黑板上都是你们概括的词语，可以随便用。第二，不讲诚信将会怎么样？第三，我们小孩应该怎样做？

生：诚信是世界上最美的词语。诚就是金，信就是银，诚信就是宝贝。诚信是用自己诚实的行为来博取别人的信任。诚信就是说一不二、说到做到、一诺千金。诚信就是兢兢业业做事，踏踏实实做人。相信这样的人能拥有很多朋友，拥有一生幸福，不会变成孤独寂寞的人。现在我们不能变为说话的巨人、行动的矮子，要成为一名品德高尚的人，要做一个像卖鱼的人那样讲诚信的人。

这个写话训练在学生充分研读文本的基础上进行拓展，通过书面文字来沉淀灵动的感受，让学生对文本的理解、感悟融为一体，从而进一步彰显文本的主旨。此时，学生对于“诚信”的体悟颇深，他们滔滔不绝，佳句连篇。“诚信是世界上最美的词语”“兢兢业业做事，踏踏实实做人”“高尚的品质、做人的根本”……这浓浓的语文味，伴随着学生这一句句凝练的语言，升华了学生对课文的感悟，也让诚信的品质悄悄融入学生的血液，实现“情感、态度、价值观”的升华。这浓浓的语文味，正来自贾老师透彻的文本解读、循循善诱的导学艺术、深厚的语文功底、幽默而及时的课堂评价。

四、润物无声，巧育人

评价一堂课的教学是否成功，不仅仅要看学生语文素养是否提高，还要看学生是否形成了良好的个性和健全的人格，是否在学习语文的过程中收获了“人文”。在此领域，贾老师是我们学习的楷模。他真正做到尊重孩子、关心孩子，俯下身来亲切地与孩子进行心灵对话，用自身的高尚品质感染学生。

在教学“买卖”这个词时，贾老师向一个同学借了一块硬币。教学流程结束时，贾老师走到这个小男孩面前说“谢谢”，并将这个硬币递给这个男孩，男孩伸出一只手去接。突然，贾老师将手缩回，重复刚才的交还过程，小男孩仍用一只手去接。此时，贾老师语重心长地说：“孩子，当长辈递给你东西时，你该怎样做呀？”真是一语惊醒“梦中人”啊！孩子顿时觉悟，伸出双手恭恭敬敬地接过硬币。

看到这一幕，在场的听课老师情不自禁地鼓起了掌，无不为贾老师的教学艺术与智慧而惊叹。语文课上的思想教育怎能通过僵硬灌输来实现？贾老师一句简单的教诲不正是“润物细无声”的真实体现吗？这怎不让孩子终身受益呢？

贾老师以其质朴简约的风格和过人的智慧，演绎了简约中见美丽、简洁中见精彩的本真语文，上出了浓浓的语文味。课堂环环相套，丝丝入扣，行云流水，滴水不漏。教学了无痕迹，学生铭记在心，真正诠释了工具性与人文性的和谐统一。

听师父贾志敏老师评析王崧舟老师的课

2017年9月，我有幸随贾志敏老师去广东湛江参加语文教学活动，观摩了王崧舟老师《湖心亭看雪》的文言文教学。贾老师听了王崧舟老师的教学之后赞不绝口：“王老师‘以学定教’‘顺学而导’，实现了‘教学相长’‘教学合一’，好课也！”他还深情地说：“能上出这样的课，估计‘前无古人，后无来者’了。”

以下，是我们师徒俩对王崧舟教学《湖心亭看雪》的一番评论。

钱：听了王崧舟老师的这一堂课，您能简单说说自己的感受吗？

贾：八个字，“天衣无缝，人课合一”。王老师将课堂教学演绎得如此简明、通透，达到生命与灵魂的深度契合，令人赞叹不已。

钱：王老师的每一处教学设计都精妙无比，每一句话语都恰到好处——多一个字，累赘；少一个字，不足。我们普通教师可望而不可即啊！

贾：是的，王老师的语文教学造诣已经达到高峰，一般的教师难以企及。深厚的语文功底、厚实的文学素养、对文章的独特理解，再加上得天独厚的嗓音优势，都是他获得成功的重要原因。

钱：听您这么一说，我更觉得遥不可及了。

贾：即使赶不上，也不能忘却前行。好好向王老师学习，他身上有着“取之不尽，用之不竭”的宝藏。

钱：您如此欣赏这堂课的教学，能说说哪几处给您留下深刻的印象吗？

贾：他一改传统的逐字逐句解读的文言文教学方法，把全文当作一个整体，抓住重点语段的关键字“绝、独、痴”生发开去，铺排进行。

钱：给我留下深刻印象的是诗一般的引读与简明有序的板书，课堂达到了“天与云与山与水，上下一白”的境界。王老师将每一部分的学习过程组成一首小诗，形成了别具一格又颇有诗意的板书——“看雪湖心亭，独游天人境。都云作者痴，谁解其中情。”再者，王老师自身就有诗意，这诗意表现在他的教学语言和肢体语言里。可以说，整个课堂也变成了一首诗，充满了诗情、诗趣，令人叹为观止。

贾：我们常说：“课文内容不代表教学内容。”王老师的教学真正诠释了这个理念。你看他的课堂，教学内容选择精准，教学活动设计精巧，教学板块安排精当：

（1）通过含有“一”的句子，读通文章，明了“看雪湖心亭”。

（2）借助想象比较，理解句意，体悟“独游天人境”。

（3）前后关联，体会以“痴”衬痴，感受“都云作者痴”。

（4）角色入境，想象“痴”中意，读懂“谁解其中情”。

王老师的语文课堂充满高品位的“书卷气”、丰厚的底蕴、广博的学识，传递出浓浓的文化气息，再加上深厚的教学功力，课堂多了一份“深刻”。当然，值得我们借鉴的地方太多，建议你整体梳理王老师的课堂，再从文体的角度，尝试着体味自己的教学收获。如果能将学到的教学思想与教学策略运用到自己的课堂上，我想这就是“真有所获”了。

钱：是啊，教材从三年级起就选入了“小古文”，这既是对传统文化的重视，也是对中华文化的传承。当然，这样做也给语文教师带来挑战。王老师的文言文教学是一个范例，它让我们懂得文言文该“教什么”“如何教”。

一是重视诵读指导。古人云：“书读百遍，其义自见。”一是因为文言文中有大量生僻字、通假字、古音字，不多读就无法解决读通的问题。只有在熟读的基础上，才能培养语言感知、积累、顿悟的能力。王老师的朗读指导并非让学生一味多读，而是只选择含有“一”字的句子，一一呈现，难点也一一突破。此处设计颇具匠心，能看出王老师深厚的文本解读功力。

比如教学“湖上影子，惟长堤一痕，湖心亭一点，与余舟一芥，舟中人两三粒而已”，王老师先请学生通读，再问读这些量词是否觉得奇怪，究竟怪在哪里，接着采取师生对说的形式呈现这样的课堂对话：“一般来说，长堤不说成‘一痕’，说成——”“长堤一条”；“湖心亭不说成‘一点’，说成——”“湖心亭一座”；“余舟不说成‘一芥’，说成——”“余舟一艘”；“舟中人不说成‘两三粒’，说成——”“舟中人两三个”。这已不是简单的读通，而是读出量词不寻常的用法，让学生思考作者为什么会用这些量词。其实，这是丢下一个思考的种子，为后面的教学埋下伏笔。在第二板块品读环节中，学生有了之前的对比，竟能轻松地品味出苍茫天地间人物之渺小，如沧海一粟，似有似无。

贾老师，我在揣测，王老师特地将几个“一”字句挑出来，是不是有意与文中的“独”“惟”互为呼应，意在创造一种清灵纯净的意境。（贾：我想，王老师也许有此意思，他的每一步设计都别出心裁。即使学生现在不了解，我相信，多年之后再读此文时，可能会回忆起老师这一番苦心。）

再如“到亭上，有两人铺毡对坐，一童子烧酒炉正沸”这一句话中，朗读“烧酒炉正沸”应是难点，学生把握不准句读。王老师没有直接告诉学生“酒”和“炉”之间需要停顿，而是把学习的主动权交给学生。他只给了这样的提示：“这句话很多人一不小心就会读错，你们试试，该怎么读？”两个学生均读成“烧酒炉 / 正沸”，王老师不急不忙，仍只是说读得不对，简单提醒。学生发现由于理解有误而错读，应读“烧酒 / 炉正沸”，也明白了意思——童子在烧炉温酒，炉子里的水正沸腾。

二是文言多样理解。读文言文，“言”的教学不容忽视，但日常教学中，我们仅仅传授“言”的知识，进行“串讲”。这样的讲解方式延续了多年，实在是枯燥无味。王老师的做法真巧妙！他带领学生走进文本，理解句意，发现文本独到之处，领悟课文的言外之意，用超凡的教学智慧重新解读、巧妙设计，展现出教学中最美好的“变”。

“真正的教学目的应当是使学生学到真正有价值的东西。”孙绍振教授对“有价值的东西”的解释为：“语文老师一定要讲出学生感觉到又说不出来，或者以为一望而知，其实一无所知的东西来。”

王老师的教学之“妙”在于言语与意象之悟。如借助关键词“绝”，运用想象比较的方法理解句意。他先让学生联系已有的生活经验，想象往日的西湖之上会有什么声音，再回到文本，品味此时的情景——湖中人鸟声俱绝。一经对比，学生更能体会此时“千山鸟飞绝”之境。再如品读“与”字句，体悟“天人合一”。此处教学，应是诗意语文的最好诠释。“与”连用三次，看似啰唆，但经过一删一比，学生发现，“天与云与山与水”因连用了三个“与”，使景物顿时有了一种动态的融合美，造成了一种苍茫的浩瀚气象，形成了一幅水墨图，留给读者无限遐想。其实，身在其中的张岱因与它们融为一体，才会有如此感受，才会有如此描写。

王老师在课堂上带领学生逐渐走进文本，也逐渐与古人的精神“磁场”相连。王老师与文本“心灵交会”，深入浅出地实施课堂教学。他似乎在告诉我们，不要脱离了“文”的环境去解决“言”的问题。只有长期进行类似训练，学生再次遇到陌生文本时，才能根据文意准确理解“言”。

三是体悟背后深意。“读文言文，最终的目的是知道古人在想什么”。这一节课，王老师立足于“舟子喃喃曰：‘莫说相公痴，更有痴似相公者！’”，带领学生共赏人物的精神。我想，如果仅仅停留在字句的理解上，那真是白白辜负了张岱的一番“好意”，更辜负了这一片孤寂雪景与这一篇传世佳作。

当舟子的语言进入阅读视线时，我们似乎看到一个喃喃自语、大惑不解的舟子，他的话并非说给作者听，纯属脱口而出，有感而发。我想作者定是借舟子之口，说出胸中之意。他们同是清高雅致、脱俗痴情之人，因此，才会选择在这样的夜晚、这样的地方，“铺毡对坐”“强饮三大白”。文章以“痴”衬痴，更突出作者的“痴”。“痴”在此并非贬义，可以理解成一种执着专注、浑然忘我的境界。学生能体悟到此，实属不易，可王老师并未罢手，而是继续将这份“痴”通过学生的想象道出。“面对舟子的感慨、感动和感叹，张岱又会说些什么呢？”接下来，学生将心中所想付诸笔下。一个简单的“痴”字，在学生个性化的多元解读中，一下子丰满起来。诗意语文的最佳状态，应落在学生的诗意上。学生的这一段想象，正因为有了生命与情感的投入，才有了入情入境的诗意言说，才有了“情动于中，辞发于外”的绝妙点染。

“此时无声胜有声”，张岱并没有辩解，而是把这些话留给了这样的西湖、这样的天地、这样的境界。于是，又有了一段诗一样的引读。这一处教学，王老师借语言训练和思维训练，不仅帮助学生体会到张岱特立独行、孤寂高雅的特点，还引领学生走进作者的内心，见其情真、人真、文真。

四是鼓励学生质疑。宋代教育家张载说：“学则须疑，学贵善疑 。”西湖处处皆美景，看雪景的地方不少，可张岱不去苏堤，也不去断桥。

王老师简单介绍了湖心亭后，出示张岱《西湖梦寻》的一段文字“夜月登此，阒寂凄凉……人稀地僻，不可久留”，并问学生：“读着这样的文字，你有什么问题呢？”学生的问题带有个人阅读经验与人生阅历的痕迹，并不是所有学生都会问出：“既然西湖那么多看雪之地，为什么作者偏偏独自前往不可久留之地呢？”学生的问题与自己的用意不符时，王老师并未否定或批评，因为此处教学就是利用质疑策略提升阅读能力，帮助学生在多重信息中提取重要信息，让他们的思考变得更加严密、清晰、深刻。学生的问难精神一旦被肯定，他们便会更加积极地参与学习活动。

贾：听了你的这番话，我好似又经历了一次课堂教学。整堂课上，王老师与学生似行走在文本之间，不疾不徐，平和而舒缓。王老师清雅不俗的情怀，与张岱的气质达到一种惊人的契合。如果时空可以移转，如果张岱与王崧舟在湖心亭相遇，相信也会有一场志趣与追求的神游。

钱：王老师曾说：“我就是课，课就是我，我和学生一起全然进入一种人课合一的境界。”我想，这也是他对课的理解、对诗意的诠释吧。王老师正是因为有了内在的诗意，才有了灵动而有生气的语文教学。潘新和教授曾赞誉，王老师的课根植于每一个学生心坎之中，是照亮他们美丽人生的灯塔。

贾：我也借用王老师的一番话：“在流转不息的生命之轮中，我为语文而来……我平庸的生命，因为语文而精彩！”

钱：您与王老师都“以语文作为自己的精神大厦”，我想到了您的新书书名“与讲台同在”，这是最高的教学精神。我虽不能至，然心向往之。

让童话的美好永驻心间

——《编童话》习作教学观后感

一说到童话，我的内心总会出现美好而温暖的画面，因为我是打心底里喜欢童话的，也相信每一个人都是这样。不用说，孩子更喜欢童话。每个孩子的第一本启蒙书一定是童话，他们床边总会放几本心爱的童话书，入学后的第一本教科书，选文多数还是童话。每个孩子都是读着童话长大的，童话也给孩子们留下了一段最美好、最富有想象力的岁月。渐渐地，孩子们也成为写童话的高手，因为儿童最能“无中生有”，在他们的世界里，鸟兽能言，桌椅对话，人们可上天揽月，可下海捉鳖……于永正老师曾戏说，如果让老师与学生同写一篇童话，大多数老师只能得六十分，刚好及格，学生很有可能得一百二十分。我想，这并不是说老师的写作能力不及学生，而是老师的想象力远不如小学生，因为随着年龄的增长，成人的内心离童话越来越远。在这个世界中，还有很多隐藏的美好，童话就属于这一种。这么美好的童话，是不是可以深深扎根于孩子们的心中，永远流淌在他们生命的血液里呢？

孙老师的这一堂课就给予我们很好的示范。课堂处处有意识地唤醒孩子们想象的细胞，让每个孩子都拥有一双“童话的眼睛”、一对“童话的耳朵”，更重要的是一颗充满灵气的“童话的心灵”。相信这些孩子即使长大了，不读童话，不写童话，但童心犹在，童心未泯！

这节课之所以成功，是因为力求突出“三给”。

一、给情趣，激发学生的想象，播撒童话的种子

课标对第二学段习作教学提出明确要求：要让学生“乐于书面表达，增强习作的自信心”。开课伊始，孙老师从学生最喜欢的童话人物和故事入手，在学生一次次的欢呼声中，调动起他们的学习兴趣，带领我们重温童话的美好。学生在“议一议”中，明了童话的构成要素。接下来的设计最令我感动，我看到了一个爱创新、爱思考、懂学生的孙老师。课堂以图案、声音引导学生用童话的眼光发现生活，告诉学生生活中每时每刻、每处每地都发生着各种各样精彩的童话故事，只要你有一对神奇的耳朵、一双敏锐的眼睛、一颗美丽的童话心灵，就会发现我们生活在一个神奇的童话城堡里，童话就是我们生活的一部分。就这样，孙老师悄无声息地在学生的心中播下了一颗神奇的童话种子。同时，师生也共同营造出亲切自然、开放有序、积极热烈的课堂学习氛围，学生感受到的快乐也是发自内心的。只有在这种气氛中，才能产生丰富多彩的思想、词语、情感。

二、给自由，提高习作的实效，绽放童话的花朵

在整个创编过程中，孙老师充分给予了学生想象、表达的自由。学生从古文字画里不仅仅感受到中国汉字的魅力，更拓展了思维空间。只有大胆丰富地想象，童话才能开出鲜艳的花朵，才能拥有长久的吸引力。在老师一次次的鼓励引导下，学生的想象也越来越有趣，越来越丰富。

回过头想想，是不是给予表达的自由，就不需要老师指导了呢？

新课改以来，老师谈指导“色变”，生怕束缚了学生个性化的思维，于是“想怎么写就怎么写”的教学方法流行了。这从理论上说可行，但从课堂操作与教学策略上来说，不免有些简单。没有指导的习作课

最终导致学生茫然不知所措，习作水平原地踏步。五十分钟的习作课，如果学生都在自由表达，他们增加了什么知识？培养了什么能力？提高了多少素养？看来，指导是有必要的，关键是把握指导的内容和尺度。孙老师的指导很有层次，循序渐进，倾力追求“自由与指导”的融合。比如，从观察单个图形到动态画面，整个过程越来越有视觉及思维冲击力，学生的想象也越来越丰富。从“比较”这种最易接受的方法中，学生感受到具体生动的描写可以增加语言的质感和美感，写作内容也由正确完整的一句话到生动具体的一段话，课堂指导颇有成效。教学完全是遵循习作规律，从易到难，从说到写。老师在这个环节的任务就是帮助儿童经历一次语言孕育的过程，帮助学生打开创作的源泉，这样，学生必然会奏出美妙的乐章。

虽说起始阶段只要求学生能把话说完整、说通顺就可以了，但孙老师有意在此增加了难度，让学生将事情说得具体、生动，这是基于对学生学情的充分了解。学生阅读量大，语言积累多，适当根据学情打破教学常规未尝不可。这就是一种创新。

三、给欣赏，感受习作的成就，分享童话的果实

学生对于习作的兴趣，是一种内驱力，它源于合作与交流中产生的成就感。

课堂上给予学生充分的时间当堂作文后，必须当面完成评讲。老师可以组织几名学生朗读习作，在一旁随机点评，说说优点，夸夸精彩之语……变鉴赏性评价为欣赏性评价，并鼓励其他学生参与评价。以鼓励为主的评价更易于让学生增强写作自信心。再说，学会欣赏也是现代人的基本素质之一。师生合作点评能帮助学生把故事编得更生动，把内容说得更具体，把主题讲得更突出。

这堂习作课集指导、写作、讲评为一体，老师给予学生智慧，为其打开习作思路，培养了学生“愿意写，乐于写，敢于想象，快乐交流”的能力。

对于几处细节的处理，我有一些自己的想法。

第一，引导学生发现、思考“什么是童话”时，孙老师出示了四个要点。我认为这些要点不能说明童话的特点，它们是组成童话的几个重点要素。童话是通过丰富的想象、幻想和拟人、夸张的手法编写的适合儿童欣赏的故事。如果要说童话的特点，这样表达是不是更准确些？

第二，这节课的教学目标定位很准确，一课一得，启发学生大胆想象，指导学生正确、具体地表达。不管是课前指导、习作要求，还是点评，都要围绕目标扎实进行。在指导时，一切引导都应达成这个目标。如在“想象力大比拼”中，学生看着小圆点，说的都是“种子、棋子”类事物，这时老师可以用鼓励性评价进行引导，如：“这些只是一般人的想法，你可不一般，会把它想象成什么呢？”目标直指“大胆想象”。再如，想象古文字画的情境时，学生说的都是景物，可不可以将多个景组成一幅景，将多句话组成一段话？训练三年级学生完整地说一段话还是有必要的。

第三，合理安排教学环节，控制指导教学的时间。五十分钟的课上，指导不应超过二十分钟。建议将“说一说”环节去掉，因为此环节与本课重点“古文字画的想象与表达”联系不紧密，脱节时间太长，显得环节设计不紧密，思路不清晰。多在古文字画上下功夫，重点会更突出，成效会更明显。

第四，板书设计体现出“妙趣作文”的目标，但“妙”与“趣”不是本节习作课的要点。板书应是本节课学习目标的概要或是习作的重点要求，如果板书“大胆想象，具体描写”，是不是更恰当些？

再次感谢孙老师带领我们经历了一次愉快的精神之旅，童话在我们内心也渐渐被唤醒。相信每一个老师内心都有一颗童话的种子，这样我们的心才会善良柔软，我们才会永远年轻美丽。祝愿大家童心未泯，童心永存！

把学情放在第一位

——听《最后一头战象》有感

今天上午，听了李老师的一堂研讨课《最后一头战象》。

看到李老师的选题时，我为她的大胆感叹。一是因为这篇课文很长，将如此大的容量浓缩在四十分钟里并不容易；二是因为这是一篇震撼人心、触动心灵的课文，要上好它，除了文本解读要透、教学设计要实以外，教师还要有很好的语文素养和语言功力。

我建议她备课前先听听北京张龙老师在全国大赛中的音频，看看他是如何处理教材，如何调动学生激情，如何驾驭课堂的。李老师的这篇设计借鉴了不少张老师的精华部分，整体设计应该没多大问题。但上的时候，我没想到，课堂沉闷极了，李老师语言平淡、没有激情（这不是她的一贯风格），学生状态也不好。课堂安静极了，回答问题的孩子很少，让人感觉课堂上只存在一个老师、几个孩子。只有偶尔齐读课文的时候，才能感觉到还有其他一些孩子存在，他们似乎是配角。究其原因，还是学生没能在很短的时间内吃透文本，李老师没有给予学生足够的时间阅读。没有静读，哪有思考，更谈何热议？

一、第一课时目标设定不足

这涉及第一课时要达到什么目标的问题。有的教师定的目标就是通览后学习全文，有的就是读词、读文、初步感知（理清脉络，概括大意）……我对高年级的第一课时的目标设定是这样的：扎扎实实初读，再共同学习部分段落。这更符合年段特点。

李老师设计了检查预习环节。她出示四字词语，大家开火车读一遍，接着，学生用简洁的语言概括本文讲了一件什么事。然后，李老师找两个学习程度较好的学生说，最后学生用小标题概括四个情节。

这是一篇长文，李老师设计的每一个训练环节都是草草了事。这是为了赶时间，还是希望将最精彩的部分早点展示出来，我们不得而知。但从课堂的学习表现来看，效果不好，原因就是，学生没有充分地读、潜心地读，怎么会概括课文主要内容，划分四个情节，甚至用小标题概括情节呢？

二、课文的整体性把握不足

将一篇长文分为几个情节（片段）学习，是长文短教的一个很好的学习方法。李老师重点让学生抓住后三个情节来感悟，舍去了第一个非常关键的情节“战后幸存”。为何说它关键？这并不是与后面的情感品味相比而论，而是从整篇文章来谈的。这是全文感情的基础。一头英勇杀敌的战象在血泊里被救起，这个情节一是感叹其无畏，二是表现人们对它的情感之深。这两份感情是后面三个情节的情感的助推剂，但在这堂课上没有涉及。

建议执教老师在出示战象图片后，通过叙述性语言将这个震撼人心的情节展现在学生面前。学生对全文有了整体感，在教师充满激情的语言中就会感受到战象的伟大。

三、问题设计及文本取舍不足

在感悟三个情节蕴含的丰富情感的部分，有这样一个片段。

学生感悟“江边凭吊”时，谈到令其感动的一段话：“它站在江滩的卵石上，久久凝望着清波荡漾的江面。然后，它踩着哗哗流淌的江水，走到一块龟形礁石上亲了又亲，许久，又昂起头来，向着天边那轮火红的朝阳，嗷——嗷——发出震耳欲聋的吼叫。”李老师引导学生抓住“久久凝望”，想象此时大象看到了什么，并出示第二自然段的内容：“1943 年，象兵在西双版纳打洛江畔和日寇打了一仗。战斗结束后，鬼子扔下了七十多具尸体，我方八十多头战象全部中弹倒地。人们在打洛江边挖了一个巨坑，隆重埋葬阵亡的战象。”李老师请学生根据这一段文字材料想象战场上浴血奋战的一幕幕画面。学生交流结束后，李老师播放大象震耳欲聋的吼叫声，提问：“战象在呼唤什么？它在说着什么？”学生半天没有反应，最后有个学生救了场，说它在呼唤着战友们，在述说着杀敌的情景。

这是李老师课堂中的一个片段，我对这个片段有三点看法。

一是环节顺序。如果我上这堂课，会将环节顺序稍作改动：在学生找到这句话时，先播放大象震耳欲聋的吼叫，再出示节选文字作为阅读材料，引发学生对战斗场面的想象。当这样一头垂死的老象想到此景，才会出现“身体膨胀起来，四条腿皮肤紧绷绷地发亮，一双眼睛炯炯有神，吼声激越悲壮，惊得江里的鱼儿扑棱棱跳出水面”的场景。接着，对比老象与战象，就更能将此番感情推至高潮，学生对这头战象的认识就有了新的提升。

二是问题设计。我觉得可将原先的问题“战象在呼唤什么？他在说着什么？”去掉。这样的问法突兀，还不如直接降低难度，问学生：“从这震耳欲聋的吼叫中你听出了什么？”相信学生肯定能听出战象对敌人的恨、对战友的怀念和对战场的回忆。问题其实是一样的，但问法不同，收到的效果就截然不同。

三是文本材料的选取。李老师仅仅选取了第二自然段，我把自己当作这头老象来读这段文字时心情极其复杂，伤心痛楚占据我心。想象一下，当你想到自己的八十多个亲人都躺在血泊中，被埋葬在巨坑中时，心情还能激越昂扬吗？文本选择是为后面的教学服务的，李老师本想让学生通过材料感受战场上战象英勇杀敌的气势，可文字给大家带来的却是另一番不同的感受。我想，这就是没深入读文本、体悟情感，因而盲目选材的结果。建议将第一、第二自然段整合一下，“1943年，象兵在西双版纳打洛江畔和日寇打了一仗。士兵骑象杀敌，战象用长鼻劈敌，用象蹄踩敌，一大群战象，排山倒海般地扑向敌人，势不可当。战斗结束后，鬼子扔下了七十多具尸体，仓皇而逃。”这样是不是让人既能感受到战象的威风，又能感受到敌人的狼狈呢？

这只是我对这堂课的理解。我想，如果李老师能更多地关注学生，在课前设计时多考虑一下学情，在课堂上多关注学生的学习表现，并及时调整教学流程，就可以更好些。因为只有学生学得投入、快乐，学有所获，才能说明这节课是成功的。

那一座快乐的园子

读着《我和祖父的园子》，我爱上了萧红，爱上那明快自由的文字，爱上了文中纯真快乐的小女孩。

“这园子里蜂子、蝴蝶、蜻蜓、蚂蚱，样样都有。”读着这样的句子，我眼前好像站着个穿着小花衣、扎着朝天辫的女孩，对你炫耀着她的园子“样样都有”。那份自豪、喜悦，溢于言表。

“蝴蝶有白蝴蝶、黄蝴蝶。这些蝴蝶极小，不太好看。好看的是大红蝴蝶，满身带着金粉。蜻蜓是金的，蚂蚱是绿的……”萧红是描摹色彩的高手，一组明晃晃的颜色齐聚在你的眼前，“白、黄、大红、金、绿”，艳得炫目，艳得跳跃，艳得不同凡响。这是一个孩子用纯真的眼睛感受到的充满色彩、明亮鲜丽的世界。

在这个园子里，“一切都活了，要做什么，就做什么，要怎么样，就怎么样，都是自由的”。小萧红可以尽情地玩耍，要怎么样就怎么样，要做什么就做什么。与祖父一起拔草、浇花、锄地……一个可爱的“小跟屁虫”与祖父形影不离、相互依恋的温馨画面跃然纸上。就连倭瓜、黄瓜、玉米……仿佛都变成一个个顽皮可爱、无拘无束、自由自在的孩子，满怀欣喜地朝你奔来。人们读着读着，恨不得也跑进这个园子里，和她一起吃黄瓜、追蜻蜓、溜土窝……那率性的画面一定会传出阵阵笑声。

这就是一个孩子眼中的自由，这就是一个孩子理想的童年生活，这也是萧红对自由和幸福的渴望。只有在这个园子里，她才能徜徉在祖父慈爱的温暖港湾中，才能找到属于自己的一方天地。

这一个个令人印象深刻的童年画面，读来是份快乐，是份自由，让人羡慕，让人向往。这个园子，正因为有了祖父的爱，才成了色彩缤纷、美不胜收的花园，成了自由自在、随心所欲的乐园，成了盛满笑声、充满温暖的“天堂”。

在萧红的记忆里，园子里的生活是一生中最美好的时光。祖父是唯一爱她的人，与祖父生活的那段时光是她生命中最具温情的剪影，也是她后来困顿痛苦的生活中唯一可以拿来温暖身心的至宝。

这篇课文中，第十三自然段的描写，我甚是喜欢。语言轻盈自然，如诗歌一般清新，如散文一样自由，读来朗朗上口，很有节奏感。韵律美最能体现萧红的语言风格。再者，简短的几句话，句式不断变化，更能传递出自由的情感，正所谓“内容不能脱离形式，有效的形式能表现一定的内容”。语文老师要有敏锐的语言感受力，要善于把握具体、独特的言语形式，培养学生的理解与运用语言文字的能力。

教学中，可以通过多种朗读形式，配以语调、语气、手势的辅助，以声传情，声情并茂，把那份自由融入内心，再外化出来，达到阅读与朗读“两相合一”的境界。课堂练笔中，可以让学生模仿本段的表达方法，写一写拥有的或者向往的童年生活。在读写中，学生有效地将文本中的消极语言变成属于自己的积极语言。这种从“理解”转化为“运用”的练习，是提高学生语言表达能力至关重要的因素。

请您也来读读这篇课文吧！

您一定会认为，《我和祖父的园子》是萧红“回忆式”长篇小说《呼兰河传》中最充满童心、诗趣和灵性的。

您一定会感受到，萧红用她绘画式的语言、娴熟的写作技巧、抒情诗的意境为我们描绘出的“一篇叙事诗、一幅多彩的风土画”。

种下一棵“蜜蜂树”

小时候，我不爱读书，捧起书本总是痛苦万分，因为书哪能与跳房子、滚铁环、抓石子相比。一个枯燥无味，一个令人兴奋，对于爱疯玩的我，选择不言而喻。一个教育之家，出个这样的孩子，简直有点“败坏门风”。父亲一是想挽回颜面，二是希望自己的孩子能与文学亲近，受到文学的熏陶，长大后能成为内外兼美的淑女，便与母亲悄悄合谋，采取各种软硬兼施的手段调动我的读书兴趣，可我总是以一盆冷水浇灭他们的热情。父母多次尝试后只剩下心灰意冷，因此我也得到了父亲给予的一个“美誉”——“木瓜脑袋”！

后来，我是如何爱上读书的呢？真可谓“无巧不成书”。我的父亲是个孝顺的儿子，奶奶不识字，但很爱听神话故事、评书小说。父亲每每读到好故事，总是在休憩时说给奶奶听，那时我也全凭兴趣，高兴时就听那么一两句。不记得是从哪天开始，父亲讲貌若天仙的小龙女能飞能跳，武功高强，能使唤特殊武器——“玉蜂”袭击侵犯者，更奇的是，她竟住在古墓里，睡冰床，饮蜂浆，喝甘露。哇，简直是与世隔绝、不食烟火的神仙嘛！这个精彩故事是我闻所未闻、见所未见的，一下子吊起了我的胃口。

自此以后，每晚奶奶的身边就多了一位忠实的听众，那就是我！听着后续的故事，我每天就希望天早点黑，早点吃晚饭，好过过故事瘾。要是哪天父亲有事耽搁了，没能及时“更新”，一整晚我都睡不安，满脑子都是杨过、小龙女。看来听已无法解馋了，不如拿起小说读个痛快！说干就干，我吵着要父亲把书借给我先睹为快。我手捧四本厚厚的书，才知道这就是金庸先生的《神雕侠侣》。我二话不说，一头扎进这令人痴迷的故事中……渐渐地，我有点喜欢读书了。待我渐入佳境，父亲就给我推荐一些经典名著，我也开始丢弃那些男孩子的游戏，沉浸在书的世界里了。

小朋友们，我的阅读之路你是不是闻所未闻、见所未见呢？现在想想，是有点奇怪，竟然是一部武侠小说领我走上了这条光明大道。每当父亲看我手捧书时，总是满心欢喜地说："我家这个小丫头不是木瓜脑袋，而是香瓜脑袋呀！"

爱上读书，关键是要有玩的心态，没有任何压力，只有愉悦的心情相伴。这样，你一定能找到自己喜欢的书，静静地读上几本。我并不希望小朋友都和我一样，一开始就读武侠，因为你们现在能读到很多好玩的书。比如绘本，画面冲击着视觉，带给大家的不仅仅是一个个有趣的故事、一幅幅色彩美丽的画面，还有一个个真善美的故事，这些就像种子一样无声地种植在你们心中。当然，你也可以从自己喜欢的儿童文学读本起步，找到阅读与自我心灵的契合点，这样会使阅读变得更加轻松。如果你是一个有爱心的孩子，可以读读《爱的教育》《汤姆叔叔的小屋》，你一定能从中找到自己的影子；如果你是一个有想法、不安分的孩子，可以读读《窗边的小豆豆》系列，相信巴豆园里的一切也是你梦想的学习天堂；如果你是一个爱探险的孩子，可以读读《鲁滨孙漂流记》《神秘岛》；如果你是个动物迷，可以读读《昆虫记》《狼王梦》；如果你是个想象家，可以读读《爱丽丝漫游奇境记》和《鲁西西与皮皮鲁》系列……试想，如果我们每个小朋友书包里都装上一本喜欢的书，我们的生活会变得轻松有趣，我们的步伐会变得轻快顺畅，我们的心情也会变得灿烂怡然。

说实话，我特别羡慕小朋友们，羡慕你们的幸运。如今整个社会都关注全民阅读，不仅学校有读书室，社区有阅览室，每座城市都有大型的“读书馆”、网络阅读平台。你们可以选择喜欢的书籍自由阅读，畅快“悦读”，还可以参加书香校园读书活动，可以与小伙伴们进行“好书漂流”活动，可以在班级开展读书会活动，可以与爸爸妈妈一起读书，分享读书的快乐，共同感受读书的魅力，提升读书的格调。

不过，我还想给小朋友们一个温馨提示，阅读一定要注意读书品位与读书习惯。不能沉迷于搞笑漫画、无聊内容及有暴力倾向的不良书籍，要在老师的推荐、引导下，选择一些健康向上的书籍，争取养成每天读书半小时以上的习惯，让读书成为一天的“第四餐”。

“成大事者不在于力量大小，而在于坚持多久。”阅读不是轰轰烈烈的事业，而是实实在在的习惯、平平淡淡的生活。俗话说得好：播下什么样的种子，将来你就收获什么。那就让我们播下阅读的种子，耐心地浇灌，相信定会长出一棵“蜜蜂树”。我们每个人读着有趣的课外读本，像《蜜蜂树》里的红裙子女孩玛丽·艾伦一样，追赶着飞翔的蜜蜂，我们一定会追到蜜蜂树前，尝到天下最甜的蜂蜜。

读《孩子为何失败》的所思所想

“学校,是一个让学生变笨的地方。”这是《孩子为何失败》的作者,美国当代教育改革之父约翰·霍特在书中的判断。看到这触目惊心的说法,我有些傻眼了。无独有偶,在一本杂志上,我读到爱因斯坦的这句话:“现代的教育方法,竟然还没能把研究问题的神圣好奇心完全扼杀掉,真可以说是一个奇迹。”看到这里,我更加惶恐不安了。如果这些说法成立,那罪魁祸首不就是我们了吗?“孩子变笨”“把好奇心扼杀掉”意味着失败,一个孩子的失败,就是一个家庭希望的破灭。一个学校教育教学的无能,延伸下去就是我们整个教育的悲哀。想到这里,我有着说不出的滋味,心里困惑、迷茫、烦躁不安。说实话,我全身心投入教学中,对待学生跟对自己的孩子一样用心,孩子们在我的引领下也不断进步。我正暗自喜悦,没想到却听到了这么一位教育改革之父用“理性的温和的声音”说出这样的结论。

此时的我,更不知该如何走上讲台。我怕我的教学是无聊的行为,并不能给孩子们带来什么有利的影响,反而给孩子带来精神层面的伤害,抹杀他们的好奇心、求知欲,让他们认为学习知识索然无味。不过,我相信霍特想说的不仅仅是浮于表面的现象,我深入其中探寻秘密,想尽快消除心中的恐惧。我继续往下读,读着读着,真有“柳暗花明又一村”的感觉,顿时豁然开朗。我明白了,只要自己工作负责,拥有务实态度,不断探索更有效的教学方法,充满创意并以开放的心态面对孩子,为学生的学习幸福指数而努力,就不是一个失败的老师,也不会让学生变笨,扼杀孩子的好奇心。

说到这里,我不由得想到吴礼明老师的“课堂教学现场化”,这与霍特所说不正有着异曲同工之妙吗？不是以“一切相信学生，高度尊重学生，全面依靠学生”为基准吗？不正需要教师用自己的教学去点燃、发动和激扬生命的潜能和动力吗？是啊，只要以生命为根，以生动为枝，以生长为叶，必能让学生长成参天大树。

读了《孩子为何失败》这本书，我受益匪浅，有了很多思考，以及新的想法、收获与感受，很想和大家交流。

一、制定人性化的课堂纪律

我们过去制定的课堂纪律，诸如“发言一律举右手，不敲响课桌”“坐姿端正，右手臂搭在左手臂上，双手平放在课桌边”“听课不许插话”等等，对学生约束得太多，使学生的情绪和思维受到压抑。这种课堂纪律制定得再多，学习效率也不会提高。制定人性化的课堂纪律，最根本的就是要体现“以人为本”的课堂管理理念，能够充分理解学生、尊重学生、关爱学生、激励学生，使课堂管理符合当代学生的思想、行为和学习的实际情况。教师不再是课堂的主宰，也不再对学生的行为进行过度的约束，而是创造出一种“既有纪律，又有自由；既有统一要求，又有舒畅心情”的课堂教学氛围，彻底改变学生被动学习的状况。

我非常欣赏霍特先生在班级里执行的“Q 规则”。孩子们在课堂上发出刺耳的尖叫，霍特先生不仅不采取任何阻止措施，还觉得孩子们充满了创意，因为他绝对有把握，自己在黑板上写好“Q”的一刹那，叫声就会戛然而止，课堂纪律也会恢复正常。我回想自己曾使用的罚站、班长记名、罚扫地等不见效的小伎俩时，觉得自己有点可笑。因为我只考虑到自己的感受，用我个人的意志控制孩子们的思想，这是走进了死胡同。相比之下，“Q 规则”是多么独特的课堂纪律啊！这是一位多么明智的教师啊！因为他懂得，在师生共同交流、商量后，基于相互合作建立有效秩序才是人性化的管理制度。

二、站在学生的角度思考

作为成年人，我们的脑海中有许多思维定式，而孩子却是一张白纸。因此，我们有时不能理解孩子的所作所为。如果我们可以像孩子那样去思考，你会发现一切都大不相同。

现实中，如果我们遇到想不通和难解决的问题，很容易产生一种防御性反应，大脑很容易调转方向，把无法理解的东西关在外面，以解除思考的痛苦。就像《飘》中的斯嘉丽一样，每当遇到困难时，她总是这样安慰自己："明天我再去思考，我到时就能挺得住。无论如何，明天是另外一天了。"我们遇到不明白的事情，别人一而再，再而三地以专家的态度解释后，自己依然不明白时，反而会有点生气，想："我为什么非要明白？这又有什么用？"

其实，此时你的种种感受，正是孩子理解不了你的说教时产生的感受。一切苍白、不可理解的解释是那么索然无味。我们要向孩子学习，首先学会用自己的眼睛、自己的感知去感受，当感受已经变得非常清晰，此时再得到点拨，就会豁然开朗。要了解他们的经历、想法、兴趣，了解得越多，就会越快地找到使课堂更有针对性的方法。

三、缓解学生的恐惧感

霍特"允许孩子发呆，低头，不回答问题"，因为此时孩子是恐惧的，受到来自课堂的无形的学习压力，学生唯一的解决方法就是退缩或逃避。回想我小时候，如果对老师提的问题一无所知，就会很怕老师喊我，于是把头低得很低很低。如果一不小心，眼神与老师相遇，更像怀揣着小兔子一样忐忑不安。通过《孩子为何失败》这本书，我明白了，那是一种对学习的恐惧。有了自己的亲身体验，也了解了学生心里的感受，那要如何改变呢？我结合“课堂教学现场化”实施的情况，结合吴礼明老师对我的课堂点评，总结了几点控制课堂节奏，缓解孩子的恐惧感、压力感的策略。

第一，明确目标法。每堂课的每个教学环节都要有明确而具体的教与学的目标，并且整个教学活动能够围绕教与学的目标进行，以此增强学生的注意力。

第二，内容吸引法。教学内容既与现实生活紧密联系，又符合学生的认知水平，充分展示学习内容的魅力，使学生自始至终保持对学习的兴趣。

第三，表扬批评法。正确地运用表扬与批评，对学生的学习行为及其效果给予及时反馈，让学生明确知道是自己的哪种课堂行为受到了表扬或批评，进而维持课堂教学秩序。

第四，控制节奏法。教学节奏要体现“低、小、多、快”的特点，即低起点、小步子、多活动、快节奏，也就是将课堂教学过程分解成几个小的单元，每个单元几分钟、十几分钟不等，听、说、读、写、记忆、操作等学习方式交替进行，手、耳、脑、眼并用，以此解除学生生理上和心理上的疲劳，提高学习效率。

第五，暗示控制法。对于上课爱讲话或爱做小动作的学生，通过注视、摇头、做手势，在讲课过程中突然停顿、咳嗽，走近违纪学生或摸摸他的头等方法暗示学生要遵守课堂纪律。

第六，机智处理法。课堂是千变万化的，不论教师做了多少准备，课堂上不可避免地会出现一些偶发事件，这就需要教师因势利导、随机应变、以静制动、掌握分寸地妥善处理，也就是运用和发挥好教师的教育机智。

尽管这本书出版于20世纪60年代，但是它对于我们今天的教育仍然有现实的启发意义。我明白了，评价课堂是否成功，不仅仅看学生掌握了多少知识，做对了多少题目，还应该看学生是否提出了更多、更深层次的问题，看学生是否各尽所能，感到踏实和满足，看学生是否对后续的学习更有信心，感到轻松。

课堂作为学生精神的居所，理应成为学生最向往的地方。学生走进课堂，应该有一种回家的感觉，感到温馨、轻松、自由。因此，我们要和学生一起，共同建设好这一美丽的精神家园，让心灵诗意地栖居，让生命自由地徜徉。

读《教师的价值》

钱梦龙先生说，这本书原先取名为《我的传奇故事》，窃以为，这个书名更像是为先生量身定制的。无论其教学之路，还是其人生轨迹，都一波三折，如传奇一般不可捉摸，颇有神秘色彩。

这本书收录了先生多年的思考与实践成果，有教学理念，有课堂实践，有读书感悟，有访谈记录，也有成长历程。翻开书，先生的个人简历竟然代替了自序。若细读，你会读出一个“80后”老先生真实、独特、笑对人生的生活态度。

如果有人问，你这教育后辈，阅读此书，从中寻找到哪些“价值”，获得了哪些关于“价值”的体悟呢？我想说，这本书的价值是无法评说的，它可能就像一颗无形的种子，在你内心生根、发芽、开花。我从“浩瀚的海洋”里取一瓢，以自己粗浅的理解，说一说以下价值。

教学理念的价值

1980年初，先生从自己的语文教学实践中提炼出“三主”理念：学生为主体，教师为主导，训练为主线。先生自谦说，这已是“明日黄花”。实际上，在课程多次变革的今天，“三主”不仅没有过时，而且闪耀出其智慧的光芒，显现出强大的生命力，给我们带来无尽的启示。

比如，备课时我们该怎么做？先生说，他每一堂课的设计，都是以学生的学情为教学的立足点和出发点。“为了鼓励学生自学，我当时备课首先考虑的不是怎样‘讲’文章，而是站在学生的角度怎样‘读’文章。每教一篇课文之前，我总要反反复复地读，或朗读，或默诵，或圈点，或批注，直到真正品出了味儿，才决定教什么和怎样教。”

再如，课堂上，我们又该如何做？教师不是导演，不是主体，而是“导之有方”的主导者。所谓“主导”，就是要“顺着学生个性发展、思维流动之‘势’，指导之、引导之、辅助之、启发之，而不是越俎代庖、填鸭牵牛”。教师的“善导”是保证学生学习主体地位的必要条件，教师导之有方，学生才能学得有章有法，才能真正成为学习的主人。

语文是一门综合性、实践性很强的课程。语文教学的最终目标，就是通过听说读写的训练，培养学生正确理解和运用语言文字的能力。曾几何时，语文教学谈“训练”色变，课标上也尽可能回避“训练”二字。实际上，在课堂教学中，训练处处皆有，如读写训练、说话训练、仿写练笔、背诵积累……训练是以文本为凭借的语言训练和思维训练，语文知识、方法、能力的获得，学生思维能力的提高，都离不开实实在在的训练，这也是语文学科区别于思品、历史等学科的最大不同。先生对“训练为主线”有这样的阐释：“学生的‘会学’、教师的‘善导’在教学过程中的互动，必然呈现为一种生动活泼的训练形态，它必然贯串于教学的全过程，成为‘主线’。”这正是语文训练与机械操练的最大差异。

教学实践的价值

这本书里，先生由自己的学习经历体悟到，语文教学不是“奉送”知识，而是培养学生的自主意识和自学能力。在先生的课堂实录中，多见给予学生充分读书时间、培养自主阅读意识和能力的教学行为。

“首先必须为学生创设自主阅读的情境，鼓励并指导学生自己到文本中去摸爬滚打，从而理解文义，品味语言，感悟人生……经过这样反复的自主阅读训练，学生终于渐渐学会阅读，达到‘自能读书，不待老师讲’的‘最终目的’。同时，其理解和运用祖国的语言文字的能力也必然得到相应的提升，因为学生阅读文本的过程其实就是一个咀嚼、品味、感悟、积累语言的过程。”

在培养自主学习能力时，先生更看重质疑意识，因为“唯‘深思’才能提出疑问；唯善于‘质疑’才能把思维引向深层”。多数课例中，先生就是这样做的：“学生在自读中发现问题，然后到教读课中大家共同解决，这个学习过程主要靠学生自己的努力，教师不过在其中引导、启发。”课堂上，从“提出问题”到“讨论问题”的过程，也是学生学会阅读和发展思维的过程。可贵的是，先生极力保护学生思考、质疑的积极性，对于幼稚的问题，不会有一丝嘲笑或压制，而是采取巧妙的方法引导学生，想方设法激发学生的主体意识，培养学生自悟自得的能力。这一切都是钱先生从自身的成长经历中悟出的教学策略和教学方法。

看到这里，我不禁惭愧至极。有多少老师能像先生一样，以培养学生质疑能力为根本展开教学呢？

据说，以色列的孩子放学回家后，家长问的第一个问题，不是我们中国家长常问的“上课有没有认真听讲？”“有没有积极发言？”，而是“你在学校有没有提出一个问题难住了老师？”相比之下，我们中国家长关注的是孩子的学习表现，而以色列人，更注重培养孩子的质疑精神和独立思考的能力。以色列人这种培养孩子的方式常为国人所称道，其实，钱先生早在三十多年前的语文课上已经这样培养孩子了。

我们常责怪孩子缺乏想象力和创新意识，作为教师的我们，是否要反思一下，自己的课堂是不是扼杀了学生质疑、提问的欲望呢？古人说："学贵有疑，小疑则小进，大疑则大进。"只有变被动吸收为主动探索，点燃发现问题的导火索，才能激发学生自主学习的兴趣与欲望，进而养成独立的人格。

成长历程的价值

有些老师评上中级职称以后，教学上基本无任何追求，最大的目标是"把自己的班教好"。我在想，平时不学习，不钻研，不思考，不交流，怎能"把自己的班教好"？想想自己，也时常有职业惰性，以家庭、孩子为由，拒绝自我提升的机会，久而久之，就成了一名没有理想、没有追求的庸师。

走进这本书，你会从经历大起大落却自强不息的钱先生身上，看到岁月的烙印，看到坚守信念的毅力。在那个特殊的年代，不管先生的处境多么狼狈，多么艰难，他始终没有放弃语文教学，没停止过对语文教学的思索和追求。如果他遭受挫折后一蹶不振，就不可能在"文革"后不久，"创造"出令人耳目一新的《愚公移山》教例，更不会有影响至今的"三主"理念。"老去情怀殊未改，看花依旧爱深红"，先生用形象、深情的诗句抒发了自己历经磨难而不变初衷、毕生追寻教育梦想的情怀。

"我这个人，要学历没学历，要资格没资格，要智慧没智慧，我靠的是什么？靠的是对事业的执着，靠的是这份如痴如醉全身心的投入！"

"一个学历不合格的教师，获得了与其学历极不相称的荣誉"，这不是偶然，也不是巧合，这是"只要活着，就不会停止对语文教学的思考"这一承诺的"兑现"，是"有备而来的精彩"！

成功不是急功近利能得来的，而是长期酝酿的结果，如陈年老酒，越陈越香。有时，酒坛里看似平静如水，其实每分每秒都在发酵、变化。先生就如一坛酒般沉静，默默地思考、实践、总结、提炼，储备能量，最终实现了语文教学与人生的飞跃。

试问自己，有什么可以阻挡我们前行的脚步？我们有什么理由轻言放弃？

先生虽已高龄，告别讲台亦已多年，却仍然时刻关注着语文教学的动向，关注着一切与语文教学有关的新思潮、新理念。从书中的多篇文章可以看出，先生时刻惦念着青年教师的发展，鼓励正行走在语文教学路上的老师们，“只要向往蓝天，谁都可能比我飞得高……”；他更期待着在这个世纪，有新一代的语文教育名师、大家，新一代的叶圣陶、吕叔湘、张志公……的出现。

在这本书的结尾，先生说“我的传奇暂时不会落幕”。我默默地期待着，先生的下一部传奇故事早点问世。

终身铭记恩师心

——我眼中的梦龙先生

海边，停泊着一艘历经风浪的帆船，一位老人坐在船舷上，笑得格外畅怀。老人说，船在海上颠簸起伏，迎风搏击，不安于天命，不随波逐流，它的命运好似自己的命运；正因自己的坚持，生命变得更有硬度，更有光彩，也成就了现在的自己。

我想象中的这位老人，就是我敬仰的钱梦龙先生。

认识先生时，他戏称自己已是“80后”。我们初见就如家人一般，彼此感觉特别亲切。人与人的相识是有缘分的，也许真如别人说的那样，我们五百年前是一家吧。对于先生来说，我不是学生，不是徒弟，而是一个不谙世事的“忘年交”。因此，我的视角也许能让你看到一个不一样的、很真实的先生，会让你的心中增添一抹别样的色彩。

一

先生是一位传奇性的人物，历经坎坷，大起大落。结局虽是好的，但所受的苦难之多之冤，是我们这代人无法理解和体会的。

我喜欢听上一代人说自己的事。人老了，记忆中，一生的岁月就像在石头上留下的冲击洗刷的波痕。

先生小时候像一匹无人管束的小马驹，逃学几乎成了家常便饭，小学时竟创下了三次留级的“光荣记录”。幸运的是，这个“聪明面孔笨肚肠”的孩子碰到了一位良师，从此改变了人生轨迹。但好景不长，丧母、失学，苦难接踵而来。尽管如此，他仍没放弃，刻苦求学，竟通过自学摸索出诗词的平仄和韵律，写得一手好诗词。

二十一岁那年，他阴差阳错地成了一名中学语文教师。“初生牛犊不怕虎”，先生初教语文时，全凭着自学语文的心得，着眼于鼓励、指导学生读书自学。当时“串讲法”一统天下，这种教法显得很另类，却深受学生欢迎，得到领导好评。好运顿时降临在他的头上，他被评为县优秀教师，并获得了晋升两级工资的殊荣，前途一片光明。不幸的是，没过多久，1957 年先生响应“帮助党整风”的号召，积极投入大鸣大放，竟被错划为“右派分子”， 等于在政治上被判了死刑。1966 年，苦难再次降临，“文革”爆发，先生又沦为“牛鬼蛇神”，并被关进“牛棚”，失去了人身自由和人格尊严。回顾那段历史，先生说他太天真，我说那是真诚。先生是乐观的，引用“破帽多情却恋头”来形容那段不堪回首的过去，是无语，是无奈，还是无悔？

命途多舛，先生却未被压垮。是什么支撑着先生？是他内心那一块“精神自留地”，是对语文教学的一片痴情！他毕生追寻着教育梦想。“老去情怀殊未改，看花依旧爱深红”，他用形象、深情的诗句抒发了自己历经磨难而不改初衷的情怀。

二

先生的一言一行，总能给人温柔、温暖之感。先生现今的生活平静、温馨，也不失热闹。他喜欢一切让身心愉悦的东西。正如他说的，人要好好活着，就要爱生命，爱生活。

先生是个浪漫的人，他在用心细细品味每一天的滋味。春天，他带上一份好心情去南翔古猗园赏牡丹，流连其中，美景沁心，不忘拍几张照片与我分享；初夏，他被嘉定公园一长溜紫藤花吸引，徜徉其间，赋词一首，愿化作蝴蝶翩跹起舞；秋天，邀友赏红叶，共话教育梦；冬天，没有喧哗，没有纷扰，只静静地感受一片安静纯朴的白色。

这份心境是我们这些年轻人难以想象的，因为我们的心被世俗名利所困扰。真愿自己能跟随先生，感受这份诗意心境。

先生是个时尚的人，耄耋之年，却不落伍。他熟知电脑功能，写文章、发邮件、做“PPT”、用淘宝购物……无所不精，视频、微信，玩弄于股掌之间。日常生活中，他追求“极简主义”：不需要的东西，通通清理干净，给自己的心灵腾出一片空间；饮食清淡，以素食为主，不求精细，只求适口；穿着不讲究品牌，却能将几十元的衬衫穿出几百元的档次，全凭儒雅的气质凸显潇洒的风采。

先生是个“年轻”的人。我自认为思维跳跃，很会聊天，但与先生一比，那真是差之千里，每每高谈阔论，必甘拜下风，因为我总赶不上他的思维。先生会悄然无息地“下套子”让你钻，等你醒悟，才知早已“误入歧途”。每当此时，必见先生哈哈大笑：“小丫头是比不过我这个老夫子的哦！”“哎，姜还是老的辣！”我输得心服口服。先生虽是“80后”，却耳聪目明，思维敏捷，逻辑严谨，每次对谈，总使人忘记了他的实际年龄。

先生是个温厚的人。一日，我们几人聊天，批评一个单凭臆想否定别人，言语偏激、自以为是的人，说到愤慨处，真想用唾沫淹死此人。先生在旁，一直不语。当我们问他有何看法时，他竟说：“听你们唠叨半天，我觉得他倒是挺可爱的，起码他敢于向权威质疑，虽措辞不妥，但看得出他也是个有思想的人。”先生释然一笑，其宽厚、真诚的胸怀，令我们顿觉自己偏激、浅薄！

先生是个性情中人。欣赏先生年轻时的照片，不禁叹其才华四溢，帅气逼人。在我们看来，一个如此爱生命、爱一切美好事物的人，恋爱也一定是美好的。当然，我们也不好意思直言，只能旁敲侧击地打听，先生也不忌讳，谈及年轻时的一往情深。可时势弄人，先生早年的一段“初恋”有始无终，以致年老时仍不能释怀。“镜里朱颜无计驻，为伊心上留春住”，先生用美丽的诗句，倾诉着心底的柔情与无奈。

三

先生一辈子都为自己所爱的事业而奋斗，执着奔走于语文教学实践之路。先生的教育教学成就来自他的“三爱”——爱阅读、爱写作、爱教书。

先生是个爱阅读的人。

对于先生来说，书是“心灵滋养品”，无论如何颠沛流离，读书是至死不忘的追求。

身为读书人，先生自有放眼观天下的气度。先生认为最精致的聊天就是读书：或清茶一盏邀来庄子，或花间月下与李白论诗，与林语堂谈笑风生，与余光中畅所欲言，与莎翁高谈阔论，与梁实秋在文海中散步。至今，先生仍保持每天读书的习惯，茶几、床头摆放着喜爱的书籍，方便随时阅读。读到好文时，会作记录或扫描至电脑保存。

语文教师更需有“腹有诗书气自华”的底蕴。先生说，他一直努力使自己成为一本丰厚的书，这样才能拥有教学的底气和才情，才能让学生产生“亲其师，信其道”的仰慕之心。语文教师读书，不仅能丰富自己，更能影响学生。先生所带班级的学生，如先生一样痴情于阅读，因为他们心中那颗阅读种子，在先生的精心呵护下，已生根、发芽、开花……

先生是个爱写作的人。

先生的写作全凭自己的一腔热爱。兴味十足之时，他总要诉诸文字。学生时期，他还自编自画，自己出版壁报，做得有模有样，深受老师同学赞扬。先生少年时期文章就写得好，还能吟诗填词，这完全归功于书读得多，读得有效。每当读到好文章，先生总爱反复揣摩其选材、立意、语言表达等特点，并尽量使其成为自己写作的养料。他中学时代的作文屡屡受到老师的赞扬，有一篇用文言写的《西湖泛舟记》还被收进了《战后中学生模范作文选》。

对于语文教师，写作是一种生活方式。抒发情感，交流思想，都离不开写作。退休后，先生没有停止对语文教学的思考，有所感悟时，仍愿将那份快乐、忧虑、思索化为文字。2015 年 1 月，已是八十六岁高龄的他又出版了两本专著，写作热情令人敬佩。

先生说，只有爱写作、会写作的老师，才有可能教出一群爱写作、会写作的学生。先生多本专著中收录的学生习作，选材新颖，用语流畅，观点鲜明，逻辑严密，达到了“习之既久，自然纯熟”的境地。可以看出，这都是深受先生熏陶的结果。一个爱写作的人必定是个快乐的人，从先生身上，我看到了为师的幸福与满足。

先生是个爱教书的人。

无论处境怎样艰难，怎样狼狈，先生都没放弃对语文教学的思索和追求。只要有上讲台的机会（1957 年后先生多次被剥夺上讲台的权利），他便一如既往地践行自己的教学理念，因此才有了后来“摘帽右派”被评上特级教师的特例。如果先生屡遭挫折后一蹶不振，机遇来临时，他就不可能破茧而出。

“满眼新苗浥雨浓，闲吟喜过小桥东。心头自有春无限，扑面何妨料峭风！”这是先生 1961 年在农村被“监督劳动”时作的一首小诗。正是因为心头一直洋溢着如春风般的对语文教学的热爱，他才能迎着扑面而来的“寒风”一往无前。

先生的教书之道，经历了由浅入深的发展过程。由原先只凭自己的读书体会进行的“经验型”教学，到七十年代后期的理性思考，最后到语文导读法的形成、成熟，都是先生智慧和汗水的结晶。先生20世纪80年代初提出的“学生为主体，教师为主导，训练为主线”的教学理念，在课程改革多次变革的今天，仍闪耀着智慧光芒，显现出强大的生命力，为语文教学百花园增添了一抹永不凋零的春色。

很遗憾，我没听过先生的课，但管窥教学实录，已足见先生的机智、从容、洒脱。课堂上，教学细节处理得当、巧妙，成为教学过程的亮点；教学中频频出现的“不可预约的精彩”，更是令人叫绝。先生以他的成功课例告诉我们：教学过程中，只有一切以学生的自主发展为终极目标，学生才能学得主动，学得有效率、有兴趣；只有真心实意地尊重学生的“主体”地位，真正把学习的自主权还给学生，教学智慧才能由此生成。

先生一辈子沉浸在语文教学中，虽已退休多年，但仍时刻关注着语文教学的动向，关注着一切与语文教学有关的新思想、新理念。先生最大的愿望就是看到更多新一代的语文名师、大家涌现，最大的乐事就是帮助晚辈成长、成才。

每次外出上课，我总爱听取先生的意见。鉴于中学与小学的教学不同，先生在流程上很少更改我的思路，但在细节处理上总会给一两点建议，这些建议必定成为这堂课的亮点。比如，对于《扁鹊治病》的结课环节，先生说：“你是从蔡桓公的角度去考虑的，知道了对坏事、疾病要防微杜渐的道理。要是从扁鹊的角度去思考，能从这小小的寓言中得到什么启示呢？”寓言教学中，我们多从故事本身出发，谈收获、启示，却很少从另一个角度去揣摩寓意。能多元地去看待寓言故事，正是先生的智慧所在。

先生语感极好，我每有拙作，必发给先生帮忙润色。那次，我写好一篇文章时已是凌晨，习惯性地发到先生的邮箱，没想到一早就收到他的回信，其中满是鼓励、称赞。他还不忘叮嘱我要勤于笔耕，让我感动不已。不知先生是什么时候起身，借着灯光一字一句斟酌、修改？回想起来，不免内疚，是他太认真了，还是在心里太爱我们这些晚辈了？

“终身铭记恩师心”，无以言表，唯有感激。

人生导师

贾志敏老师是小学语文界泰斗级人物，每当别人称他为大师时，他总爱用抑扬顿挫的语调，半开玩笑似的说：“我不是大师，我比大师还大，是老师！一位普普通通的老教师！”就这么一句普通的玩笑话，却道出了贾老师做人的真谛。

跟着贾老师学习已有五年了，我发现他的确是一名普普通通的老教师。穿衣服不讲究，干净就好；吃东西不挑剔，健康就好。遇到知音好友，畅所欲言；碰到不良现象，敢于直言。课上，他是学生学习的帮手；课后，他做孩子的知心朋友……就这样一位普通的老教师，为何大家都称之为“大师”呢？大师，大师，关键在这“大”字。贾老师除教育成就与思想理念高人一筹外，在师德修养与待人接物方面也是我们的楷模。让我带着大家，去发现这普通中蕴藏的常人难以企及的不普通吧。

去年八月，贾老师旧病复发，需再次做手术。术后不久，身体未康复，血糖却升高，急需复查治疗。

次日清晨，我陪同贾老师一起来到仁济医院。刚到六点半，大厅已人满为患，每一个挂号窗口前都有一条“长龙”，令人心忧。我不禁念叨着：何时才能挂上号啊？贾老师笑了笑，不紧不慢地说：“既来之则安之，我的病也不急于一时，慢慢等吧！”我哪是怕排队等候，而是担心贾老师病体虚弱，再加上需空腹检查，时间一长会撑不住。贾老师好像看透了我的心思，安慰道：“是不是担心我的身体？没事的，排一下队算不了什么！”“那好，我扶您找个座位休息一会儿。”环顾四周，我更加灰心，因为大厅内仅有的几张长椅已坐满了人。贾老师也朝四周看了看，对我摆摆手，说："就这么站一会儿吧。"

五分钟，十分钟，十五分钟……时钟滴答滴答，让人无法静心。贾老师一手拄着拐杖，一手用力地扶着我的肩膀，此时他肯定难受无比。我便自作主张，挤到窗口处，把情况与前面排队的人说明，大家都通情达理，答应让我们插队。再次挤回，与贾老师一说，可他就是不同意。"每一个来治病的都想早点得到治疗，你瞧前面那位抱孩子的爸爸，满脸忧虑，我哪忍心去插队呀？""可是您更需要别人的照顾啊……""别说了，你的关心我知道了，我们还是接着排队吧。"贾老师直了直身子，调整了一下站姿，面色好像更加苍白了，额头也已沁出点点汗珠。真没办法，我只得跑去与休息椅上的人们商量，问他们能否让个座位。还好，一对老人家挤了挤，腾出了一小块地方，我赶紧将贾老师扶过去坐下，这下，我的心才安定下来。

我再次站在排队的长龙里，回头看着靠在椅背上闭目休息的贾老师，内心有着说不出的滋味。身体如此，心里却想着别人，宁愿自己受苦吃亏，也不愿给别人添一丝麻烦。哎，真是有点"顽固"！

可就是这样的执拗之人，与之接触的人都打心底里佩服、尊敬他，因为他是个真正懂得尊重别人的人。不管你是德高望重的教育专家，还是初出茅庐的年轻教师，贾老师都会一视同仁，与你亲切交谈，为你耐心解答，没有一点大师的架子。即使是对小区门卫、出租车司机、饭店服务员……他都会真心诚意地说声"谢谢"。

有一年十一月的一天，气温骤降，寒风嗖嗖，我乘大巴赶往上海，参加教师培训活动。贾老师也是这次应邀讲课的教师，得知我是中午到达，便从家里赶往汽车站等我。我走出站门时，看到寒风中的贾老师围着厚厚的围巾，穿着大衣，正焦急地在人群中寻找着，我连忙招手示意。一见面，一句句关心的话语让我无法开口。"坐了六个小时的车，累了吧？在车上有没有吃东西？路上还安全吧？天气突然变冷，适不适应啊？”这一句句话语如一股股暖流，直入心田，感动着我，温暖着我。

返回时，主办方派车送我到车站，偏偏赶上上班高峰，只能走走停停。我急得如热锅上的蚂蚁，又不便表现得烦躁。贾老师坦然笑着说：“迟了就算了，在上海待一天，好好玩玩，不是更好嘛！”这么一说，我倒真的放松下来。到车站时，离开车时间仅有五分钟，幸亏之前买了票，不然真要赶不上了。因为着急，我只跟贾老师道了别，就赶紧转身往站内走，没想到却被一只大手拉了回来。贾老师一本正经地小声说：“你还没跟送行的老师道别呢，再急也不在乎半分钟，别人会觉得你没礼貌啊。”真是一语点醒糊涂人，我回头有礼貌地与大家一一道别。

一个人的优秀有时并不在于做了多少轰轰烈烈的大事，而在于如何处理一个个小细节。贾老师以高尚的人格影响着身边的每一个人，让我懂得什么是谦逊，什么是尊重，什么是真诚，什么是关心……他用修炼了一辈子的无形内力诠释着一个“大写的人”。他是我们晚辈心中永远的人生导师。

后　记

我是一个不够勤奋又比较贪玩的人，在语文教学路上“开窍”较迟。工作前十年，忙于恋爱、结婚、生子，无暇研究语文。但我这个人，又很幸运，身边总有贵人相扶。2006 年，学校与市教研室开展师徒结对活动，我有幸成为当时的小语教研员吴福雷老师的徒弟。虽说学习时间只有三年，但我在语文教学实践与研究上却有了质的飞跃。2009 年，市教育局组织一批学科带头人到上海学习。这一次，我成为整个团队里的幸运儿，贾志敏老师竟欣然答应收我为徒。说实话，当时的我激动得热泪盈眶。这几年拜师学艺的过程中，我发现贾老师就是“取之不尽、用之不竭”的教学宝藏。他不仅在课堂教学上给我引领、指点，在写文做人方面，也时时处处为我作出很好的示范。

在后来的语文路上，我还幸运地遇到芮良敏、汪修祥两位教研员，他们给予我很多锻炼、展示的机会，毫无保留地传授经验，也直言不讳地指出我有待改进的地方。正是他们的一次次敲打，让我逐渐成熟。在这里，不得不提及像姐姐般关爱我的阮红旗校长，她一再叮嘱我，优秀的老师不能止步于课堂，要沉下心来读书积累、勤于笔耕。他们的教导，深深地触动了我，也促使我静下心来做点自己喜欢的事。

但对于出书的事，我一直没有信心，总觉得自己的理论与实践水平不够，怕稚嫩的想法会贻笑大方，多有疑虑。因此，出书之事难以提上日程。

促成此事，还得感谢恩师贾志敏先生。一次谈心时，我无意说到这个话题。贾老师很不解，觉得我已上过不少优秀的课例，为什么不整理成集？得知我的顾虑与担忧时，贾老师不断鼓励我：“你的课、你的文，我都很熟悉，也经过了时间的考验，足以成册。”在我还未拿定主意时，贾老师已开始帮我筹划新书出版的相关事宜，比如推荐出版社，取书名，分板块，亲自题写书名……恩师的谆谆教诲及热心帮助让我感动不已。我无以回报，只能暗下决心，重新梳理多年的思考，并将其作为学习成果向恩师汇报。在整理书稿期间，我将出书的想法告诉了师父钱梦龙先生，他欣喜不已，主动帮我写课评，将其作为礼物赠给我。能遇到如此老师，可谓三生有幸。

这本书，不仅有我对语文教学的思考与研究，有我一时兴起记录下的随笔，也有我课堂实践后成文的课例。我想，任何一堂课都有不足的地方，正因为有这些缺憾，才有了后期不断进步的空间。我将它们一一呈现出来，意在给大家一些启示，好与坏，敬请各位评价。在编辑的过程中，我还约请了丁炜、薛法根、吴福雷、景洪春、谈永康、朱煜、谭珊珊、顾文艳等专家、名师，从理论的视角多层次地剖析，从实践的可行性角度给予专业的评析。他们的智慧弥补了我的很多不足。更要感谢吴忠豪教授在百忙之中为书稿写序，每一个文字里，每一句话语中都透出教育前辈暖暖的关心、殷切的期望。

当然，本人水平有限，书中如有表述不当或错误之处，敬请读者提出宝贵的意见，在此，真诚地向您表示谢意。

最后，我要感谢生命中最重要的家人——父母、先生和儿子。是他们的赞美、鼓励，让我感受到生活的幸福、美好，让我多了一份扬帆的信心与力量。

真心感谢生命里遇到的这些长辈与朋友！

钱娟